Une Amie De Marie-Antoinette: Madame Atkyns Et La Prison Du Temple – Primary Source Edition

Frédéric Barbey

UNE AMIE DE MARIE-ANTOINETTE

MADAME ATKYNS

ET

LA PRISON DU TEMPLE

(1758-1836)

D'APRÈS DES DOCUMENTS INÉDITS

PAR

FRÉDÉRIC BARBEY

Avec une préface de Victorien Sardou

DE L'ACADÉMIE FRANÇAISE

DEUXIÈME ÉDITION

MADAME ATKYNS

ET

LA PRISON DU TEMPLE

MADAME CHARLOTTE ATKYNS

d'après une miniature appartenant à M. le comte LAIR

UNE AMIE DE MARIE-ANTOINETTE

MADAME ATKYNS

ET

LA PRISON DU TEMPLE

1758-1836

D'après des documents inédits

PAR

FRÉDÉRIC BARBEY

PRÉFACE DE M. VICTORIEN SARDOU

De l'Académie française.

PARIS

LIBRAIRIE ACADÉMIQUE DIDIER

PERRIN ET Cie LIBRAIRES-ÉDITEURS

35, QUAI DES GRANDS-AUGUSTINS, 35

1905

A M. G. LENOTRE

.

Hommage de reconnaissance et d'affection.

F. B.

Quand je fis représenter au Vaudeville, en 1896, Paméla, marchande de frivolités, où j'avais groupé, en un drame aussi vraisemblable que possible, les diverses tentatives des royalistes pour délivrer de la prison du Temple le dauphin, fils de Louis XVI, il se trouva des érudits pour me reprocher vertement d'avoir montré comme étant la protagoniste, ou tout au moins l'inspiratrice de l'évasion, une Anglaise, lady Atkyns. Il y en eut même qui m'accusèrent d'avoir inventé ce personnage pour les besoins de ma pièce.

Lady Atkyns, il est vrai, a laissé peu de traces dans l'histoire : c'était une actrice du théâtre de Drury-Lane, jolie, spirituelle, sensible et honnête, comme il s'en trouvait, paraît-il, en bon nombre, parmi les actrices anglaises de l'époque. Mariée, on verra comment, à un noble lord qui fit sa fortune, sinon son bonheur, et qui ne semble pas avoir compté pour beaucoup dans sa vie, Mme Atkyns s'était prise pour Marie-Antoinette d'une admiration passionnée ; elle était parvenue à se faire présenter à Versailles, chez la Reine, et, quand celle-ci se trouva détenue au Temple, l'Anglaise reconnaissante chercha, par tous les moyens, à pénétrer dans la prison royale. Elle y parvint, à coup de guinées, qu'en dépit de la haine vouée à Pitt et Cobourg, certains patriotes préférèrent encore au papier monnaie de la République.

Mme Atkyns proposa à la Reine de changer de costume avec elle. Elle s'offrait à prendre au Temple la place de la prisonnière qui refusa, ne voulant pas abandonner ses enfants. Il est même de tradition qu'en repoussant les offres de son enthousiaste amie, elle lui avait recommandé son fils, le jeune dauphin, en la mettant en garde contre les intrigues du comte de Provence et du comte d'Artois. Encore la plupart de ces faits étaient-ils mal établis, ne reposant que sur des racontars assez vagues, des allusions pleines de réticences, de fugitifs « on-dit, » recueillis çà et là, sans preuves historiques, quand un jour, Lenotre, qui est un grand fureteur de vieux papiers, m'apporta, tout ému, la copie d'une pièce qu'il avait découverte, la veille, dans un carton des Archives de la police.

C'était une lettre, datée de mai 1821 et adressée au ministre par le directeur de la maison péniten-tiaire de Gaillon. Ce fonctionnaire s'inquiétait des démarches d'une certaine « Madame Hakins ou Aquins. » Depuis que la prison renfermait le faux dauphin, Mathurin Bruneau, condamné par la cour de Rouen à dix ans de détention, cette étrangère s'était installée à Gaillon et cherchait à entrer en communication avec le prisonnier. Elle semblait même s'efforcer de lui fournir des moyens d'évasion.

J'en conclus — ce qui était flagrant — que si, en 1821, Mme Atkyns, car, à n'en point douter, c'était bien elle, conservait quelque velléité de croire à l'identité possible de Mathurin Bruneau avec le fils de Louis XVI, c'est qu'elle avait de bonnes raisons d'être persuadée que le dauphin s'était évadé du Temple. Et sa conviction prenait une importance considérable du rôle assez mal défini, il est vrai, qu'elle-même avait joué dans l'histoire de la captivité royale.

Il était bien évident, en effet, qu'après la pro-messe faite à la reine, la fidèle Anglaise, qui ne craignait pas, on l'a vu, de se compromettre et qui n'était pas ménagère de son argent, avait dû tout au moins se tenir au courant de tous les faits relatifs à la captivité du fils de Marie-Antoinette, recueillir les échos du Temple, inter-roger tous ceux, gardiens, commissaires, méde-

cins, domestiques, ayant, à un titre quelconque, approché le petit prisonnier. Or si, après une telle enquête, en dépit des affirmations de l'histoire officielle, et du décès constaté le 9 juin 1795, elle en était encore, vingt-six ans plus tard, à croire que le prince pouvait être vivant, c'est qu'elle avait la persuasion que le décédé n'était pas le dauphin.

L'avait-elle fait évader ? Avait-elle été seulement la complice d'un enlèvement ? Par suite de quels raisonnements en arrivait-elle à prendre pour le dauphin un aventurier tel que Mathurin Bruneau, dont l'imposture était manifeste ? D'où venaient ses doutes ? Quelle suite d'incidents avait donné naissance à ses hésitations ? Pourquoi, si elle croyait a l'enlèvement du prince, avait-elle si longtemps gardé le silence ? Pourquoi, si elle n'y croyait pas, s'intéresser à l'un de ceux qui avaient le plus piteusement joué le rôle du dauphin évadé ? Autant de questions auxquelles, Lenotre et moi, ne trouvions pas de réponses. Il aurait fallu, pour les éclaircir, entreprendre une minutieuse enquête sur la vie de Mᵐᵉ Atkyns, la suivre dans ses déplacements, savoir où elle avait vécu pendant la Révolution, connaître les dates de ses séjours à Paris, se renseigner sur son existence depuis 1795, être instruit du lieu et de la date de sa mort, du nom de ses héritiers, du sort de ses papiers et de ses

correspondances, travail considérable, singúliè-
rement compliqué par la certitude que le point
de départ d'une telle enquête se trouvait en
Angleterre. Nous n'avions point renoncé à l'entreprendre; mais le temps manquait, — le temps
manque toujours, — et nous en parlions comme
d'une œuvre réservée à une année de vacances, que
nous savións bien ne devoir jamais venir.

Le hasard, sur lequel on devrait toujours
compter, se chargea d'arranger les choses. Il
ménagea une rencontre entre Lenotre et un jeune
écrivain sorti de l'École des Chartes, M. Frédéric Barbey, très éclairé, par ses études anté-
rieures, autant que par ses relations de famille,
sur ce fatras de documents composant ce qu'on
est convenu d'appeler « la question Louis XVII. »
M. Barbey disposait du temps nécessaire; il
était prêt à entreprendre les voyages les plus
lointains et les plus fatigants, il s'exaltait à la
perspective d'un labeur difficile et absorbant :
Lenotre me l'amena et je jugeai, dès l'abord, que
l'affaire était en bonnes mains. M. Barbey possède, en effet, toutes les qualités, très rares, que
réclame ce genre d'investigations : une patience
à toute épreuve, un flair de collectionneur,
l'aplomb de l' « interviewer », l'absence absolue de
parti pris, la mansuétude tenace et le zèle ardent
d'un apôtre.

Mis au courant du point spécial qui nous

occupait, il partit aussitôt pour l'Angleterre. Il
en revenait quinze jours plus tard, muni déjà
d'un précieux dossier concernant les débuts dans
la vie de notre royaliste anglaise et rapportant
cette indication précise : Mme Atkyns était morte
à Paris, rue de Lille, en 1836. Une enquête au
greffe de paix de l'arrondissement fournit à
M. Barbey le nom du notaire chargé de l'inventaire de la succession. A l'étude de l'obligeant
titulaire actuel, après nombre de formalités, de
sollicitations, de difficultés administratives, dont
son inlassable ténacité parvint à triompher, il
fut mis enfin en possession d'une énorme liasse
de papiers poussiéreux, dont la sangle n'avait
pas été débouclée depuis soixante-dix ans ; toute
la correspondance adressée à Mme Atkyns de 1792
jusqu'à sa mort...

Ah! ce fut un beau jour! Dès les premiers
feuillets, il semblait que le doute ne fût plus
permis : l'enfant royal avait été enlevé du Temple.
A travers les réticences, les obscurités voulues,
les termes convenus de la correspondance, nous
pouvions suivre, de lettre en lettre, toutes les
péripéties de l'évasion, les angoisses des conjurés,
les précautions prises, les déboires, les tergiversations, les espérances... Enfin, le jour de la
délivrance approche : dans une semaine on aura
le dauphin, objet de tant d'efforts; dans trois
jours... demain...! Hélas! notre déception fut

grande, presque égale à celle des agents de
Mme Atkyns. L'enfant ne leur fut jamais remis.
Était-il sorti du Temple? Tout autorise à le
croire; mais à croire aussi qu'on le leur ravit,
alors qu'ils n'avaient plus qu'à l'embarquer pour
l'Angleterre, où la pauvre Mme Atkyns trépignait,
attendant fébrilement l'enfant qu'elle nommait
son roi, son roi qu'elle appelait de tous ses vœux,
qu'elle ne vit probablement jamais et dont elle
ignora toujours le sort.

Telle est l'histoire que nous conte le livre de
Frédéric Barbey, histoire angoissante, doulou-
reuse, exaspérante, écrite, est-il besoin de le
dire, sur des documents entièrement nouveaux
et de la plus incontestable authenticité.

Mais est-ce à dire qu'il satisfait pleinement la
curiosité, qu'il est le dernier mot de cette harcelante Question Louis XVII, dont la bibliographie
compte déjà plusieurs centaines de volumes?
Non pas! Le récit des tentatives de Mme Atkyns
est une contribution singulièrement importante
apportée à l'étude de ce problème : ce n'en est
pas la solution. Que devint l'enfant sorti de son
cachot? Cet enfant même n'était-il pas déjà un
substitué? La fidèle amie de Marie-Antoinette
n'avait-elle réussi qu'à se faire jouer par ceux
qu'elle avait payés? A l'époque où elle entreprit
ses premières démarches, le dauphin, le vrai,
n'était-il pas déjà loin de la prison du Temple,

caché, disparu, escamoté, mort peut-être anony-
mement, chez quelque recéleur ignorant de sa
personnalité? Car ne faut-il pas toujours compter
avec les déclarations de la femme du cordonnier
Simon, attestant qu'elle a enlevé le jeune prince
plus de sept mois avant la date où se révèlent les
premiers agissements de M*me* Atkyns? Problème
jusqu'à présent insoluble, le plus compliqué, le
plus ardu, le plus indéchiffrable que la perspi-
cacité des historiens ait eu encore à résoudre.

Le plus clair résultat de cette nouvelle étude
c'est qu'elle relègue au rang des romans les
livres de Beauchesne, de Chantelauze, de la Sicotière, Eckart, etc., etc.; c'est qu'elle réduit à
néant les assertions de l'histoire officielle; celle
qui n'admet pas qu'il y ait doute, celle qui
impose la croyance que le dauphin n'a jamais
quitté sa cellule, qu'il y a vécu, qu'il y a agonisé,
qu'il y est mort. Il sera établi tout au moins,
désormais, de façon irréfutable, que, pendant
près de cinq mois, de novembre 1794 à mars
1795, l'enfant confié au geôlier n'était pas le fils
de Louis XVI et qu'il fut remplacé, pendant cinq
mois, par un petit muet. De quelle façon se
termina cette intrigue? Eut-elle le résultat qu'on
en attendait? La chose reste indécise : mais
cette substitution, du moins, n'est plus contestable
et c'est là une révélation qui, loin d'éclaircir
l'impénétrable obscurité du drame, la rend, au

contraire, plus épaisse. *Ce muet remplaçant l'enfant prisonnier qui n'est peut-être lui-même qu'un substitué ; — ces gardiens niais et sournois qui se succèdent, se leurrent, s'abusent, se mystifient les uns les autres ; — ces médecins appelés au chevet de l'enfant mourant, et qui, longtemps après, lui fabriquent, comme Pelletan, une agonie de fantaisie, quand, au moment même de sa mort, inattentifs ou trop adroits, ils ne sont parvenus qu'à rédiger un procès-verbal amphigourique, sur lequel tous les commentateurs glosent depuis un siècle sans parvenir à se mettre d'accord ; — ces constatations officielles qui ne constatent rien ; — cette inhumation racontée de trois façons différentes par les trois fonctionnaires qui en furent témoins ; — le doute évident, manifeste, avoué, qui subsista toujours dans l'esprit de Louis XVIII et de la duchesse d'Angoulême ; les manœuvres du gouvernement de la Restauration qui aurait pu si facilement élucider la question et qui, par maladresse ou par astuce, la rendit inextricable, en élaguant des dossiers d'archives les pièces les plus importantes ; — et, brochant sur le tout, les inepties, les mensonges d'une quinzaine d'aventuriers qui, au cours du XIXe siècle, se présentèrent comme autant de dauphins évadés du Temple, et qui tous, eurent des partisans convaincus, tenaces, obstinés, dont les radotages aussi vides que complaisants, quand ils ne furent pas intéressés, composent un imbroglio tournant à la divagation : tel est le bilan de la question Louis XVII. Le pis est que, de tout cela, il importe de ne rien négliger : c'est par la réfutation, par l'élimination qu'on parviendra à isoler les quelques faits solides, indéniables, qui serviront de pierres d'attente aux révélations futures.*

Il faut tout étudier, tout scruter, tout peser. Une seule opinion est condamnable, une seule est pertinemment fausse : celle des chroniqueurs qui ne voient, là-dedans, rien digne d'examen, rien prêtant à controverse; auxquels l'histoire du dauphin semble la plus nette, la plus parfaitement limpide, la moins discutable, et qui pataugent à travers le tout avec cette sérénité satisfaite des aveugles, d'autant plus assurés d'être en bon chemin qu'ils n'ont pas conscience de la profusion des obstacles. Le livre de Frédéric Barbey dévoile trop de faits historiques incontestables pour qu'il soit permis désormais de ne voir qu'invention ou fantaisie dans cette prodigieuse énigme.

VICTORIEN SARDOU
De l'Académie française.

AVANT-PROPOS

Refaire après tant d'autres l'histoire de la
reine Marie-Antoinette, revenir sur les épisodes
si souvent narrés de son séjour aux Tuileries,
de sa captivité au Temple, de sa comparution
devant le tribunal révolutionnaire, de sa fin,
ajouter quelque détail inédit aux écrits innombrables suscités par ces événements, apprécier
à notre tour et sa conduite et celle de ses
ennemis, et par là même porter un jugement
sur la Révolution, sur son œuvre, sur ses
conséquences, telle n'a point été notre intention.

Ce livre a un but plus modeste : Faire revivre
la figure d'une femme, d'une étrangère, que le
hasard amena certain jour à Versailles, à la
veille de la catastrophe, qu'honora l'amitié de
la Reine, et qui n'eut de repos qu'après avoir
épuisé toutes les ressources de son énergie et
de sa fortune pour procurer la liberté à Marie-

Antoinette et aux siens. Comment Mme Atkyns s'y prit pour réaliser son dessein, à quels collaborateurs elle eut recours, quelles furent ses espérances et ses déceptions, quels obstacles se dressèrent devant elle, la réussite ou l'insuccès de ses tentatives répétées, voilà ce que nous avons cherché à évoquer.

Dans le labyrinthe de ses combinaisons, nécessairement mêlées aux entreprises des émigrés et des agents de la contre-révolution, au-dessus de l'enchevêtrement de ces divers partis gagnés en France et au dehors, brille un point lumineux, enjeu suprême de tous les projets : la tour du Temple. Autour de la vieille bâtisse s'agitent et se démènent ceux qui ont résolu d'en arracher à tout prix les prisonniers. Son nom devenu célèbre inspire au monde royaliste un peu de l'effroi que produisait jadis celui de la Bastille légendaire. Que se passa-t-il exactement de 1792 à 1795 à l'intérieur du donjon? La question, si souvent posée déjà par les contemporains, est toujours là, passionnante, sans avoir reçu sa solution. Quelque usé que parût le sujet de la captivité du Dauphin au Temple, nous ne nous sommes pas crus autorisés à l'éviter de parti pris. En eussions-nous eu le désir en commençant cette étude — la volumineuse bibliographie de la question est bien faite pour décourager l'historien — la découverte de textes inédits, mis au jour pour la première fois, nous plaçait dans l'absolue nécessité de nous occuper à notre tour du séjour de Louis XVII au Temple.

Ceci nous amène à mentionner les sources auxquelles nous avons puisé pour le présent travail.

Ce qu'on savait jusqu'ici de Mme Atkyns se réduisait à fort peu de chose. M. de la Sicotière, dans son étude sur *Louis de Frotté*, rencontrant le nom de l'étrangère, ne lui avait consacré qu'une brève note, forcément incomplète[1]. Quatre ans plus tard, M. V. Delaporte, à l'occasion du centenaire de la mort de Marie-Antoinette, publiait dans les *Études* une correspondance où reparaissait à maintes reprises le nom de l'amie de la Reine. Cet article attira notre attention. Guidé obligeamment par son auteur, nous tentâmes de retrouver les papiers qu'avait laissés Mme Atkyns à son décès. Des recherches méthodiques, dans le détail desquelles il ne convient pas d'entrer ici, nous permirent, par un hasard inespéré, de mettre la main sur l'ensemble des lettres reçues par Mme Atkyns au cours de son existence. Cette correspondance, classée et paraphée par le notaire chargé de régler la succes-

[1] Les indications fournies par O. Alger. *Englishmen in the french Revolution*, Londres, 1889, pp. 125 et 126 reproduisant et résumant des témoignages connus, ceux de la comtesse Mac Namara, n'offrent pas d'intérêt.

sion de la défunte, reposait dans les archives de l'étude notariale, où son détenteur actuel a bien voulu nous autoriser à la consulter.

Les lettres qui la composent sont toutes en originaux. Quelques-unes, recopiées par une main inconnue, étaient vraisemblablement destinées à servir de pièces à l'appui aux revendications de l'Anglaise. Beaucoup, malheureusement, ont disparu, confiées par la trop crédule lady aux ministres de la Maison du roi ou à Louis XVIII lui-même.

Mais, pour apprécier la valeur de ces documents, il fallait en connaître les auteurs. A part le général Louis de Frotté, objet d'une biographie détaillée, les autres personnages mêlés aux aventures de Mme Atkyns apparaissaient pour la première fois sur la scène de l'histoire.

Les *Archives nationales*, les *Archives du ministère de la Guerre et du ministère des Affaires Étrangères* nous ont permis de reconstituer avec autant d'exactitude que possible ces figures oubliées. Nous avons utilisé dans le même but les *Archives municipales de Dunkerque* pour tout ce qui concernait la fuite du chevalier de Couterne et de ses compagnons hors du Royaume, les *Archives de Lille*, et à l'étranger, les *Archives du Grand-Duché de Bade réunies à Carlsruhe*.

Cette sèche énumération suffit à montrer dans quel esprit ce travail a été conçu et poursuivi.

Dans une question comme celle-ci, obscurcie, envahie par l'affluence des témoignages suspects, de seconde et troisième main, des racontars, une tentative de ce genre ne pouvait être réalisée qu'en recourant à des textes irréfutables. Les lettres, contemporaines des événements, nous ont paru répondre mieux que tout autre document aux conditions que nous nous étions imposées. Elles nous ont servi à compléter, dans une large mesure, les renseignements fournis par les Archives de l'État. Beaucoup sont extraites d'archives privées qui nous ont été ouvertes avec une grande libéralité.

Grâce à ces collaborateurs de bonne volonté, il nous a été possible de mener à bien l'œuvre entreprise dans un sentiment de filiale affection. Nous n'aurions garde en effet d'oublier ici celle qui dirigea nos recherches, qui les encouragea, qui s'y associa. C'est à elle que nous exprimons en premier lieu notre vive reconnaissance, ainsi qu'à l'historien dont le nom est inscrit en tête de ces pages et dont le concours précieux, assidu, ne nous a jamais fait défaut.

Notre gratitude va aussi à tous ceux qui nous ont prodigué leurs conseils, qui nous ont aidé avec tant d'obligeance : M. le duc de La Trémoïlle, membre de l'Institut, M. le marquis de Frotté, M. le comte Lair, M. le général de Butler, notre regretté confrère M. Parfouru, archiviste du département d'Ille-et-Vilaine, nos confrères MM. Coyecque, Lucien Lazard, archiviste-adjoint de la Seine, Schmidt, archiviste aux Archives nationales, Desplanque, conservateur de la bibliothèque de Lille, M. Georges Tassez. aux Archives de cette ville, M. Edmond Biré, M. le Dr Obser, le savant éditeur de la *Politische Correspondenz Karl Friedrichs von Baden*, M. Léonce Pingaud, M. Barthélémy Pocquet, notre confrère et ami F.-L. Bruel, M. Freeman O'Donoghne, conservateur au département des Estampes du British Museum.

Paris, le 22 mars 1905.

MADAME ATKYNS

CHAPITRE PREMIER

LE CHEVALIER DE FROTTÉ

Une agitation singulière se remarquait dans les rues de Lille, le 7 avril 1790, à l'aube. Dans les quartiers du nord, non loin de la citadelle, des troupes de soldats sillonnaient les avenues, occupaient les carrefours, fouillaient les cours des maisons. A chaque instant retentissaient des coups de feu et, chose extraordinaire, ceux à qui s'adressait cette fusillade étaient aussi des soldats. Au milieu de la fumée, d'un tapage assourdissant, aux cris des habitants réveillés dans leur sommeil,

1

on distinguait les uniformes bleus, aux parements bleu de ciel, du régiment de la Couronne, l'un des quatre corps de la garnison[1].

Des décharges successives accueillaient tout cavalier qui se montrait ; la lutte semblait engagée à outrance entre les chasseurs de Normandie, chargeant sur les pavés ou combattant à pied de leurs mousquets, et les grenadiers de la Couronne et du Royal-Vaisseaux.

Aucun ordre, d'ailleurs, dans cette bataille de rues. De l'un et l'autre côté les officiers semblaient absents, et s'en fût-il, par hasard, trouvé quelques-uns, l'excitation et la colère empreintes sur les visages des assaillants auraient rendu, à coup sûr, inutile leur intervention.

L'émeute régnait donc dans la cité de Lille, la capitale de la province, et, cette fois, l'ordre était troublé par ceux qui avaient la tâche de le faire respecter. Depuis plusieurs mois, cependant, la ville avec ses quatre-

---

[1] Victor Derode. *Histoire de Lille et de la Flandre wallonne*. Lille, 1848, in-8°, t. III, p. 26. Pour le récit de ces troubles militaires à Lille, nous avons aussi utilisé une relation manuscrite du chevalier de Frotté, *Archives nationales*, D XXIX, 36 et un exposé, adressé au roi par le marquis de Livarot, sur sa conduite, dont un exemplaire imprimé se trouve à la *Bibliothèque nationale*, L^bk 4008.

vingt mille habitants[1], assistait énervée, inquiète à une succession d'événements des moins rassurants. La convocation des États généraux, la formation de la garde nationale, la création de la municipalité, deux mois auparavant, en février, le bouleversement administratif qui remuait la province, s'ajoutant à la détresse du royaume, à la misère générale, aux prix exagérés des denrées, à la ruine du commerce, avaient produit à plusieurs reprises de l'effervescence dans cette ville industrielle, enrichie par son commerce. Et, au moment où de Paris parvenaient les nouvelles les plus alarmantes, le 29 avril 1789, coïncidant presque jour pour jour avec le sac de la fabrique Réveillon, au faubourg Saint-Antoine, le pillage faisait son apparition à Lille[2], les boulangeries étaient envahies ; trois mois plus tard, quatre maisons étaient attaquées par la populace et livrées à l'incendie.

Des troupes composant alors la garnison de Lille, une partie avait pris ses cantonnements en ville ; c'étaient les régiments de la Couronne et du Royal-Vaisseaux. L'autre, chasseurs de Normandie et fantassins de Colonel-

[1] Derode. *Ouvrage cité*, t. III, p. 3.
[2] *Idem.*

Général, le premier régiment de France,
logeaient à la citadelle, l'imposante forte-
resse, le chef-d'œuvre de Vauban. Certains
signes d'indiscipline avaient déjà percé au sein
des deux premiers corps ; l'esprit révolutionnaire travaillait activement la troupe, favorisé par le contact permanent avec la population au milieu de laquelle vivaient ces deux
régiments. Plus à l'écart de cette influence,
dans la citadelle, Colonel-Général nourrissait
des sentiments d'entier dévouement au Roi ;
il avait d'ailleurs à sa tête un corps d'officiers, dont le royalisme le plus pur allait se
manifester dans les événements que nous essayons d'esquisser.

Que fallut-il pour déchaîner l'un contre
l'autre ces deux éléments de la garnison ? Un
rien, une rixe, qui éclata le 8 avril au soir,
entre quelques chasseurs de Normandie et
des grenadiers [1] ; d'aucuns disent un duel. Le
fait est que deux soldats restèrent sur le car-
reau. Aussitôt cavaliers et fantassins prennent
fait et cause pour leurs frères d'armes. Durant
la nuit, on projette une attaque générale de
part et d'autre. Les officiers en ont vent, mais,

---

[1] *Moniteur universel* du 12 avril 1790.

par malheur, deux des colonels sont en congé.
Le marquis de Livarot, commandant de la province, essaye de rétablir l'entente en réunissant des députés de chaque corps ; il croit y avoir réussi, mais à peine les a-t-il quittés que la fusillade reprend sur tous les points à la fois.

Colonel-Général était jusque-là resté neutre ; la discipline, maintenue avec soin par ses chefs, avait contenu la troupe. Mais, quand dans la soirée, l'on vit les chasseurs de Normandie se replier sur la citadelle et y chercher un refuge, leurs camarades d'infanterie leur ouvrirent les portes, les accueillirent et associèrent leur cause à la leur, sans plus écouter la voix de leurs officiers qui cherchaient encore à ramener la paix. Ils poussèrent même les choses plus loin. MM. de Livarot et de Montrosier, ce dernier lieutenant du Roi, ayant franchi la porte qui donnait accès dans la place, se virent entourés par un groupe de mutins dont l'attitude était menaçante. Malgré les efforts du peu d'officiers qui se trouvaient présents [1], on les entraîna dans une casemate où leur situation était tout simplement celle de prisonniers.

[1] *Moniteur* du 12 avril 1790.

Pendant ce temps, dans la ville, circulaient les bruits les plus sinistres, enflés par les fantassins de la Couronne et du Royal-Vaisseaux. On ne s'attendait rien moins qu'à voir les canons de la citadelle ouvrir leurs gueules et cracher la mitraille sur la population. Bientôt, sur les murs des maisons, dans les cafés, les citoyens inquiets pouvaient lire cette étrange proclamation, dont l'origine n'échappait à personne, avec cette apostrophe pour titre :

GARDE A NOUS, CITOYENS,

GARDE A NOUS,   .
et trois fois garde à nous.

« On nous trompe, on nous trahit, on nous
« vend...! Mais nous ne sommes pas encore
« livrés, nous avons des armes ![1].

« *L'infernal Fitz-James*[2] est parti avec toute
« sa bande... ; on s'est contenté de retenir
« une vaine cassette. *Livaro*, *l'infâme Livaro*
« est, dit-on, dans notre citadelle. *Montro-*
« *sier*, cet exécrable auteur de tous nos maux,
« dort paisiblement.

« Les soldats, qu'ils ont voulu corrompre,

---

[1] *Moniteur* du 15 avril 1790. Un exemplaire manuscrit de cette proclamation se trouve aux *Archives nationales*, D XXIX, 36.

[2] Ces mots sont soulignés dans le texte.

« nous les offrent... Qu'attend-on pour mon-
« trer à la France que nous sommes *Citoyens*,
« que nous sommes *Patriotes* ? Sont-ce les
« ordres de notre commandant ? Mais l'*aris-
« tocrate d'Orgères* n'a-t-il pas déjà prouvé
« combien il est indigne de la place que nous
« lui avons aveuglément confiée ?... Il ne nous
« commande que pour nous conduire dans
« l'abîme. Secondé par son flagorneur *Carette*
« et par des traîtres, que nous avons la
« lâcheté de laisser à notre tête, et d'accord
« avec les chefs de toutes les intrigues aristo-
« cratiques, il veut éloigner nos braves frères
« de la Couronne et de Royal-des-Vaisseaux.
« Les laisserons-nous partir ?

« Non...; mais marchons avec eux... Allons
« saisir *Livarot*, *Montrosier* et livrons-les,
« pieds et poings liés, à toute la sévérité de
« l'auguste Assemblée Nationale !

« Que n'assemble-t-on nos Pères conscrits ?
« Le Conseil général de la Commune ne serait-
« il qu'un vain fantôme ? Le sang des citoyens
« serait-il moins précieux que de vils intérêts
« pécuniaires ? Nos ennemis cachés crain-
« draient-ils les lumières et le patriotisme de
« nos Notables ? *Ah ! Citoyens ! Garde à nous,
« encore un coup, garde à nous !* »

Réunie extraordinairement à la Maison de ville, la municipalité avait convoqué le Conseil général et recevait, dans l'intervalle, une délégation des troupes de la Citadelle, qui assuraient les habitants de Lille de leurs bonnes intentions : « Les régiments Colonel-« Général et Chasseurs de Normandie, disaient « les envoyés, attestent aux habitants qu'il « n'est jamais entré dans leur pensée de cau-« ser la moindre alarme à des citoyens dont « ils n'ont eu qu'à se louer jusqu'à présent », et ils annonçaient aussi l'envoi de deux députés à Paris, auprès de l'Assemblée nationale et du Roi[1].

Toute la nuit se passa sans qu'aucune solution eût été trouvée. Vers les quatre heures, les deux régiments restés en ville allaient s'éloigner, gagnés par la persuasion des municipaux, quand la garde bourgeoise les en empêcha, et l'on se retrouva ainsi, le matin du 10 avril, en face des mêmes événements, des mêmes difficultés. Il fallait pourtant sortir de cette situation. Des courriers sont dépêchés à Paris et avec eux partent des dénonciations contre « l'infâme » Livarot, dont

---

[1] Déclaration des régiments Colonel-Général infanterie et chasseurs à cheval de Normandie. *Archives nationales*, D XXIX, 36.

la conduite est jugée suspecte ; durant huit jours on le garde à vue dans la citadelle, au mépris de l'autorité royale dont il est revêtu.

Sur la route de Paris cheminait l'officier délégué par Colonel-Général. C'était, malgré l'importance de la mission, un jeune lieutenant que l'on avait député, mais le sang-froid qu'il avait montré dans ces journées, son attitude décidée, énergique, l'avait aussitôt désigné aux choix de ses collègues. Louis de Frotté était né à Alençon, le 5 août 1766 [1]. D'une famille de gentilshommes établie depuis le xve siècle en Normandie, il avait hérité le sentiment du devoir, de la fidélité à son roi, du dévouement à sa cause. Il avait alors vingt-quatre ans. Privé de sa mère à l'âge de six ans [2], élevé à Caen d'abord, puis à Versailles, dans la pension Gorsas [3], il avait été admis vers 1781 en qualité de sous-lieutenant surnuméraire dans le régiment de Colonel-Général, qui tenait déjà garnison à Lille. De tous côtés, le jeune officier s'était attiré des sympathies par son caractère géné-

---

[1] L. de la Sicotière. *Louis de Frotté et les insurrections normandes, 1793-1832.* Paris, 1889, 2 vol. in-8°.

[2] Son père se remaria avec une demoiselle Dumont de Lamberville, dont le frère fut un des meilleurs amis de Louis de Frotté.

[3] Le futur journaliste, fondateur du *Courrier de Versailles.*

reux, libéral, affectueux, par un esprit de
camaraderie très développé. C'est au régiment qu'il contracta de solides amitiés dont
il eut tant à se féliciter dans la suite, comme
celles du prince de La Trémoïlle[1] et d'un gentilhomme normand, nommé Vallière.

Un court séjour à Besançon avait interrompu
les longs mois de garnison de Lille[2] ; puis, il
était revenu dans cette ville, où les troubles,
dont nous parlons, rompaient enfin une existence quelque peu monotone, inséparable de
la vie de garnison.

Plein d'espoir en l'issue de sa mission,
Frotté chevauchait, rapide, vers Paris. La
perspective de voir le Roi, de lui narrer, ainsi
qu'au ministre de la guerre La Tour du Pin,
les faits qui venaient de se dérouler à Lille,
de l'assurer de la fidélité de son régiment,
d'obtenir une solution aussi satisfaisante que
possible de la situation critique, tout cela
aiguillonnait notre cavalier. Et la pensée de
regagner Lille bientôt, sa mission couronnée
de succès, de reparaître devant de certains
regards auxquels il n'était pas insensible...
lui faisait oublier la longueur de la route.

[1] Frère du prince de Talmont.
[2] La Sicotière. *Ouvrage cité*, t. I, p. 26.

Son séjour à Paris fut court. Admis à se présenter devant le Roi, le futur chef des chouans de Normandie réalisa l'un de ses plus chers désirs[1], mais, au milieu de l'effervescence qui régnait alors, la position de la famille royale, l'atmosphère d'hostilité qui l'entourait, remplirent son cœur de sombres pensées. Brûlant de se dévouer à elle, impuissant à faire valoir ses offres au Roi, Frotté, qui avait émis la proposition de réunir à Lille un noyau de troupes sûres, sur lesquelles on pourrait absolument compter, regagna sa garnison au bout de peu de jours, quand il vit que Louis XVI se refusait à partager son juvénile enthousiasme et ses projets. Il avait d'ailleurs pleinement réussi dans la partie officielle de sa tâche. Mis en face d'une députation des régiments ennemis de la Couronne et de Royal-Vaisseaux, qui à leur tour venaient plaider leur cause, le représentant de Colonel-Général avait su leur tenir tête et défendre ses intérêts ; il s'en retournait, emportant l'ordre de changement de la garnison tout entière. Colonel-Général était transféré à Dunkerque, les trois autres régi-

---

[1] La Sicotière. *Ouvrage cité*, t. I, p. 25.

ments remplacés quittaient la province[1]. Quant au malheureux marquis de Livarot, toujours retenu à la citadelle, un mandat du ministre l'appelait à Paris, pour y répondre de sa conduite[2]. Inutile d'ajouter qu'il se justifia des accusations dont on l'accablait et qu'il se vit pleinement réhabilité.

Les quelques jours qui précédèrent le départ de son régiment, Frotté ne les passa pas dans l'inaction. A côté des préparatifs ordinaires : domicile à quitter, bagages à faire, dettes à régler, à côté des camarades dont il fallait prendre congé, bref des mille liens que l'on contracte pendant un séjour de neuf années dans une ville qui n'était pas une des moindres du royaume, il y avait, rue Princesse, à quelques minutes de la citadelle, une maison, simple d'apparence, à un étage unique, dont la porte s'était souvent ouverte au jeune officier. La perspective de n'y plus revenir de longtemps remplissait son cœur de trouble et de regrets.

C'est là, en effet, qu'habitait depuis quelques mois une étrangère, une Anglaise, que l'on avait vu arriver à Lille, accompagnée

[1] Derode. *Histoire de Lille*. t. III, p. 32.
[2] *Moniteur* du 23 avril 1790.

d'une réputation de grâce et de beauté qui
n'était pas imméritée. A cette époque, il exis-
tait déjà dans ce centre toute une colonie
d'Anglais, qu'attiraient soit la proximité de
leur patrie et le voisinage de Paris, soit la
prospérité du commerce et d'industries nombreuses. En parcourant les tables de recense-
ment de la ville aux débuts de la Révolution
et les registres d'imposition, nous avons
relevé bien des noms qui dénotaient une origine britannique. Mais ce qui attira l'attention sur les nouveaux venus qui s'installaient
rue Princesse, c'est qu'ils arrivaient non pas
d'Angleterre, mais bien de Versailles. Ils
furent rapidement reçus dans la meilleure
société de Lille ; les questions affluaient sur
leur compte, cherchant à pénétrer leur passé
qu'entourait un certain mystère.

A notre tour, essayons de déchirer le voile
et de nous renseigner sur cette Anglaise qui
va devenir l'héroïne de cet ouvrage.

* *
* *

Charlotte Walpole, qui naquit probablement vers 1758[1], portait un nom illustre entre

---

[1] Cette date approximative nous est fournie par l'acte de décès

tous dans le Royaume-Uni. Descendait-elle en droite ligne de Sir Robert Walpole, comte d'Orford, l'illustre homme d'État, qui durant des années administra l'Angleterre au nom du roi Georges Iᵉʳ ? C'est ce qu'il est difficile d'affirmer.

La cadette de trois filles [1], Charlotte passa probablement toute sa jeunesse dans le comté de Norfolk, berceau de sa famille, sous ce ciel nuageux, dans ce climat toujours humide, au milieu de ces prairies d'un vert émeraude, qui font de cette partie de l'Angleterre un des districts les plus agricoles. Le charme tranquille et mélancolique de ce paysage, les immenses troupeaux de moutons et de chèvres qui broutent dans les pâturages, l'horizon que limitent seules les lourdes nuées toujours suspendues sur ce pays, tout cela frappait l'imagination de la jeune fille, très enthousiaste de nature, et développait en elle cet attrait insaisissable qui frappait tous ceux qui la connurent. De ses grands yeux,

de Mᵐᵉ Atkyns, mais l'on sait avec quelle inexactitude ces actes étaient le plus souvent rédigés, pour ce qui concerne la naissance, surtout lorsqu'il s'agissait d'une étrangère décédée à Paris.

[1] Testament de Robert Walpole, du 14 mars 1803, par lequel il lègue tous ses biens à sa femme Blancy Walpole et à ses trois filles, Marie, Françoise et Charlotte. Inventaire après décès des biens de Mᵐᵉ Atkyns. *Papiers inédits de Mᵐᵉ Atkyns.*

qu'encadraient des sourcils très marqués, s'échappait un regard d'une infinie douceur. Le seul portrait que l'on ait d'elle la montre coiffée à la mode de l'époque, ses boucles foncées à peine retenues par un léger bandeau et retombant en désordre sur son front. Beaucoup d'originalité d'ailleurs dans l'esprit, un visage qui se transformait et s'animait sous les impressions ressenties, une expression très particulière qui faisait de toute sa personne un type à part, en voilà assez pour nous expliquer comment, à dix-neuf ans, Charlotte Walpole prenait le chemin de Londres, avec l'idée d'utiliser ses talents en affrontant la scène.

La capitale de l'Angleterre ne comptait alors que trois théâtres, dont le plus couru, Drury Lane, qualifié de théâtre royal, subsiste encore de nos jours, conservant intacte sa vieille réputation. C'est là que, le 2 octobre 1777, pour l'ouverture de la saison théâtrale, miss Walpole faisait ses débuts dans une pièce intitulée *L'Amour au village*[1], une comédie dans le genre de celle d'O'Keefe probablement, au goût du public d'alors,

___

[1] Love in a village. Genest, *History of the stage*. Bath, 1832.

qui commençait à être lassé de la farce brutale et licencieuse des siècles précédents. Cinq jours plus tard, miss Walpole reparaissait dans *Le Quaker* et la semaine d'après, on la voit tenir le rôle de Jessica dans *Le Marchand de Venise*, un des chefs-d'œuvre de Shakespeare. Après avoir joué, au printemps de 1778, dans *Le Batelier* (Watermann), son succès semble assuré ; le 2 mai, c'est à son bénéfice qu'est donné à nouveau *L'Amour au village*, où elle remplit à la perfection le rôle de Rosetta et la saison se termine dix jours plus tard par la représentation du *Gueux* (the beggars opera) de John Gay.

La jeune actrice a trouvé sa voie et cela avec le consentement de sa famille, il n'en faut point douter. En effet, il n'y avait pas alors en Angleterre cette sorte de défaveur qui s'attache si souvent à la carrière du théâtre dans une certaine société ; l'exemple de miss Walpole est là pour le démontrer.

Durant l'été qu'elle passa sans doute à la campagne, elle chercha à cultiver ses talents, si bien que pour la saison, qui se rouvrit le 15 septembre 1778, on la vit revenir à Londres, pressée de recueillir de nouveaux lau-

CHARLOTTE WALPOLE
dans « Le Camp »
d'après une gravure du British Museum

riers. Cette fois, elle paraissait sur la scène en travesti, dans une sorte d'opérette intitulée *Le Camp*, qui eut un succès fou pendant tout l'hiver. La pièce, imitée de Sheridan et due à Tickelle, représentait la place d'armes et le camp de Coxheath et miss Walpole, sous le nom de Nancy, y figurait un jeune soldat, rôle dont elle s'acquittait à merveille, nous dit un auteur contemporain[1]. Nous avons retrouvé une gravure qui la reproduit sous ce travesti, en souvenir sans doute des applaudissements qui la saluèrent alors. Au mois d'avril 1779, elle apparaît encore dans trois autres pièces, *Le Contrat*, *Le Couple constant* de Farquhar et *Le Double galant*. Dès lors, les affiches deviennent muettes, le nom de miss Walpole ne s'y rencontre plus.

A quoi faut-il attribuer ce silence subit, cet éloignement du théâtre, alors que tout semblait préparer à l'actrice le plus bel avenir? A une détermination causée par son succès même, par le charme qu'elle déployait. A maintes reprises, pendant l'hiver, l'on avait

[1] « This musical entertainement was written for the sake of exhibiting a representation of the camp of Coxheath... Miss Walpole, as a young recruit went through her exercices very adroitly. » Genest, *ouvrage cité*.

vu à Drury Lane un jeune homme occuper un
des fauteuils aux premières places et suivre
d'un regard tout particulier le jeu du gracieux
soldat, qui allait et venait dans le camp de
Coxheath.

Aussi ne fut-on point étonné quand, le
18 juin 1779, le *Gentleman's Magazine*, dans
sa chronique mondaine, annonça le mariage
de Sir Édouard Atkyns avec Miss Charlotte
Walpole, du théâtre royal de Drury Lane[1].
La « jolie miss Atkyns », c'est ainsi qu'on la
surnommera désormais à Londres et dans tout
le Norfolk !

Si les Walpole pouvaient se vanter d'une
ascendance glorieuse, les Atkyns ne le leur
cédaient en rien. Dans cette famille, où les
prénoms sont invariablement les mêmes, —
celui d'Édouard est pour ainsi dire constant,
— les personnages illustres ne manquaient
pas. Un Atkyns avait été lordchief, baron
de l'Échiquier, au xviiᵉ siècle ; son fils avait
construit un luxueux manoir, Ketteringham,
dans ce même comté de Norfolk[2]; en mourant il l'avait laissé à son petit-neveu, qui,

---

[1] *The gentleman's Magazine and Historical chronicle*, by Syl-
vanus Urban, Gent. Londres, vol. XLIX, pour l'année 1779, p. 326.

[2] Renseignements recueillis à Ketteringham.

à son tour, le léguait à l'heureux époux de miss Walpole.

Les jeunes mariés allèrent s'installer dans cette antique demeure de Ketteringham-Hall, dont on va retrouver si souvent le nom au cours de ce récit. Pendant quelques années, ils y menèrent sans doute une vie paisible, venant tout au plus passer quelques semaines à Londres, au cœur de l'hiver. « Les peuples heureux n'ont pas d'histoire », dit un proverbe. Il en est de même des gens heureux. Aussi nous garderons-nous de leur en créer une, faute de données.

Cependant, il convient de mentionner le récit d'une amie de notre héroïne, la comtesse Mac-Namara, qui semble avoir été fort au courant des différentes particularités de sa vie. Elle nous apprend que le couple Atkyns, qui, d'après elle, ne trouvait pas beaucoup de relations en Angleterre — et l'explication paraît manquer de vraisemblance — se décida à gagner le continent et à venir habiter Versailles[1]. Là, le charme de la jeune femme, sa jolie voix, les réceptions qu'elle ne tarda pas à donner et qu'elle pouvait rendre brillantes,

[1] *Diairies of lady of quality, from* 1797 *to* 1814, edited with notes, by A. Hayward, Esq. Londres, Longman, Green, etc. 1864, pp. 216-219.

grâce à la fortune de son mari, lui ouvrirent
bientôt toutes les portes de la société qui for-
mait la Cour. Dans l'entourage de la Reine,
en particulier, la belle duchesse de Polignac
s'éprit de cette gracieuse étrangère. Elle voulut, à son tour, que son auguste amie la connût
et voilà comment Mme Atkyns fut introduite
dans ce cercle d'intimes qui vivaient autour de
Marie-Antoinette. Plus que ses amies encore,
la nouvelle venue fut aussitôt subjuguée par
le charme de la Reine. Entre ces deux femmes
s'établit un courant d'ardente sympathie.
Leurs regards s'étaient compris, une profonde
communion de pensées les unissait. Pour
qui connaissait Mme Atkyns, il était hors de
doute que ces premières impressions ne s'éva-
nouiraient point, mais qu'elles seraient au
contraire le début d'une amitié inaltérable.

Sur les détails de ce séjour à Versailles,
l'on en est réduit à ces seuls renseignements.
A quelle époque exacte les Atkyns prirent-ils
cette résolution — leur unique enfant, un fils,
devait être né déjà — quels étaient leurs projets en venant à la Cour? Autant de questions
impossibles à résoudre.

Les premières manifestations révolutionnaires les trouvèrent probablement encore à

Versailles. Ils assistèrent peut-être à l'ouverture des États généraux, que saluait tout le Royaume et frémirent à la nouvelle de la prise de la Bastille. Quand les journées d'octobre ramenèrent la famille royale à Paris, en un sinistre cortège, le jeune ménage n'était déjà plus là pour compatir aux inquiétudes et aux souffrances de ceux qu'ils aimaient.

Une brève mention, quelques mots trouvés, après de patientes recherches dans des registres poussiéreux, en disent assez pour nous fixer sur leur sort. C'est là une des joies du chercheur que de découvrir, noyée dans la paperasse administrative amassée par les années, une faible lueur, une indication infime, isolée, mais qui lui ouvre de lointains horizons.

Dans l'automne de l'année 1789, une Anglaise, que l'administration chargée de la perception d'un impôt spécial, la capitation, nommé *milady Charlotte*, arrivait à Lille avec un domestique[1]. En décembre, elle s'installait paroisse Saint-André, dans une

---

[1] « Milady Charlotte, Anglaise, pensionnée de France, douze livres, pour un domestique en 1789, deux livres; douze livres, deux domestiques pour 1790, quatre livres. » *Registre de capitation des sept paroisses*, 1790, Paroisse Saint-André, rue Princesse, n° 337, p. 46. *Archives municipales de Lille.*

maison de la rue Princesse[1], portant alors le n° 337 et appartenant au sieur De Druez[2]. De son mari, nulle mention, non plus que de son nom de famille. Il est probable qu'elle avait demeuré un certain temps à l'auberge avant de se fixer définitivement rue Princesse, mais que conclure de cette appellation si vague, *milady Charlotte* ?

Pourquoi taire la moitié de son nom ? L'on a pourtant à Lille quelques renseignements sur elle. L'on sait qu'elle jouit d'une pension sur le trésor royal, puisqu'on la qualifie de pensionnée de France[3]. L'année suivante, on la voit augmenter son train de maison, prendre un domestique de plus ; sa capitation qui était de 14 livres s'élève à 16 livres. Or, pour satis-

---

[1] La maison est vérifiée vacante à la Saint-Pierre, puis à la Saint-Rémy, 1789. *Registres de police, Archives de Lille.*

[2] *Registre n° 3196 aux impositions de la paroisse Saint-André pour 1788. Quartier E., rue Princesse. Archives de Lille.* Cette maison appartint successivement aux familles Smet, de Longin, de Rochefort, de Madre de Norguet, Denis du Péage. Elle porta ensuite le n° 63 et depuis l'année 1903 le n° 61.

[3] « Aujourd'hui vingt-huit octobre 1790, en l'Assemblée du « Conseil général de la ville de Lille... ouï le procureur de la « commune, il a été procédé à la continuation du travail des « surtaxes et des taxes, pour la contribution patriotique... Après « quoi, il a été procédé à la taxe des contribuables ayant plus « de quatre cents livres de rente, comme il suit : Paroisse de « Saint-André... rue Princesse, Milady Charlotte, à cause de sa « pension sur le trésor royal..., 300 livres ». *Registre n° 1 des* « *Délibérations de la municipalité de Lille. Archives de Lille.*

faire notre curiosité, nous avons vainement compulsé les listes des pensionnaires du trésor, à cette époque ; la mention de Milady Charlotte ou de Mme Atkyns n'apparaît nulle part,. pas même sur les registres relatifs à la maison de la Reine[1].

A quel titre jouit-elle de cette pension ? Au même probablement que tant d'autres favorisés, dont les noms remplissent les fameux *livres rouges*, ces livres dont la publication va déchaîner la fureur de la moitié des Français sur la Cour et la noblesse, lorsqu'on constatera combien de richesses vont s'engloutir dans ce gouffre.

Nous l'avons dit, sur la présence d'Édouard Atkyns à Lille les documents sont muets, à une exception près, qu'on ne peut passer sous silence, quelque délicate qu'elle soit. La désunion s'était-elle déjà introduite dans le ménage, la jolie miss de Drury Lane s'était-elle rendu compte trop tard que celui à qui elle avait voué son cœur et sa vie n'en était plus entièrement digne ? Peut-être. Toujours est-il que le 20 mars 1791, le vicaire de la paroisse de Sainte-Catherine à Lille, baptisait un enfant

[1] *Archives nationales*, série O⁴.

de sexe masculin, fils « de Geneviève Leglen,
native de Lille », dont le père se déclarait être
Édouard Atkyns¹. Dès lors, ce dernier disparaît complètement de la scène qui nous intéresse; tout au plus apprendrons-nous en 1794
le veuvage de Charlotte Atkyns.

Il fallait cette digression quelque peu étendue, pour tracer le portrait de celle que Frotté
appellera plus tard « l'être héroïque et parfait » et qui va tenir une si grande place dans
sa vie. Leur connaissance? Elle se fit bien vite
dans un de ces nombreux salons, où se réu-
nissait la société de Lille, au bal, au théâtre,
au concert. Partout l'habit blanc à parements
rouges de Colonel-Général était accueilli avec
empressement. Comme l'écrivait à Frotté l'un
de ses amis : « Tout ce qu'il y a d'honnêtes
gens dans cette ville verront sans doute avec
plaisir l'uniforme du régiment, si tu y parais
sous cet habit². » Et l'on se représente les

---

¹ « Le 20 mars 1791, je soussigné, vicaire de cette paroisse ai
« baptisé Antoine-Quentin Atkyns, né hier, huit heures du matin,
« fils illégitime d'Édouard natif d'Angleterre et de Geneviève
« Leglen, native de Lille, selon Mᵉ Warocquier fils, accoucheur
« juré, vérifié par Derousseaux clerc d'office. Ont été parrain
« Antoine-Quentin Derobois et marraine Thérèse Cordier, soussi-
« gnés. Signé : Derobois, Cordier, F. Dutheil, vicaire. » *Registres
de l'état civil, Paroisse Sainte-Catherine, Baptêmes. Archives de Lille.*

² Lettre datée du 7 mai 1790. *Archives nationales*, D XXIX, 36.

longs entretiens du jeune officier chez son amie, dans cet hiver de 89, entretiens que nourrit, qu'anime un seul et précieux sujet. Tout rempli déjà de sympathies royalistes, Frotté s'enthousiasme pour la cause de la Reine, en écoutant les récits de Versailles, au souvenir de ses bontés, de son charme, de son affection, des mille traits fidèlement rapportés par celle qui a subi cette influence[1].

On devine les recommandations, les conseils de prudence dont fut entouré notre lieutenant, à son départ pour Paris. Tout l'engageait à offrir ses services au Roi et aux siens. On a vu plus haut l'insuccès de ses tentatives, mais ce voyage n'avait pas été inutile, puisqu'il lui avait permis de rapporter à son amie des nouvelles de celle qu'elle chérissait.

A la fin d'avril, les Lillois virent partir les régiments qui avaient été pour eux la cause

---

[1] « Après avoir aimé et servi l'infortunée Marie-Antoinette avec un sentiment qui tient de l'idolâtrie... « *Mémoires manuscrits de Frotté*. La Sicotière, *Louis de Frotté*... t. I, p. 49. « O femme charmante, quelle que soit la fin de notre Révolution, quand vous n'y auriez aucune part, vous serez toujours pour moi l'amie tendre et dévouée d'Antoinette... et celle à qui je voudrais un jour devoir tout mon bonheur ». *Lettre de Frotté à M⁰ᵉ Atkyns*, novembre 1794. V. Delaporte. *Centenaire de la mort de Marie-Antoinette. Études religieuses*... octobre 1893, p. 265.

de tant d'inquiétudes. Tandis que Colonel-Général sortait de la ville par la porte de Dunkerque, les bourgeois regardaient s'éloigner du haut des remparts les longues colonnes des chasseurs de Normandie, des grenadiers de la Couronne, de Royal-Vaisseaux, qui prenaient d'autres directions. Ce qui avait échoué en partie à Lille allait se renouveler trois mois plus tard dans une autre région du royaume et l'échauffourée des jours précédents n'était que le prélude de la révolte des soldats de Châteauvieux, à Nancy et de bien d'autres. L'armée, en effet, se laissait gagner tous les jours par l'esprit révolutionnaire qui s'y infiltrait, au mépris de la discipline et du respect des chefs. Là, la Révolution trouvait un terrain bien préparé et elle s'empressait d'en faire son profit.

C'est ce qui explique le découragement qui envahissait la plupart des officiers, gentilshommes fermement attachés à leurs principes royalistes, en constatant l'inutilité de leurs efforts pour rétablir la discipline et conserver leur autorité. Frotté, moins qu'un autre, ne pouvait échapper à ses sentiments. Son séjour à Dunkerque va nous le montrer impuissant à réagir contre cette lassitude désespérante qui le gagne. Dunkerque n'est cependant pas loin de Lille et il sait qu'il laisse derrière lui une amitié prête à le réconforter, à le diriger. Mais son esprit inquiet et raisonneur se refuse à accepter les faits accomplis. Il ne peut prendre son parti de cette révolution qui gagne la France entière à pas de géants, et pour laquelle il éprouve une répulsion instinctive. Dans les longues heures d'inactivité que lui laisse son service, à côté d'une correspondance régulière avec ses amis Vallière et Lamberville surtout, celui-ci en congé en Normandie, cet écrivailleur enragé qu'est Frotté confie au papier ses craintes et ses découragements. C'est là un fait curieux, relevé déjà par son biographe, M. de la Sicotière : jamais homme n'a autant écrit et rédigé que cet officier entreprenant, actif, que ce chef de partisans, qui passera les trois quarts de son temps à faire le coup de feu.

En arrivant à Dunkerque, il rencontra parmi les officiers du régiment de Viennois, qui partageait avec Colonel-Général la garnison de la place, des dispositions très favorables aux projets qu'il méditait. Son zèle royaliste, réchauffé par le contact de ses relations, allait pouvoir s'employer utilement. Déjà l'Assemblée nationale, jalouse de s'assurer l'armée, venait de rendre un décret prescrivant aux officiers l'obligation de prêter serment, non plus seulement au Roi, mais à la Nation et à la Constitution qui devait être donnée à la France. Tout poussait notre gentilhomme à refuser de s'associer à une pareille mesure. Il n'hésita pas, réussit à entraîner plusieurs de ses camarades et annonçait ainsi sa décision à son père :

« Vous n'ignorez pas, mon père, que l'on
« exige des officiers un serment qui répugne
« trop à mon honneur et à ma délicatesse,
« pour que j'ose le prêter. Je vous connais
« trop bien, mon père, pour n'être pas per-
« suadé que vous ne m'auriez pas conseillé
« autrement dans une pareille circonstance.
« Je n'ai eu garde de m'en rapporter à mes
« faibles lumières ; j'ai consulté la plus grande
« partie de mes camarades et parmi ceux que
« j'estime, que j'aime, je n'en ai trouvé aucun
« d'un avis différent du mien, et notre esti-
« mable chef, M. de Théon, justifie en tous
« points la bonne opinion que nous avions [1]. »

En apprenant sa conduite et ses intentions,

---

[1] *Archives nationales*, D XXIX, 36.

son ami Vallière lui adressait ses vives félicitations. « Je suis bien charmé d'apprendre, « lui écrivait-il quelques jours avant son arrivée à Dunkerque, que le régiment de Viennois ait à peu près la même façon de penser « que nous et que nous soyons dans le cas « de vivre en bonne intelligence avec eux. Il « est donc encore quelques bons Français et « quelques sujets fidèles à leur seul et légitime maître. Ils sont, hélas, en petit nombre « et on ne peut que gémir bien profondément en pensant que de vieilles et autrefois « braves légions... ont si indignement terni « leur gloire antique en trahissant leur « maître. Enfin, mon bon ami, il faut espérer « qu'un peu de tranquillité va te dédommager « de tout ce que tu as souffert depuis quelque « temps. Malheureusement, l'avenir que nous « avons devant les yeux n'est pas fait pour « nous faire oublier le passé et ne nous promet pas des moments bien heureux. Si les « scélérats qui nous persécutent et qui bouleversent le plus beau de l'Europe s'avisent « encore de licencier l'armée, comme on dit « que c'est leur projet, viens te réfugier ici, « où tout est encore tranquille... Si leur rage « nous y poursuit encore, alors nous fui-

« rons un pays détestable et passerons chez
« l'étranger, où il y a peut-être des hon-
« nêtes gens qui nous plaignent et qui nous
« donneraient volontiers un asile au milieu
« d'eux[1]... »

Voilà l'émigration conseillée dans ces derniers mots ! Frotté y songeait déjà ; souvent
il avait envisagé cette perspective, mais, avant
de tout abandonner, il désirait tenter un dernier effort.

Le voisinage de Lille lui permit d'entretenir
durant l'été et l'hiver de 1790 des relations
suivies avec des officiers de la garnison qu'il
venait de quitter. Un projet de complot avait
été même ébauché avec l'aide de Mme Atkyns[2] ;
mais mille obstacles se formaient qui en retar-
daient de jour en jour l'exécution, et le découragement envahissait à nouveau l'âme de notre
malheureux officier. Désespérant d'arriver à
ses fins, désabusé de tout, il songea à fuir une
existence qui ne lui réservait que des déboires
et, peu à peu, naquit chez lui le dessein de
s'ôter la vie. Il s'en ouvrit longuement à son
ami Lamberville, dans un curieux écrit, qu'il

---

[1] Lettre inédite à Frotté du 7 mai 1790. *Archives nationales*,
D XXIX, 36.

[2] La Sicotière. *Ouvr. cité*, t. I, p. 31.

a intitulé *Ma profession de foi* et qui nous a été conservé d'une façon inespérée [1]. Cette confession est datée du 20 février 1791. Nous l'aurions présentée tout entière au lecteur, si sa longueur ne nous en eût empêché [2]. Après un début à prétentions philosophiques, — Frotté en était coutumier —, il traçait à son ami le tableau de sa misérable condition, avec ses peines et ses chagrins. Pour lui, l'homme parvenu à ce degré de l'infortune n'a plus qu'une décision à prendre, remettre à Dieu l'existence qu'il a reçue de lui. « Ce ne « sont ni les lectures, ni les exemples, ajou- « tait-il, qui m'ont donné les principes que « j'ai sur le suicide ; ils sont le résultat de « mes réflexions. Depuis longtemps je me suis « familiarisé avec l'idée de la mort, la dépouil- « lant de son triste appareil et l'envisageant « comme un port sûr contre les peines de la « vie... Jetant un coup d'œil sur ma position, « sur celle de mon pays, voyant ce que j'ai « été, ce que je suis, ce que je peux devenir,

[1] A la suite d'une perquisition faite à Dunkerque, au domicile de Frotté, dans les circonstances dont nous allons parler, la plupart des pièces saisies furent envoyées au Comité des recherches de l'Assemblée nationale, et c'est dans les Archives de ce comité que nous les y avons retrouvées. *Archives nationales*, D XXIX, 36.

[2] On en trouvera le texte intégral publié par M. A. Savine dans la *Nouvelle revue rétrospective*, 1900, t. XIII, p. 217-233.

« je ne trouve aucune raison qui m'attache à
« la vie. D'ailleurs, le siècle où je vis est celui
« du crime, et c'est mon pays qu'il a choisi
« pour son empire. » Et Frotté continuait,
dépeignant à son ami son passé, lui retraçant
la conduite qu'il avait tenue jusque-là, les
principes qui l'avaient guidé, les espérances
que lui faisait concevoir une vie qui s'ouvrait
heureuse, puis les déceptions, les déconve-
nues qui l'avaient accablé. Les événements
auxquels il assistait, lui suggéraient les plus
amères pensées. « Né avec tout ce qu'il faut
« pour être un bon fils, un bon ami, un tendre
« amant, un bon soldat, un sujet fidèle, un
« honnête homme enfin, j'ai la douleur de voir
« que mes compatriotes ont changé leur
« caractère de douceur pour prendre celui de
« l'atrocité la plus effrénée, qu'accoutumés à
« égorger, brûler, assassiner et piller, ils ne
« peuvent jamais redevenir ce qu'ils furent,
« qu'ils ont foulé aux pieds toutes les vertus
« et qu'ils persécutent ceux qui l'aiment
« encore,... que l'état dont je fais partie, l'état
« militaire, est avili et qu'il n'y a plus de gloire
« à y acquérir, que mon pays est dans l'anar-
« chie la plus épouvantable. »

On reconnaît dans ces lignes, d'écriture fine,

serrée, ce besoin continuel de s'analyser, de détailler par le menu ses sentiments, de se poser un peu au-dessus de la foule, qui caractérisent si nettement la prose du chevalier de Frotté.

Le cahier de gros papier rugueux, attaché par un ruban bleu de ciel, où il a consigné ses impressions, se poursuit pendant des pages encore sur le même ton, puis il s'interrompt brusquement. La réalisation de son projet aurait-elle arrêté la plume de l'auteur ? Nullement, car deux mois après, le 10 avril, nouvelle confession. Dès le début, l'officier philosophe se défend d'avoir changé d'avis, d'être revenu, sous l'influence de la réflexion, à de moins sinistres desseins. Ce qui l'a arrêté, c'est la crainte d'abord de causer un chagrin irréparable à son père, avec lequel toutefois ses relations ne semblent plus être aussi affectueuses que par le passé[1], puis le désir de

---

[1] « Tu as dû recevoir une lettre de moi qui t'a expliqué le « mystère de mon apparente paresse ; je te l'ai écrite la veille de « mon départ de Vaux, autant qu'il m'en souvient. Ton père, qui « a pu te dire dans un moment de vivacité et seulement par « lettre que tu lui étais à charge, me dit alors de t'assurer de son « amitié. Ma sœur m'a souvent parlé de toi avec l'air du plus « sincère et du plus tendre attachement. Tu aurais grand tort de « ne point lui écrire, elle aurait sujet de t'en vouloir, tu lui ferais « de la peine et ton père en serait affecté... surtout, mon bon ami, « ne t'abandonne point au désespoir, tu me donnes des inquié- « tudes par la façon dont tu m'as écrit. » Lettre de Lamberville à Frotté du 5 avril 1791. *Archives nationales*, D XXIX, 36.

régler certaines dettes encore considérables qu'il laisse derrière lui; « enfin, dit-il, voyant « de nouveaux chagrins m'assaillir, je n'ai pas « voulu choisir ce moment pour anéantir mon « être. *Je veux être de sang-froid, le jour où* « *je partirai pour le grand voyage*[1]... Le mois « d'août m'a vu naître, il me verra mourir... « Je ne veux point cependant jouer l'origina- « lité. Je fais ce que je peux pour paraître ce « que je fus toujours et ne rien laisser soup- « çonner de ce qui se passe dans mon cœur... « Une nouvelle raison vient encore de m'or- « donner de vivre. Né chevalier français, je « veux en remplir les devoirs... Mon bras peut « encore être utile à mon roi et à mes amis, « et puisque je veux mourir, au moins que ma « mort soit utile à ma famille et à mon pays... « Je vais renfermer ceci, jusqu'à l'instant où « je quitterai le séjour terrestre. Si j'ai l'occa- « sion de combattre et de mourir pour la « cause de l'honneur, ceci, mon cher Lamber- « ville, adoucira tes regrets, en te prouvant « que la mort pour moi est un soulagement. « Si le désordre et la dissolution règnent « encore en France au mois d'août, que l'on

[1] C'est Frotté qui souligne.

« n'ait point tenté le rétablissement de l'ordre,
« il faut perdre tout espoir, et toutes les rai-
« sons que je te donne acquerront une nou-
« velle force qui ne me permettra pas d'hési-
« ter. Alors, je reprendrai la plume pour
« ajouter mes dernières volontés et les der-
« niers adieux que je dois à l'ami le plus
« tendre et le plus chéri. »

Malgré le ton mélancolique qui remplit ces pages, leur auteur avait fini par écouter les avis qui lui venaient de toutes parts, de confidents dévoués, désolés d'apprendre de telles dispositions. Il n'en avait pas de plus fidèle que ce jeune Vallière, dont nous parlions plus haut, en congé à cette époque dans le pays de Caux. Frotté en avait fait son intime et Vallière suivait pas à pas les progrès du complot machiné à la fois à Lille et à Dunkerque. « Je suis bien
« fâché, écrivait-il à son camarade, le 13 no-
« vembre 1790, que les choses que tu avais à
« me communiquer soient de nature à ne
« pouvoir être confiées que verbalement. Tou-
« tefois, n'étant pas plus instruit que je ne
« l'étais, je n'ai pu prendre aucun parti et je
« suis tout bonnement venu ici[1], où j'avais

_____

[1] A Fours, dans l'Eure, d'où la lettre est datée.

« d'ailleurs à faire et où j'attends tranquille-
« ment l'effet des promesses que tu m'as
« faites, étant prévenu comme je le suis.
« Cependant, mon cher ami, je vois avec sur-
« prise que rien ne transpire encore et ne
« semble vérifier ta prophétie. Te seras-tu
« par hasard flatté trop tôt ou les projets con-
« çus seraient-ils avortés? Peut-être que tout
« cela n'est-il que différé ; à la bonne heure
« et je le désire bien sincèrement [1]. »

Deux mois plus tard, Vallière, qui s'était
rendu à Paris pour aller aux renseignements
sans doute, narrait son voyage : « Je suis de
« retour depuis le 3 de ce mois; je n'aurai
« pas grand'peine à te rendre compte de ma
« conduite dans cette ville, n'y ayant rien
« fait d'extraordinaire. J'y ai vécu en bon
« citoyen tranquille, qui se contente de gémir,
« ne pouvant faire mieux, de toutes les choses
« affligeantes dont il est témoin. J'allais de
« temps en temps voir nos « Augustes », qui
« me causaient souvent une furieuse indigna-
« tion [2]. » Ce que faisaient les « Augustes »,

---

[1] Lettre de Vallière à Frotté du 13 novembre 1790. *Archives nationales*, D XXIX. 36.

[2] Lettre datée de Fours du 16 janvier 1791. *Archives nationales*, D XXIX, 36.

selon l'expression plaisante de Vallière, c'est-
à-dire les Constituants, c'était l'élaboration
patiente de cette œuvre gigantesque, la Constitution, qui allait faire passer la France de
l'état de choses ancien, traditionnel, au régime
nouveau. Peu à peu s'élevait l'édifice, construit sur les ruines du passé, dont la vue remplissait de dépit, de colère et d'indignation
ceux qui, tels que Frotté, pleuraient la royauté
déchue, les privilèges perdus, la noblesse
dépossédée.

Au reste, durant ce séjour à Dunkerque,
notre chevalier recevait de fréquentes nouvelles de son amie de Lille. C'était, un jour,
un de ses camarades qui lui écrivait : « J'ai
« joué hier avec ta belle, qui était jolie
« comme un ange, si tant est que les anges
« le soient, ainsi qu'on nous le dit. Elle va
« faire faire son portrait à l'huile par mon
« peintre. J'imagine qu'il ne sera pas difficile
« d'en faire faire quelque jour une copie en
« miniature pour son chevalier [1]... ! »

Une autre fois, on lui mandait de venir au
concert où sa place était retenue. Bref, les

---

[1] Lettre datée de Lille du 14 décembre [1790]. L'adresse porte :
« A monsieur le vicomte de Frotté, officier au régiment Colonel-
« Général infanterie à Dunkerque. » *Archives nationales*, D. XXIX, 36.

jours passaient et, rongeant son frein, l'officier de Colonel-Général attendait ce moment propice qui lui permettrait de réaliser ses projets.

De mois en mois, l'esprit d'indiscipline qui avait percé chez les soldats du régiment, l'année précédente, lors des événements de Lille, gagnait du terrain et se montrait plus ouvertement au jour. La garde nationale récemment formée à Dunkerque l'entretenait. Elle avait à sa tête un chef entreprenant, « nouveau régime », nommé Emmery, dont les efforts répétés ne tendaient rien moins qu'à entraîner à sa suite les hommes de la garnison [1]. Mais il trouvait à qui parler, car le colonel du régiment, le chevalier de Théon, d'un royalisme à toute épreuve, n'entendait pas se laisser diriger sur ce chemin-là. Dans une place de dimensions restreintes comme Dunkerque, resserrée par ses remparts, — la caserne se trouvait au milieu de la ville —, il était matériellement impossible d'empêcher le contact des soldats avec la population. M. de Théon et ses officiers — la majorité était dans ses idées — l'avaient bien

---

[1] Victor Derode. *Histoire de Dunkerque*, Lille, 1852, in-4°.

compris et brusquement, dans le courant de juin, ils résolurent de tenter un coup d'audace. L'on était à cinq lieues de la frontière autrichienne, à quelques heures de Bruxelles, où se concentrait déjà la résistance contre-révolutionnaire. Il fallait se résoudre à gagner la Belgique, à entraîner la troupe après soi et à offrir ses services à l'armée des princes, en formation au delà de la frontière.

Avant de mettre à exécution ce projet, on dépêche secrètement Louis de Frotté à Bruxelles. Il y voit le marquis de la Queuille, l'ancien constituant, député de Riom, qui est devenu l'agent des princes ; mais, à ses propositions, l'on ne semble guère prêter attention et l'on évite toute promesse[1]. Frotté revient à Dunkerque assez découragé.

Soudain, éclate comme un coup de foudre, la nouvelle qui va bouleverser le Royaume pendant trois jours. Dans la nuit du 20 au 21 juin, la famille royale s'est échappée des Tuileries, malgré la garde de Lafayette, et la berline qui la conduit roule vers la frontière.

---

[1] La Sicotière. *Ouvrage cité*, t. I, p. 32.

Aussitôt, le coup appris, les courriers partent dans toutes les directions, envoyés par l'Assemblée nationale, sur les routes du Nord principalement, où tout fait croire que se sont enfuis les fugitifs. Les autorités de Dunkerque reçoivent à leur tour les dépêches de Paris et prennent des mesures de sûreté extraordinaires.

Il n'en fallait pas plus pour déchaîner l'orage qui grondait au sein de la garnison.

Le 23 juin, à onze heures du matin, les grenadiers de Colonel-Général, habilement « travaillés » par quelques meneurs, signent la protestation suivante, et refusent de suivre leurs officiers. Ils réussissent même à soulever la garnison tout entière. « Quand la chose « publique est en danger, lisait-on sur leur « manifeste, quand les ennemis de notre heu- « reuse révolution lèvent un front audacieux, « quand un Roi chéri abandonne son peuple « et fuit chez ses ennemis, se réunir, se coa- « liser, voilà le devoir de tous les véritables « Français ! Un seul cri doit se faire entendre, « celui de Liberté ! Déterminés à vaincre ils « doivent présenter à nos ennemis une masse « d'hommes, prêts à tout entreprendre au « moindre signal et à laver dans le sang des

« traîtres l'affront fait à un peuple libre[1] ! »
Puis, venait l'annonce d'un pacte fédératif,
auquel étaient conviés les représentants de
la municipalité, de la garde nationale et du
club des Amis de la Constitution.

Ici une question se pose. Frotté et ses camarades furent-ils avertis des projets du Roi ?
Il est difficile de l'établir ; cependant, leur
résolution, toute précipitée qu'elle parût,
était concertée depuis un certain temps, et ces
lignes du chevalier à son père écrites à ce
moment-là le montrent clairement. « D'après
« une décision prise au corps ce matin, je dois
« partir pour Furnes avec plusieurs de mes
« camarades, samedi, et là, mon père, j'atten-
« drai que vous ayez pesé dans votre sagesse
« et décidé si je dois m'en revenir chez vous
« ou bien aller joindre le prince de Condé[2]. »

Furnes est une petite ville située à une
quinzaine de kilomètres de Dunkerque. Elle
était alors sur territoire autrichien. C'est là
qu'on fixa le rendez-vous des officiers fugitifs.

Le vendredi 24 juin, dans l'après-midi, chacun de ces « messieurs » recevait un message
secret du colonel de Théon, leur faisant part

[1] *Archives municipales de Dunkerque*, P. 60.
[2] *Archives nationales*, D XXIX, 36.

de ses instructions. « Partez pour Furnes,
« leur disait-il, sitôt ma lettre vue, ne faites
« point d'apprêts, contentez-vous d'emporter
« l'argent que vous pouvez avoir et ne vous
« inquiétez pas de vos effets, on y pourvoira
« plus tard. — J'invoque le ciel pour le suc-
« cès de notre entreprise et pour que nous
« soyons réunis cette nuit à Furnes. Votre
« ami pour la vie, Théon [1]. » En même temps,
il adressait un dernier et suprême appel à ses
soldats, les conjurant d'y répondre et de rentrer sur le chemin du devoir. « Soldats, votre
« Roi était dans les fers, la nouvelle de son
« arrestation est fausse. Ainsi le premier ré-
« giment ne peut se dispenser d'aller le
« joindre, pour former sa garde et le dérober
« au fer des assassins qu'on n'a pas manqué
« d'envoyer à sa poursuite. Dépositaire de
« l'enseigne de la générale de l'infanterie,
« nous verrons tous les bons Français, tous
« les véritables patriotes... se rallier à nos
« drapeaux. Croyez qu'à ce signal le parti
« royaliste, qui est extrêmement nombreux,
« va se déclarer, quand il verra qu'il peut sans
« compromettre les jours de son souverain,

Archives municipales de Dunkerque, P. 6o.

« arborer la cocarde blanche. Reprenons ce
« symbole français et rejetons loin de nous la
« couleur d'un prince régicide et factieux,
« l'opprobre de son pays et l'auteur de tous
« les maux qui le déchirent. Vos officiers, vos
« vrais amis vous attendent à Furnes, où
« l'auguste frère de votre Reine a fait donner
« des ordres pour recevoir, ainsi que dans
« toutes les frontières, les serviteurs fidèles
« du malheureux Louis XVI, qui viendront à
« son secours... Venez donc vous y rallier,
« venez-y renouveler votre premier serment
« de fidélité au plus juste des rois. Mais que
« ceux de vous qui sont infectés des maximes
« des clubs, que ceux qui se croient patriotes,
« parce qu'ils n'ont ni foi ni loi, ni honneur,
« restent dans leurs repaires. Venez seule-
« ment, vous dont le cœur vous dit encore que
« vous êtes Français. Vive le Roi[1] ! » Mais il
était trop tard et cette invitation n'arrivait
plus à son heure.

Le soir du même jour, vers cinq heures, au
moment où l'appel se terminait dans les
casernes, les officiers de Colonel-Général,
auxquels s'étaient joints plusieurs camarades

[1] *Archives municipales de Dunkerque*, P. 60.

du régiment de Viennois, sortaient par groupes de trois de la ville. Ils emportaient avec eux la cornette blanche de l'infanterie et les drapeaux de leurs régiments, qu'ils avaient arrachés de leurs hampes. Ils n'avaient pu se résoudre à abandonner leurs enseignes[1]. Les remparts franchis, les uns se dirigèrent droit sur les dunes qui bordent la côte et qu'ils allaient longer jusqu'à la frontière ; d'autres gagnèrent la campagne, franchirent le canal pour se réunir, sitôt hors de vue, aux fugitifs. A huit heures du soir, les bateliers du bac de Furnes en passaient encore deux[2], c'étaient MM. d'Averton et De la Motte.

Or, à cette heure, la berline royale et ceux qu'elle renfermait venait de quitter la Ferté-sous-Jouarre, sur la grand'route de Châlons et s'acheminait lentement, dans la poussière, enveloppée par une foule bruyante, avinée, vers Meaux. Rattrapés à Varennes, les fugitifs, devant l'écroulement de leur projet, s'en retournaient vers Paris, désormais leur prison...

La nouvelle de leur arrestation, que démen-

---

[1] *Moniteur* du 3o juin 1791.

[2] Attestation des passeurs, en date du 25 juin. *Archives de Dunkerque*, P. 6o.

tait si malheureusement le chevalier de
Théon, dans sa proclamation, aurait-elle
changé la résolution des officiers de Dunkerque? Il est permis d'en douter. Depuis
longtemps leurs plans étaient fixés et l'événement de Varennes leur avait fourni brusquement l'occasion de les réaliser. Mais qu'on
juge de leur déception, en apprenant l'issue
dramatique de la tentative!

C'était encore Frotté qu'on avait dépêché
à Bruxelles, pour apporter à son Roi l'éten-
dard du régiment.

Il y arrive dans la nuit, y retrouve le marquis de la Queuille, apprend de lui la vérité[1].
Au lieu du Roi, c'est son frère, le comte de
Provence, qu'il a devant lui ; plus heureux que
les autres, *Monsieur* a atteint la frontière sans
être inquiété.

L'affaire était ainsi en partie manquée. Il
ne restait plus à nos officiers fugitifs que
d'aller se joindre à la masse sans cesse crois-
sante des émigrés qui bordaient la frontière.
Il se retirèrent à Ath en Hainaut, le rendez-
vous de nombreux proscrits[2].

Que se passa-t-il à Dunkerque, quand on

[1] La Sicotière. *Ouvrage cité*, t. I, p. 23.
[2] C'est de cet endroit qu'ils adressaient, le 3 juillet 1791, au

constata leur absence ? Le 25 au matin, à
cinq heures, un « bon patriote, » M. François,
réveillait le commandant de la garde nationale, M. Emmery, et lui présentait le manifeste « du sieur de Théon ». L'alarme se répand
aussitôt en ville ; on apprend avec indignation
la désertion des chefs, qui ont poussé l'infamie jusqu'à emporter les étendards des régiments. Les soldats se nomment de nouveaux
officiers et se réunissent sur la place d'Armes.
M. Emmery vient à eux, cherche à calmer leur
émotion et leur offre un des drapeaux de la
garde nationale, qui remplacera ceux qu'on
leur a dérobés. Il est accueilli avec enthousiasme. L'espoir renaît. Grenadiers et gardes
nationaux se mêlent et s'embrassent. On va
chercher la bannière tricolore que reçoit le
régiment rangé en bataille. On jure vengeance
des traîtres et des ennemis de la République. « Depuis ce moment la confiance est
« sans bornes, la joie sans égale et la tran-
« quillité est assurée[1]. »

maire de Dunkerque un recours pour rentrer en possession de
leurs effets, laissés dans la garnison, et implorer la mise en
liberté de l'aumônier de leur régiment, que la municipalité avait
fait arrêter, en l'accusant d'avoir favorisé le complot. *Archives
de Dunkerque*, P. 60.

[1] Extrait des registres du conseil d'administration de la garde
nationale de Dunkerque. *Archives de Dunkerque*, P. 60.

Mais ce n'est pas tout. Il s'agit de savoir si les fuyards n'ont rien laissé derrière eux. Le juge de paix du Quartier-du-Midi, Pierre Taverne, se rend au pavillon de la cantine, à la caserne. Au premier étage, sous le palier de l'escalier, une porte s'ouvre, donnant accès dans une chambre que l'on reconnaît être celle de M. de Frotté. Les scellés y sont apposés et l'on procède de même au domicile de ses camarades. Cinq jours plus tard les scellés étaient levés. L'inspection des locaux ne donna pas grand résultat. Chez M. de Frotté, l'on découvrit deux casques, un baudrier, un hausse-col ! Les autres étaient encore moins riches : un casque et deux portemanteaux, « contenant un peu de musique » chez M. Derampan ; un casque et un fusil à deux coups chez M. Métayer, une malle chez M. de Dreuille, un casque et un baudrier chez M. Demingin et ainsi de suite. Le pavillon royal renfermait un cabriolet appartenant à M. de Théon, les remises « près du magasin à chauffage », un vieux cabriolet, propriété de M. de Frotté. Le tout fut confisqué et apporté à la municipalité[1].

___

[1] Extrait du procès-verbal d'apposition des scellés des officiers fugitifs du 1er régiment étant au greffe de la justice de paix du

Ce qui intéressait les autorités c'était une malle pleine de papiers, saisie chez le gentil-homme normand. On en fit l'examen sans y trouver les preuves de la conspiration que l'on soupçonnait. Le tout fut ficelé, cacheté et envoyé au Comité des recherches de l'Assem-blée nationale, avec le récit succinct de l'évé-nement[1]. Le 28 juin au soir, lecture en était faite aux députés de l'Assemblée, dont une partie s'indignait, en entendant l'appel plein de défi du chevalier de Théon à ses sol-dats[2].

Mᵐᵉ Atkyns apprit-elle à Lille le dénoue-ment de l'aventure? La belle lady avait pro-bablement quitté la France à cette époque, terrifiée par ce qu'elle voyait autour d'elle, seule aussi, ses relations l'abandonnant de toutes parts.

Tandis que son ami languissait dans le monde des émigrés dont il supportait à regret l'inaction et la conduite égoïste, elle regagnait son vieux manoir de Ketteringham, l'âme in-quiète, mais non désespérée. Elle voyait de-

Quartier-du-Midi de la ville de Dunkerque. *Archives nationales*, D XXIX, 36.

[1] Lettre accompagnant l'envoi signée Taverne, du 27 juillet 1791. *Archives nationales*, D XXIX, 36.

[2] *Moniteur* du 30 juin 1791.

vant elle sa tâche ; son amour pour la Reine
et les siens allait désormais lui dicter sa conduite et la mener de dévouements en dévouements.

CHAPITRE II

LONDRES

Tandis qu'à Coblentz et à Worms s'organisaient la cour et l'armée des émigrés, sous la direction de Monsieur, comte de Provence, du comte d'Artois et du prince de Condé, que la rivalité, la jalousie, mille dissentiments s'introduisaient déjà dans ce milieu bien souvent dépeint, et toujours sous le jour le plus défavorable, d'autres caravanes de ces mêmes émigrés laissaient la route de l'Est et, s'embarquant dans les ports de la Manche ou prenant pour première étape les îles de Jersey et de Guernesey, abordaient sur la terre anglaise, pour y trouver un sûr asile. Dans les derniers mois de 1791 et dans le commencement de l'année 1792 on les vit affluer par milliers. Bretons, normands, nobles, ecclésiastiques,

journalistes, jeunes officiers, fuyant la persécution, le pillage, les arrestations arbitraires,
s'empressaient de venir goûter l'hospitalité
britannique.

Londres s'emplit bientôt de réfugiés ; mais
la plupart de ces malheureux arrivaient dans
la plus grande misère, dénués de tout, malgré leur grand nom. Les moins éprouvés,
ceux qui avaient pu sauver quelque chose du
naufrage, réussissaient à s'établir aux environs de la ville, dans de modestes pensions
ou de petits cottages, où ils installaient leurs
familles. Mais ils formaient l'exception, et ce
que l'on rencontrait dans les rues, c'étaient
des gentilshommes n'ayant pour tout bagage
que ce qu'ils portaient sur eux. Beaucoup,
ignorant la langue, encore émus au souvenir
des périls qu'ils avaient traversés, brusquement plongés dans un milieu étranger, sans
ressources, sans métier manuel, arpentaient
désespérés la cité, en quête d'un gagne-
pain.

On ne les laissa point cependant mourir de
faim. Devant ce flot de nouveaux habitants la
charité anglaise fut admirable.

Les dernières années du règne de Louis XVI
avec la guerre de l'indépendance des États-

Unis avaient singulièrement refroidi les rapports entre la France et sa voisine d'Outre-Manche. Les idées révolutionnaires sortant des frontières avaient d'abord trouvé quelque sympathie chez ce peuple si favorisé, depuis un siècle, au point de vue de la liberté. Mais quand on apprit les excès auxquels elles donnaient lieu, l'anarchie déchaînée partout, la violence à l'ordre du jour, la méfiance, puis l'indignation et l'horreur remplacèrent la faveur des premiers temps.

Le roi Georges III, soutenu par son ministre Pitt, éprouva dès lors une aversion qui allait jusqu'à une haine implacable pour tout ce qui touchait de près ou de loin à la Révolution française[1]. D'autre part, suivi par la presque totalité de l'aristocratie, il accueillait largement les émigrés, leur facilitait le séjour dans ses États, heureux sans doute de témoigner ainsi ses sentiments à l'égard des principes nouveaux, satisfait peut-être en son for intérieur d'assister à cet exode d'une partie des habitants de la France, qui contribuerait à l'épuiser.

Quoi qu'il en soit, les témoignages abondent

---

[1] Albert Sorel. *L Europe et la Révolution française*, t. II, p. 382.

sur l'intarissable charité que trouvèrent les
nouveaux venus auprès de la société anglaise.
Des comités de bienfaisance se fondèrent,
présidés par des ducs et des duchesses, des
marquis et des marquises[1]. Après avoir pourvu
aux premiers besoins de ces malheureux par
l'établissement de restaurants à bon marché,
d'hôtelleries, de bazars, on chercha à les
occuper, à les mettre en état de gagner leur
pain. Ce furent les ecclésiastiques qui bénéfi-
cièrent tout d'abord de cette sollicitude. Le
décret du 26 août 1792, qui ordonnait la déportation des prêtres non assermentés, les
avait poussés en masse hors du continent.
Bien leur en avait pris, car parmi ceux qui
restèrent, combien qui se virent persécutés et
traqués. La plupart se décidèrent à chercher
un refuge en Angleterre. Ils y accoururent en
foule, si bien qu'aux temps de la Terreur, on
en comptait 8 000[2]. Beaucoup étaient bretons.
L'un d'eux, Carron, arrivait à Londres, précédé d'une réputation de sainteté. Il avait

---

[1] Forneron. *Histoire générale des émigrés*, Paris, 1884, t. II. p. 50.

[2] Abbé de Lubersac. *Journal historique et religieux de l'émigration
et déportation du clergé de France en Angleterre*, dédié à S. M. le
roi d'Angleterre. Londres, 1802, in-8° p. 12. (L'auteur s'intitule :
vicaire général de Narbonne, abbé de Noirlac et prieur royal de
Saint-Martin de Brive, émigré français.)

fondé à Rennes une fabrique de cotonnades,
où il faisait travailler plus de 2 000 pauvres.
Le fameux décret du 26 août, en l'atteignant,
le força d'abandonner son entreprise. Il part
pour Jersey, recommence son œuvre, quitte
l'île au bout de quelque temps et vient s'établir en Angleterre. Là, il monte un hospice
pour ses coreligionnaires qu'il voit dans la
misère. Il devient leur providence[1]. Ce ne fut
d'ailleurs pas le seul.

Jean-François de la Marche, évêque de Saint-
Pol-de-Léon[2], avait encouru les foudres du
procureur général du département du Finis-
tère, dès les premiers mois de 1791. Ce prélat
aimé dans son diocèse, se refusait à quitter
son évêché récemment supprimé par l'Assemblée nationale. On l'accusait d'entretenir de
l'agitation dans le département et d'exciter
les curés à la résistance. Une dénonciation
violente est portée contre lui à l'Assemblée
nationale; on le traite de perturbateur du
repos public. Sommé de venir se disculper à
Paris avec ses collègues, les évêques de Tré-
guier et de Morbihan, il ne tient point compte
de cet ordre et pour échapper à la maréchaus-

[1] Forneron. *Ouvrage cité*, t. II, p. 51.
[2] Il avait été élu en 1772.

sée qui le poursuit, il ne lui reste qu'une ressource : s'enfuir loin de Bretagne[1]. Il gagna
Londres avec les premiers émigrés. D'emblée,
il n'eut qu'une idée : s'occuper de ses compagnons d'infortune, les soulager dans leurs
embarras, leur trouver des emplois. Dans ce
but il servit d'intermédiaire entre le gouvernement et les prêtres, plaidant la cause de ces
derniers et tenant des registres avec noms et
qualités de tous ceux qui passaient entre ses
mains[2].

Malgré tant de sujets de tristesse, un fait
qui frappait les Anglais, était l'extraordinaire
gaîté de caractère que montraient la plupart
des émigrés dès qu'ils se trouvaient en sûreté.
Ces gens-là, dont beaucoup débarquaient
mourant de faim, épuisés, en haillons, n'étaient
point découragés, mais témoignaient un entrain, une bonne humeur étonnante dans leur
nouveau genre de vie. Très vite, ils en vinrent
à reformer, à l'étranger, de petits cercles
où ils se voyaient tous les jours[3]. Pressés
d'échanger leurs impressions, leurs souvenirs,

[1] *Moniteur* du 15 février 1791. Cazalès, l'illustre orateur de la
Constituante, avait cherché, mais inutilement, à écarter ces pour-
suites.

[2] De Lubersac. *Ouvrage cité* pp. 12 et 17.

[3] Comte d'Haussonville. *Souvenirs et mélanges*, Paris, 1878, in-8°.

leurs espérances, d'avoir des nouvelles de la
patrie absente, des membres de leur famille
qui n'avaient pu fuir, ils éprouvaient le besoin
de vivre en commun et de se soutenir mutuellement. Et puis, ils montraient tant de
bonne grâce, tant d'entrain dans les petites
misères d'une existence qui n'était plus celle
des beaux jours passés ! Aux dîners qu'ils se
donnaient, chacun apportait son plat. « C'était
« une galanterie, raconte le comte d'Haus-
« sonville, que l'on faisait à la maîtresse de
« maison de tirer une bougie de sa poche et
« de la poser allumée sur la cheminée ! » Le
jour, les hommes donnaient des leçons, travaillaient comme secrétaires, comme relieurs,
tel le comte de Caumont. Les femmes confec-
tionnaient des ouvrages que les dames de la
société anglaise, leurs protectrices, s'occupaient à vendre dans des bazars[1].

Cependant, à côté de ces gentilshommes
prenant philosophiquement leur exil en patience, il y avait toute une catégorie d'émigrés
qui brûlaient de jouer un rôle moins passif.
C'étaient ceux qui s'enfuyaient avec toutes

[1] Gauthier de Brécy. *Mémoires véridiques et ingénus de la vie
privée, morale et politique d'un homme de bien* écrits par lui-même
dans la quatre-vingt-unième année de son âge, Paris, 1834, in-8°,
p. 286.

leurs illusions, illusions inconcevables sur le
véritable caractère de la Révolution, sur son
importance, sur son étendue, avec des idées
de rancune et de vengeance. Se méprenant
complètement sur les sentiments du Gouvernement anglais, incapables de saisir la ligne
de conduite de Pitt et du cabinet britannique,
obstinément aveuglés par leur haine, ils n'allaient rien moins qu'à se figurer, qu'à leur
appel et sur leurs instances, on leur fournirait
des armes, des soldats, de l'argent pour équiper
une flotte, former une armée et revenir châtier
la « hideuse Révolution ». Ils assaillaient le
ministère d'offres, de conseils, de projets, de
mémoires, la plupart irréalisables, se voyaient
éconduits, mais gardaient leurs illusions.
Quelques-uns semblaient de bonne foi, beaucoup se trouvaient être de ces aventuriers,
dont fourmilla l'émigration et qui furent la
plaie des agences contre-révolutionnaires. On
devine l'accueil qu'ils recevaient du Gouvernement mis en garde depuis longtemps. Il
était loin de la pensée de Pitt d'écouter les
propositions de ces gens-là et d'intervenir en
personne en faveur des royalistes de France[1].

[1] Sorel. *L'Europe et la Révolution française*, t. III, p. 288-289.

L'Angleterre avait alors fort à faire aux Indes
et malgré l'intérêt très vif qu'inspirait la triste
situation de la famille royale aux Tuileries,
elle ne pouvait songer à se départir, pour le
moment du moins, d'une certaine neutralité.

*
* *

Dans son manoir de Ketteringham, où elle
passa l'hiver de 1791-92, Mme Atkyns n'oubliait
pas ses amis de France. Les gazettes lui appor-
taient semaine après semaine le récit des événements de Paris, des troubles de province,
des délibérations de l'Assemblée nationale. Ce
qu'elle y cherchait avant tout, c'étaient des
nouvelles des habitants des Tuileries, dont
elle suivait avec anxiété la vie si agitée, si
remplie d'angoisses. La séparation redoublait
sa sympathie et son culte pour celle qu'elle
avait vue et vénérée à Versailles. Aussi se
figure-t-on sa douleur, quand elle apprit les
détails de la journée du 20 juin, le palais en-
vahi, le défilé interminable du peuple devant le
Roi, l'attitude de Marie-Antoinette protégeant
son fils contre la curiosité féroce des pétition-
naires, entourée de quelques fidèles seulement, qui lui faisaient un rempart de leur

corps. Le cœur de Mᵐᵉ Atkyns avait frémi à la lecture de ces faits. La journée du 10 août, le massacre des Suisses, la fuite du Roi et de la Reine auprès de l'Assemblée, leur transfert et leur emprisonnement au Temple redoublèrent son désespoir. Elle faisait de fréquents voyages à Londres pour aller aux informations et elle s'en revenait triste, inquiète, dans son cher Norfolk, souffrant de son impuissance qui lui défendait de rien tenter en faveur de la Reine.

Dans son amour pour la cause royaliste, on peut supposer avec quelque probabilité qu'elle s'associa aux efforts charitables de la société anglaise pour venir en aide aux émigrés. Bien des noms ne lui étaient pas inconnus et en entendant parler des d'Harcourt, des Beauvau, des Vérac, des Fitz-James, des Mortemart, elle revoyait en vision toute la vie de Versailles l'entourage de la Reine, les réceptions, les fêtes...

C'est dans un de ses séjours à Londres qu'elle fit la connaissance d'un homme qu'il lui tardait de rencontrer et dont elle lisait la prose avec avidité, je veux parler de Jean-Gabriel Peltier, le rédacteur des *Actes des Apôtres*, cette feuille d'un royalisme si outré, qui avait fait fureur dans un certain monde depuis les journées de 89.

Peltier était né dans les environs d'Angers [1],
— son vrai nom était Dudoyer, — d'une famille
de négociants. Après une jeunesse aventureuse
et un séjour à Saint-Domingue, où sa conduite
n'aurait pas été exempte de reproches, il vint
à Paris au début de la Révolution. D'après une
note de police, dont l'exactitude est sujette à
caution, il se serait lancé à corps perdu dans
le parti révolutionnaire, pérorant aux côtés
de Camille Desmoulins au Palais-Royal, arbo-
rant l'un des premiers les couleurs de la ré-
bellion, au 14 juillet, marchant à la prise de la
Bastille [2]. Puis, brusquement, il fait volte-face,
s'enflamme pour le salut de la royauté et fonde
un journal auquel il donne ce titre bizarre : *Les
Actes des Apôtres* [3]. Durant deux, ans il attaque
avec violence, sans ménagements, tous ceux
qui n'ont pas le don de partager ses idées. Le
style de la feuille royaliste est sarcastique,
souvent licencieux. On a reproché à l'auteur,
ses insultes, ses invectives, on a taxé sa feuille
« d'infâme », mais, en présence du ton qui

[1] Le 21 octobre 1765, à Gonnord, Maine-et-Loire, canton de
Touarcé, arrondissement d'Angers.

[2] *Archives nationales*, F7, 6330.

[3] Voir Marcellin Pellet. *Un journal royaliste en 1789. Les Actes
des Apôtres* (1789-1791). Paris 1873, in-12. C'est un réquisitoire
indigné contre la feuille royaliste.

régnait dans la presse de l'époque, de l'état des esprits, ne faut-il pas accorder quelque indulgence à ce quatuor de Peltier, Rivarol, Champcnetz, Sulau, qui prit en main avec tant d'enthousiasme et d'ardeur les intérêts du Roi ?

Le 10 août, en même temps qu'il dispersa les rédacteurs des *Actes des Apôtres*, arrêta la publication du journal, Peltier, ne se sentant plus en sûreté à Paris, prit la route de l'émigration. Il arrivait à Londres avec l'idée de fonder un nouveau périodique qu'il intitulait la *Correspondance politique des vrais amis du Roi.*

Grand, maigre, les cheveux poudrés, le front chauve, toujours criant et rigolant, — ainsi le dépeint Chateaubriand[1], — Peltier répondait en une certaine mesure au type traditionnel du journaliste d'alors, à la fois gazetier, libelliste et pamphlétaire. A ne le juger que par ses écrits, on comprend qu'il n'inspirât qu'une confiance limitée aux Anglais qu'il fréquentait, mais sous ces dehors quelque peu excentriques, Peltier cachait un dévouement très réel et profond à la cause du Roi.

---

[1] *Mémoires d'Outre-Tombe*, édition Biré, Paris s. d. t. II, p. 114.

JEAN-GABRIEL PELTIER
1765-1825
d'après une gravure du British Museum

Ses relations avec Mme Atkyns datent de novembre 1792. Pour utiliser ses loisirs à la campagne, celle-ci consacrait de longues heures à la lecture. On lui parla des récentes publications de Peltier ; elle n'en connaissait qu'une partie. Vite, la voilà qui écrit au journaliste, lui demandant les premiers numéros de l'ouvrage qu'il fait paraître. Inutile de dire que son désir est aussitôt comblé[1]. Elle dévore la prose de l'auteur des *Actes des Apôtres ;* elle s'associe à ses indignations, elle partage ses admirations et une correspondance régulière s'engage entre ces deux êtres, que rapproche une même sympathie pour la famille royale.

Après avoir échangé des souvenirs des jours passés, l'on en vient à parler du présent. Mme Atkyns se ronge depuis des semaines dans l'inaction. Mille pensées l'agitent, convergeant toutes vers cette idée : Tenter quelque chose pour sauver le Roi et la Reine. N'est-elle pas en possession d'une fortune considérable ? Qui l'empêchera d'en disposer et d'en consacrer une partie à la réalisation de son rêve. Et cette femme, cette étrangère, qu'aucune parenté

---

[1] Lettre de Peltier à Mme Atkyns, datée de Londres du 15 novembre 1792. *Papiers inédits de Mme Atkyns.*

n'unit aux hôtes des Tuileries, par la seule force de son amour, par l'héroïsme de son dévouement va tenter ce que nul n'a réussi jusqu'à présent. Une énergie surhumaine la soutient ; une pensée unique va diriger désormais sa vie, sans que le doute puisse refroidir l'ardeur de ses sentiments.

A qui mieux s'adresser qu'à celui qui paraît si bien la comprendre ? Peltier est mis au courant de ses intentions. Leurs lettres se multiplient, leur projet s'échafaude, prend corps. « En vérité, Madame, écrit Peltier, plus je « vous lis, plus votre zèle m'étonne et m'at- « tendrit. Vous l'emportez en courage et en « sensibilité sur les Français, même les plus « attachés à leur Roi. Mais avez-vous bien « songé aux douze portes, aux douze gui- « chets, aux douze contremarques, qu'il faut « changer de porte en porte pour passer dans « la cour ? Je sais que vous présenter des dif- « ficultés, c'est exciter encore davantage votre « désir de les vaincre ; aussi je ne doute pas « que votre nouveau plan ne pare à beaucoup « de ces difficultés [1]. »

Ce plan modifié et approuvé par Peltier, le

---

[1] Lettre de Peltier à Mᵐᵉ Atkyns, datée de Londres du 3 décembre 1792, *Papiers inédits de Mᵐᵉ Atkyns*.

voici : Trouver d'abord à Paris deux correspondants sûrs, auxquels on fera parvenir les
lettres et l'exposé du projet. Or, ces deux
hommes existent, tous deux entièrement gagnés à la cause royaliste, tous deux ayant fait
leur preuve. Ce sont MM. Goguelat et Gouge-
not. Le premier, aide de camp de M. de Bouillé
a pris une part active à l'affaire de Varennes,
sans y avoir montré cependant tout le discernement nécessaire, car il n'a réussi qu'à se
faire blesser. Le second, maître d'hôtel du
Roi, a été dans le secret de la fuite.

On s'entendra aussi avec les deux médecins de Louis XVI, MM. Lemonnier et Vicq
d'Azyr, qui seront précieux pour introduire
des billets au Temple et les faire passer aux
prisonniers. Mais la grande difficulté sera...
le Roi. Comment le décider ? Consentira-t-il à
écouter les propositions qu'on lui transmet-
tra ? « C'est ce qu'il est impossible de pouvoir
« deviner, assure Peltier, dans l'état d'affais-
« sement où il doit être plongé par des mal-
« heurs si terribles et si répétés. »

Ce n'est pas tout, il faut mettre la main sur
un agent intelligent et expéditif, qui puisse
faire en personne le trajet d'Angleterre en
France, une fois, deux fois, plusieurs fois,

5

s'il le faut, qui s'abouche avec les personnes indiquées et qui se procure surtout des plans détaillés de la prison du Temple. Un courrier ordinaire ne conviendrait pas. Précisément, Peltier est en relations avec un gentilhomme étranger, hongrois de naissance, que le hasard lui a fait connaître et qui l'aide même dans ses publications. Il se l'est attaché comme collaborateur. Son nom est d'Auerweck, et comme il se trouve en France, à l'heure qu'il est, il pourrait se transporter à Paris et remplirait à merveille, selon Peltier, la mission délicate qu'on lui confierait. Enfin, pour toute l'affaire, on se servirait dans la correspondance d'une encre *sympathique*, « qui ne peut se déchiffrer qu'en l'approchant du feu. »

Voici ce que coûteront ces premiers préparatifs :

Voyage à Paris par la diligence	5	guinées.
Retour —	5	—
Dépense de route, passage, etc., au moins. .	6	—
Dépense à Paris supposée pendant 15 jours .	3	—
Gratification au domestique	6	—
Total.	25	guinées.

Soit une somme d'environ 650 francs. Inutile d'ajouter que l'émigré journaliste, comme la plupart de ses compatriotes, est dans l'impossibilité de contribuer en quoi que ce soit aux frais que nécessite l'entreprise, mais Mme Atkyns est là, prête à tous les sacrifices ; c'est à elle que l'on aura recours.

En terminant, Peltier revenait sur les difficultés d'une évasion générale. « Sur toutes « choses, n'oubliez pas, Madame, que j'entre- « vois toujours une très grande difficulté à « faire sortir les trois principaux membres de « la famille. Peut-être croiront-ils être plus en « sûreté au Temple que sur les grands che- « mins ? Les risques personnels que vous cou- « rez me font frémir. Votre courage est digne « de l'admiration de toute l'Europe et s'il vous « arrivait un malheur, à la suite d'une entre- « prise aussi héroïque, je serais un de ceux à « qui il inspirerait le regret le plus vif[1]. »

Trois jours plus tard, une nouvelle lettre arrivait à Ketteringham, annonçant la bonne marche de la tentative. Peltier allait faire partir son domestique pour Amiens, où s'était rendu le baron d'Auerweck ; ce dernier recevrait par cette voie ses instructions[2].

---

[1] Lettre de Peltier du 3 décembre 1792.

[2] Lettre de Peltier à Mme Atkyns, datée de Londres du 6 décembre 1792 et publiée par V. Delaporte, *Centenaire de la mort de*

Mais il n'y avait pas de temps à perdre.
L'orage grondait à Paris. Pressée par les
partis avancés, effrayée par le redoublement
des insurrections, la Convention était mise
en demeure de procéder au jugement du Roi.
« Les circonstances deviennent si urgentes,
« mandait Peltier, que nous n'avons pas un
« instant à perdre ; il est question de faire
« juger le Roi, pour calmer les insurrections
« qui s'élèvent de toutes parts. »

Il importait en effet de se hâter. A la suite
de la découverte des papiers de la fameuse
armoire de fer des Tuileries, la Convention
venait de décréter que le Roi comparaîtrait
devant elle. Le 10 décembre, Robert Lindet faisait son rapport et le lendemain, Barbaroux présentait « l'acte énonciatif des crimes de Louis
Capet. » Ce même jour, le Roi s'avançait à la
barre de la Convention, pour y répondre aux
trente-une questions qui lui étaient posées.

Aussi rapides que l'éclair ces terrifiantes
nouvelles traversaient la Manche et parvenaient à Londres en quelques heures. Le
salon de Peltier se remplissait de gens consternés, « qui en firent toute la journée un

---

Marie-Antoinette, Études religieuses, philosophiques..., publiées
par des Pères de la Compagnie de Jésus, octobre, 1893, p. 252.

rendez-vous de larmes et de désespoir[1]. »

« Je ne peux vous dissimuler, Madame,
« écrivait Peltier à son amie, dans la soirée,
« que les dangers de la famille royale sont
« bien grands dans le moment actuel. Je n'ai
« en vérité aucune espérance qu'ils existent
« encore quinze jours. Cela me navre. Vous
« aurez vu aussi, vous, les papiers anglais.
« Vous aurez lu le discours atroce de Robes-
« pierre, les applaudissements qu'il reçut des
« tribunes et surtout les nouvelles pièces
« dont on fait un crime à ce malheureux Roi,
« parce qu'on ne veut pas voir que toutes les
« démarches qu'il faisait pour reprendre son
« autorité étaient calculées sur le bonheur de
« son peuple et que son seul objet était de
« l'arracher au malheur qui le ronge, depuis
« qu'il est privé de son Roi[2]. »

On ne perdait point courage malgré tout.
Si l'on arrivait trop tard pour sauver le Roi,
ne restait-il pas le dauphin, « sur lequel
devaient se porter tous les regards ? » Dans
quelques jours le baron d'Auerweck serait à
Paris, et l'on saurait alors exactement ce
qu'on pouvait encore espérer.

[1] Lettre de Peltier du 11 décembre 1792. Delaporte, article cité, 252.
[2] Idem.

« Gentilhomme transylvain », avait écrit
Peltier, en donnant le signalement de ce nouveau collaborateur[1]. L'épithète, tout harmo-
nieuse qu'elle fût, — elle suggérait la pensée
de ces pays de grands bois, sauvages, mystérieux, — n'était pas complètement exacte. La
famille Auerweck, originaire peut-être de
Hongrie, était venue se fixer à Vienne, où le
père de notre personnage mourut en qualité
de capitaine au service de l'Autriche. De sa
femme, une demoiselle Scheltheim, il avait
eu quatre enfants, deux garçons et deux filles.
Ces dernières s'étaient mariées et fixées en
Autriche. L'aîné des fils, qui naquit à Vienne
vers 1766, répondait aux prénoms de Louis
(Aloys) Gonzague; il ajoutait à son nom de
famille celui d'une terre, Steilenfels, et le
titre de baron, de telle façon que l'ensemble,
débité avec la pompe voulue, était de nature
à produire son effet.

« Par une grâce particulière de Marie-Thérèse », Louis d'Auerweck entra jeune encore
à l'Académie militaire de Neustadt, près de

---

[1] « Au cas que M. Goguelat fût caché, j'ai jeté les yeux sur un
« homme très essentiel que je connais depuis beaucoup d'années
« et qui était même mon collaborateur dans quelques-uns de mes
« ouvrages politiques, c'est le baron d'Auerweck, gentilhomme
« transylvain, royaliste comme vous et moi, d'un caractère ferme
« et rempli d'adresse. » Lettre de Peltier du 3 décembre 1792.

Vienne ; il en sortit pour passer quatre ans dans un régiment hongrois, celui de Renforsary, mais la vie de garnison lui pesait et ce caractère indépendant d'allures, ambitieux, désirait secouer le joug militaire qui entravait ses projets.

Nous n'avons, malheureusement, pour connaître sa jeunesse que ses seuls renseignements[1] et l'on regrette de ne pouvoir puiser à une source d'informations un peu plus sûre. Elle est en effet curieuse la vie de cet aventurier intelligent, habile, mais intrigant, hâbleur, vantard, possédant admirablement le français, posant pour le diplomate accompli, avec des prétentions de philosophe et de littérateur, très rempli de sa propre valeur, incessamment poussé et dirigé par le besoin de jouer un rôle. Quelques citations de sa prose permettent de le juger mieux que toute description.

A peine a-t-il quitté l'Autriche, — et il va nous apprendre pourquoi, — il entreprend un voyage d'études, d'abord à Constantinople, puis dans la Méditerranée. Il visite successi-

---

[1] Dans deux mémoires autobiographiques rédigés, l'un à Hambourg, le 16 juin 1796 et annexé à une dépêche du ministre français dans cette ville, Reinhard, *Archives du ministère des Affaires étrangères, Hambourg*, vol. 109, fol. 367, l'autre à Paris, le 25 juillet 1807, *Archives nationales*, F⁷ 6445. Tous deux sont naturellement écrits dans le but de présenter l'auteur sous le jour le plus favorable.

vement la Grèce, Malte, la Sicile, l'Espagne,
le midi de la France, il pousse jusqu'à Cham-
béry et Lyon. Une occasion se présente, il
part pour Paris. « Les innovations de Joseph II,
« comme l'introduction du cadastre, la cons-
« cription militaire, le firent employer comme
« ingénieur et comme membre de corps d'ad-
« ministration, formé pour l'exécution de ces
« différents projets. Son caractère indépen-
« dant se déploya sur-le-champ dans une
« sphère, où il n'était plus comprimé par ce
« devoir d'obéissance aveugle, qui fait l'es-
« sence de l'armée. Il osa avoir une opinion
« et la dire, critiquer soit le fond, soit la
« forme des entreprises, en démontrer les
« inconvénients, en prédire l'inexécution,
« prédiction que le temps a justifiée, parler
« de violation des droits nationaux, de la
« résistance qu'autorise le pouvoir arbitraire.
« Le hasard du feu, de l'activité, le talent
« de la parole lui donnèrent parmi les mé-
« contents une consistance (*sic*) et une place
« dont il n'avait recherché ni l'une ni l'autre.
« Il osa alors plus que de parler et d'écrire...
« Ses voyages, ses formes, son caractère
« indépendant et sûr lui ont valu des liaisons
« et des communications, auxquelles il doit

« l'avantage de n'être étranger nulle part où
« il y a centre d'affaires. Il leur doit de con-
« naître les préjugés héréditaires et les tra-
« vers momentanés des cabinets, ce qui,
« joint à la connaissance du caractère des
« gouvernants, constitue la *diplomatie*. Il
« doit à une étude suivie la connaissance des
« intérêts véritables des États et de leur
« force respective, ce qui constitue *la poli-*
« *tique extérieure...* »

Tel était le personnage auquel Mme Atkyns
et Peltier confiaient leur entreprise. En le
surveillant de près, en ne lui accordant que
des pouvoirs restreints, mais en profitant à
propos de son intelligence et de ses moyens,
on pouvait tirer un heureux parti du gentilhomme hongrois. Le baron ne venait pas à
Paris pour la première fois ; la capitale lui
était connue. Il y avait débarqué aux débuts
de la Révolution, en 1789, et, s'il faut l'en
croire, « il calcula les suites de toutes ses
« horreurs, mais on se moqua de lui. S'il
« avait pu armer tout le genre humain contre
« elle, il l'aurait fait[1] ! » De plus, il avait
conservé de nombreuses relations à Paris.

---

[1] *Archives nationales*, F⁷ 6445.

Suivant ses dires, le ministre autrichien Thugut, rencontré jadis à Naples, l'aurait pris pour confident. Bref, ses amis de Londres ne pouvaient mieux choisir. C'est ce qu'il écrivait d'Amiens à Peltier, au reçu de sa proposition. « Je pars demain à cinq heures du matin
« à franc étrier pour Paris. Je n'ai pas besoin
« de vous dire que je me dévoue dès ce mo-
« ment à l'affaire dont vous m'avez parlé et
« que le calcul de l'intérêt ne contribue en
« rien à ce dévouement. Si ces choses-là ne
« vous étaient pas prouvées, je ne saurais
« être l'homme qu'il vous faut. Mais, préci-
« sément, parce que je me sens la tête et le
« cœur que votre commission exige, je vous
« dirai franchement qu'elle ne saurait réussir
« sans de grands moyens. L'article des ren-
« seignements, qui n'est cependant que pré-
« paratoire, devient difficile, sinon impos-
« sible, sans des dépenses considérables...
« Je me crois autorisé à vous parler ainsi,
« parce que j'ai l'avantage peu commun
« parmi les hommes de ne pouvoir être sus-
« pect en matière d'intérêt[1]. »

---

[1] Lettre du baron d'Auerweck du 17 décembre 1792. Elle est adressée à Peltier sous le nom de Jonathan Williams. *Papiers inédits de Mme Atkyns.*

Le mercredi 19 décembre, d'Auerweck
entrait à Paris et descendait, rue Coq-Héron,
dans un hôtel où il se faisait inscrire sous le
nom de Scheltheim. Il se mettait aussitôt en
campagne pour faire parvenir à leur adresse
les billets qu'il apportait et pour s'assurer du
concours qui lui était indispensable. Mais une
déception l'attendait ; Goguelat, sur lequel on
comptait tant, était absent de Paris et se
trouvait précisément à Londres. Il fallait agir
sans lui et la chose n'était point aisée. L'agitation causée par le procès du Roi exigeait
qu'on redoublât de précautions.

D'Auerweck s'inquiétait de ne pas recevoir
de lettres de Peltier en réponse aux siennes.

Il multipliait ses courses à Versailles, à
Saint-Germain, réclamait des fonds. Le 25 décembre, la veille du jour où M. de Sèze allait
présenter la défense du Roi à la Convention,
il écrivait à Peltier : « Les personnes (que vous
« connaissez) ne se soucient point d'arriver
« ici avant jeudi, ce qui est tout naturel, car
« on parle diversement de ce qui doit arriver
« demain... Vous m'avez promis de m'écrire
« à chaque courrier ; il est cependant certain
« que vous m'avez oublié le mardi 18, car
« sans cela j'aurais déjà nécessairement de

« vos lettres. Une chose que je ne saurais
« trop vous répéter, c'est qu'il me paraît
« essentiel de vous porter en personne les
« documents que j'aurai pu me procurer[1]. »

Les documents en question étaient ceux
auxquels faisait allusion Peltier, quelques
jours avant, dans une lettre à Mme Atkyns :
« J'ai appris aujourd'hui qu'il y avait quel-
« qu'un à Paris qui avait tous les plans que
« vous désirez, dans le plus grand détail[2] »,
et il revenait, à la fin du mois, sur ce même
sujet : « J'attends d'ailleurs le plan le plus
« exact et levé au mois de novembre, non
« seulement du Temple, mais encore des
« caveaux qui mènent sous la tour, caveaux
« qui sont inconnus et qui servaient de temps
« immémorial à la sépulture des anciens Tem-
« pliers. Je sais un endroit, où le mur n'a que
« 18 pouces d'épaisseur pour avoir un débou-
« ché dans une rue voisine[3]. »

On le voit, renonçant presque à sauver le
Roi, dont la situation leur paraissait désespé-

---

[1] Lettre du baron d'Auerweck à Peltier datée de Paris, hôtel Coq-Héron n° 16, 25 décembre 1792. *Papiers inédits de Mme Atkyns.*

[2] Lettre de Peltier à Mme Atkyns datée de Londres, 7 décembre 1792. *Papiers inédits de Mme Atkyns.*

[3] Lettre de Peltier à Mme Atkyns datée de Londres, 31 décembre 1792. *Papiers inédits de Mme Atkyns.*

rée, Peltier et Mme Atkyns reportaient leurs
efforts sur les autres prisonniers du Temple.
« Si Sa Majesté s'obstinait à ne pas vouloir
« se laisser arracher de sa prison, au moins
« on pourrait soustraire son pauvre fils au
« glaive des assassins. Un homme fort ins-
« truit m'a dit avant-hier, en causant avec
« lui sur cette déplorable matière, qu'on
« trouverait à Paris des gens qui se charge-
« raient de l'enlever, moyennant quelque
« argent... On le sortirait du Temple dans
« un panier ou bien sous quelque déguise-
« ment... Je crois que sauver le fils c'est
« aussi sauver le père. Car enfin, ce pauvre
« enfant ne peut être le prétexte d'aucun pro-
« cès et comme la couronne lui appartient
« de droit, son père mourant, je crois qu'ils
« conserveraient celui-ci, ne fut-ce que pour
« tenir en échec ceux qui se rangeraient au-
« tour du Dauphin. Mais, dans l'intervalle,
« les choses auront le temps de changer et
« les circonstances pourraient enfin amener
« une heureuse révolution de l'attitude et du
« malheur général [1]. »

Le mois de décembre se passa dans cette

---

[1] Lettre de Peltier du 7 décembre 1792.

attente pénible. Quelles anxiétés rongeaient le cœur de la pauvre lady, en suivant jour par jour dans les gazettes la marche du procès royal! Le jour de l'an, elle recevait encore des paroles d'encouragement de son ami de Londres [1]. Tout n'était pas perdu, Louis XVI pouvait compter encore, même au sein de Paris, sur beaucoup de braves gens qui ne l'abandonnaient pas, et puis, songeait-on aux conséquences fatales qu'entraînerait le crime ? Non, les conventionnels n'oseraient pas...

Quinze jours plus tard, nouvelle missive ; cette fois, il y a peu d'espoir à garder. Le « petit baron » — c'était ainsi qu'on désignait d'Auerweck — ne restait pas inactif. Peltier lui avait fourni l'occasion de voir de Sèze, le défenseur du Roi : « Ce dernier devait « savoir au juste si le Roi voulait ou ne vou- « lait pas attendre son jugement et se livrer « au hasard d'une nouvelle fuite, mais il y « avait peu d'apparence qu'il y consentît. « Quelque chose qu'il arrive, ajoutait Pel- « tier, vos désirs et vos efforts, Madame, ne « seront pas perdus, ni pour vous ni pour « l'histoire. J'ai dans votre correspondance

---

[1] Lettre de Peltier à Mᵐᵉ Atkyns datée de Londres, 1ᵉʳ janvier 1793. *Papiers inédits de Mᵐᵉ Atkyns.*

« un monument de courage et de dévouement
« qui subsistera plus longtemps que le pont
« de Londres. Une occasion sûre, qui part
« demain pour Paris, me donne le moyen de
« m'ouvrir à de Sèze pour la troisième fois[1]. »

Mais il était trop tard. Le 15 janvier, avait
commencé l'appel nominal sur les trente-trois
questions présentées aux membres de la Convention ; deux jours plus tard, la sentence
capitale était votée à cinquante-trois voix de
majorité.

Le 21 janvier, à l'heure où la guillotine venait d'accomplir son œuvre, ce billet laconique
parvenait à Ketteringham, annonçant que
tout était fini. « Nous n'avons plus qu'à pleu-
« rer, mon honorable amie, le crime est con-
« sommé. La fatale sentence a été portée jeudi
« soir. D'Orléans a voté la mort et va être
« fait protecteur. Il ne nous reste que l'espoir
« de la vengeance : elle sera terrible[2]... »

On songe aux regards qui se sont tant de
fois posés sur cette date du 21 janvier que
porte le timbre de la lettre, très net encore
sur le feuillet jauni...

[1] Lettre de Peltier à Mme Atkyns datée de Londres, 16 janvier
1793. *Papiers inédits de Mme Atkyns.*

[2] Delaporte. *Article cité*, p. 254.

Pouvait-on espérer d'agir avec succès, à supposer que le roi eût consenti à écouter les propositions qu'on lui faisait. La réponse est douteuse. Cependant, il est un fait certain, c'est que pendant les six derniers mois de l'année 1792, il y avait eu au bord de la mer, dans les environs de Dieppe, un bateau qui croisait, en communication avec un Anglais, posté sur la côte. En effet, trouvant la route de Rouen trop courue, Peltier avait jugé celle de Dieppe infiniment préférable. C'était celle que prenaient les marchands de poisson qui venaient à Paris [1]. Si l'on avait réussi à faire franchir au Roi les portes du Temple, il est probable que son évasion aurait été assurée. Mais la garde du donjon était sévère à cette époque, et elle redoubla de rigueur au cours du procès.

Quoi qu'il en soit, on peut assurer que Louis XVI connaissait les efforts tentés pour l'arracher à la mort. Quelque temps après l'événement du 21 janvier, Cléry, parlant du Roi au municipal Goret lui disait : « Hélas ! « mon bon et cher maître se serait sauvé, s'il « l'eût voulu. Il n'y a que quinze à seize pieds

[1] Delaporte. *Article cité*, p. 253.

« des fenêtres de cet endroit jusqu'au sol.
« Tout avait été préparé pour le sauver, pen-
« dant qu'il y était encore, mais il refusa,
« parce qu'on ne pouvait sauver sa famille
« avec lui[1]. » Assurément, ces paroles se
rapportent à la tentative de Mme Atkyns et de
Peltier. L'assentiment seul du Roi en avait
empêché l'exécution.

On connaît l'effet terrible, foudroyant, que
produisit sur les cours d'Europe la nouvelle
de l'exécution du Roi. A Londres, elle fut
accueillie avec consternation[2]. Non seulement
tout ce monde d'émigrés, qui était allé crois-
sant depuis les débuts de la Révolution, restait atterré devant le coup, mais la cour du
roi Georges était stupéfaite de l'audace de
l'Assemblée nationale. Elle prit aussitôt le
deuil et le roi ordonna à l'ambassadeur français, Chauvelin, de quitter Londres sur-le-
champ. Toute attache avec les régicides était
brisée désormais. Quelques jours plus tard,
la guerre était officiellement déclarée à la
France[3]. La mort du Roi ouvrait cette lutte

---

[1] Relation du municipal Charles Goret, dans G. Lenotre, *La captivité et la mort de Marie-Antoinette*, Paris, 1902, in-8°, p. 147.

[2] Albert Sorel. *L'Europe et la Révolution française*, t. III, p. 274.

[3] 1er février 1793.

de tant d'années, implacable, féroce de part
et d'autre.

Toute autre que Mme Atkyns eût perdu courage. L'héroïque femme ne se laissa pas un instant abattre. Au milieu de la tristesse générale,
elle conservait de l'espoir ; d'ailleurs, ceux
qui l'avaient aidée ne l'abandonnaient pas. Le
« petit baron » séjournait encore à Paris, attendant des ordres, mais la gravité des circonstances l'avait obligé de déloger de la rue Coq-
Héron où sa vie n'était plus en sûreté. On avait
échoué avec le Roi ; il fallait tenter la chance
et sauver la Reine avec ses enfants. La châtelaine de Ketteringham le comprit. « Rien n'était
« encore décidé sur son sort, lui avait écrit
« Peltier à la fin de janvier, mais on a proposé
« à la Commune de Paris de la transférer aux
« prisons de la Force ou de la Conciergerie [1]. »
Alors, une idée germe dans l'esprit de
Mme Atkyns. Pourquoi n'irait-elle pas elle-
même à Paris tenter l'aventure ? Il était probable que la surveillance, si rigoureuse pour
le Roi, se relâcherait pour la Reine. On pourrait profiter de cette accalmie relative, s'in-

[1] Delaporte. *Article cité*. p. 255.

troduire au Temple, et, qui sait, aviser d'un enlèvement, d'une substitution. Elle oublie les dangers qui la guettent, les difficultés redoublées pour une étrangère possédant mal le français. Peltier, auquel elle s'ouvre de son projet, cherche à l'en dissuader. « A peine arrivée, vous commencerez par éprouver des embarras sans nombre ; si vous sortez trois fois dans un jour de votre hôtel ou si vous voyez trois fois dans un jour la même personne, vous devenez suspecte[1]. » Cependant, l'insistance de son amie finit par le convaincre à moitié et il reconnaît que l'époque est relativement favorable et qu'il faut en profiter, si l'on veut essayer quelque chose.

Malheureusement, les événements se précipitent à Paris avec une rapidité inquiétante. Ce sont les journées du 31 mai et du 2 juin, les efforts des sections contre la Commune, la guerre civile déchaînée. Au milieu de la tempête, l'Anglaise craint de compromettre toute l'affaire ; ses préparatifs ne sont pas achevés. L'argent qui fera tout, qui décidera de tout, qui a déjà si bien réussi, n'est peut-être pas là en quantité suffisante. Subitement,

---

[1] Delaporte. *Article cité.* p. 255.

le bruit court qu'une conspiration a été découverte pour faire évader la Reine. Deux membres de la Commune, Lepître et Toulan, gagnés par un royaliste, le chevalier de Jarjayes, ont été sur le point de réaliser leur projet. L'irrésolution de l'un d'eux a fait échouer l'entreprise, mais ils ont été dénoncés[1]. L'attention un moment détournée de la prison du Temple s'y reporte à nouveau.

Et les jours passent, sans que Mᵐᵉ Atkyns entrevoie la possibilité de se mettre en route.

Ici, nous touchons à un épisode de sa vie qui nous apparaît entouré d'obscurité. Un fait est certain, c'est que Mᵐᵉ Atkyns pénétra auprès de Marie-Antoinette sous un déguisement et au prix d'une somme considérable. Mais quand eut lieu cette démarche? La Reine était-elle encore au Temple ou déjà à la Conciergerie? Les témoins les plus dignes de foi — et ce sont deux confidents de Mᵐᵉ Atkyns — paraissent se contredire[2]. En pesant soigneusement les témoignages, en étudiant attentivement les lettres que reçut Mᵐᵉ Atkyns à cette époque, on peut établir

[1] Sur ce complot voir Paul Gaulot, *Un complot sous la Terreur*, 5ᵉ édition. Paris, 1902, in-12º.

[2] Le chevalier de Frotté et la comtesse Mac-Namara.

avec beaucoup de probabilité que la tentative
se fit après la translation de la Reine à la Conciergerie, c'est-à-dire après le 2 août 1793[1].
Quelques jours auparavant, Peltier l'avait
encore suppliée de renoncer à sa résolution,
l'assurant qu'elle s'exposait inutilement : « Si
vous voulez être utile à cette famille, ce ne
sera qu'en dirigeant l'opération d'ici, au lieu
d'aller vous faire guillotiner et en faisant les
sacrifices que vous êtes résolue d'accomplir[2]. »

Rien n'y fit. La vaillante femme n'écouta
que son cœur et son affection et elle partit
pour Paris. S'il faut en croire son amie, la

---

[1] Dans le récit du chevalier de Frotté, qui mentionne la prison
du Temple, publié par L. de la Sicotière. *Louis de Frotté et les
insurrections normandes*, t. I, p. 429, nous estimons qu'il s'est
produit une confusion assez explicable. Il est bien difficile en effet
de trouver la place pour une tentative au Temple avant le 6 août,
car à cette date, nous possédons une lettre de Peltier adressée à
Mme Atkyns à Ketteringham et il est hors de doute que si
cette dame avait déjà quitté l'Angleterre, Peltier en aurait été
avisé. D'autre part, la lettre publiée par V. Delaporte (p. 256), et
donnée comme de la fin du mois de juillet 1793 ne peut être que
postérieure au 2 août. Ces phrases : « Ils ne promettent que le Roi
« et les deux prisonnières du Temple, ils feront ce qu'il sera
« possible pour la Reine ; *mais comme tout est changé*, ils ne peu-
« vent répondre de rien et, quant à la Reine, on ne peut rien dire
« encore, on n'a travaillé que le Temple », indiquent avec évidence qu'à ce moment la Reine n'était plus au Temple. Enfin,
comme dans sa lettre du commencement d'août, Peltier cherche
encore à dissuader Mme Atkyns de venir à Paris, il semble plau-
sible d'admettre que celle-ci n'avait pas encore réalisé son dessein.

[2] Delaporte. *Article cité*, p. 256.

comtesse Mac-Namara [1] — et son témoignage
a de la valeur — elle parvint à gagner un
officier municipal, qui consentit à lui ouvrir
les portes de la Conciergerie, à la condition
qu'aucune parole ne serait échangée entre elle
et la royale prisonnière. De plus, l'étrangère
prendrait le costume d'un garde national.
C'était revenir aux temps de Drury Lane ! Elle
promit tout et se contenta d'offrir un bouquet
à la Reine, mais sous l'empire de l'émotion
intense qui l'étreignait, au contact des regards
de celle qu'elle n'avait pas revue depuis Versailles, elle laissa tomber un billet qu'elle
tenait dans sa main et qui devait accompagner le bouquet. Le municipal allait s'en emparer quand, plus prompte que lui, Mme Atkyns
se précipita, le ramassa et l'avala. On la mit à
la porte brutalement.

Tel fut le résultat de cette entrevue. L'Anglaise n'en resta pourtant pas là. A force de
multiplier les promesses, les démarches, à

[1] Le témoignage de la comtesse Mac-Namara a été rapporté par
Le Normant des Varannes, *Histoire de Louis XVII*. Orléans, 1890.
in-8º, p. 10-14, qui le tenait du vicomte d'Orcet, lequel avait connu
la comtesse. Sans pouvoir nous associer aux conclusions de cet
écrivain, nous devons reconnaître que chaque fois que nous
avons pu contrôler les dires du vicomte d'Orcet, relatifs à l'histoire de Mme Atkyns, nous les avons trouvés confirmés par nos
documents.

force de semer l'or, elle acheta de nouvelles personnes et obtint cette fois de passer une heure seule avec la Reine, on devine à quel prix ! Mille louis lui furent nécessaires, dit-on, pour cette seule heure. Son plan était celui-ci : changer de vêtements avec la Reine et sortir à sa place de la Conciergerie. Mais elle se heurta à un refus obstiné. Marie-Antoinette ne voulait sous aucun prétexte sacrifier la vie d'une autre ; abandonner ses enfants prisonniers lui paraissait impossible. Mais quelle émotion la saisit à la vue de ce dévouement si simple, si complet, si pur ! Tout ce qu'elle put exprimer ce fut de remercier son amie les larmes aux yeux et de lui recommander son fils, le Dauphin, qu'elle confiait à ses soins. Elle lui remit aussi quelques lettres destinées à ses amis d'Angleterre [1].

En sortant de la Conciergerie, une pensée

---

[1] L'on a voulu établir une liaison entre cette histoire et la conspiration du municipal Michonis. (l'affaire de l'œillet) aidé du chevalier de Rougeville, qui échoua par la faute d'un des deux gendarmes chargés de garder la Reine. Il y eut peut-être quelques relations entre les principaux acteurs de ces tentatives simultanées. mais nous avouons que nous avons été impuissants à en saisir la preuve. Il fallait prendre tant de précautions dans ces circonstances, se servir de tels artifices, éviter autant que possible les allusions par écrit et voiler si impénétrablement les plans machinés, qu'il n'est pas étonnant que les documents, dans leur sécheresse, nous révèlent si peu de détails.

hantait l'esprit de Mᵐᵉ Atkyns : faire pour le fils ce qu'elle n'avait pu exécuter pour la mère, arracher le petit Dauphin de la prison du Temple...

Revint-elle en Angleterre aussitôt après ? Probablement. D'ailleurs, elle n'avait pas perdu tout espoir et, comme ses amis, elle ne croyait point encore à un danger immédiat pour les jours de la Reine. Ceci nous est prouvé par une note de Peltier, rédigée dans le courant du mois de septembre et qui révèle l'existence d'un nouveau projet : « Il faut par-« tir au plus tard jeudi matin ; si l'on tardait « davantage, il serait à craindre que l'approche « des troupes autrichiennes et les mouve-« ments qui ont lieu à Paris ne déterminassent « les membres de la Convention à s'éloigner « et à emmener avec eux les otages que l'on « veut sauver. Un jour, deux jours de retard « sont inappréciables aujourd'hui. Pour par-« tir jeudi matin et aller fréter à Brighton un « bâtiment neutre, il n'y a que lundi, mardi « et mercredi à employer jour et nuit à tout « disposer. Il faut d'abord se procurer des « louis d'or, les coudre dans des ceintures. Il « faut aussi se procurer quelques assignats,

« ne fût-ce que pour la route de la côte à Paris,
« afin de ne pas être suspect... Il faut avoir le
« temps de préparer les passeports, qui servi-
« ront aux trois personnes qui se dévoueront.
« Il faut que ces passeports soient dans la
« forme des lettres que M. Dundas expédie
« pour les Jacobins qu'on renvoye de France.
« Cela servira à être moins suspect....

« L'affaire du Temple est arrangée ; mais,
« quant à celle de la Conciergerie, on n'en sait
« encore rien ; les dernières lettres qu'on a
« eues des agents de Paris sont datées du
« 26 juillet. On ne doute pas que les personnes
« intéressées à la chose n'aient pris des me-
« sures, mais on les ignore. Il ne serait pas
« mal d'avoir en réserve quelque argent pour
« remplir cet objet. Il serait affreux de penser
« que l'on a pu manquer son objet pour 2 à
« 3oo louis, ce qui ferait 1 5oo guinées. Ainsi,
« chacun aurait à porter sur lui environ 45o
« louis ou 200 double louis, parce que l'on
« employerait environ 5o louis en assignats.

« Il y aura aussi une suite d'avis entre la
« France et l'Angleterre, par le canal de M...
« qui réside près de Dieppe, sur la côte, et
« qui jusqu'ici a reçu et fait passer des avis
« continuels. Il sera essentiel de s'informer

« des mouvements soit des armées, soit des
« flottes, pour diriger les opérations en con-
« séquence... Il est devenu par les circons-
« tances très dangereux d'employer des étran-
« gers, puisque la loi du 5 août les a bannis
« de France. Mais quelle différence y a-t-il
« entre exécuter et faire exécuter? La gloire
« qu'on partage n'en est pas moins une gloire
« et le but principal est toujours rempli... Je
« ne connais plus que ce projet qui puisse
« réussir, il déplaira peut-être à la personne qui
« eût désiré enlever de ses propres mains ses
« amis, les conduire ensuite en triomphe, etc.,
« mais comme il ne s'agit point ici de faire
« un opéra, mais une opération, ce sera en
« faisant plus de sacrifices de gloire et de
« jouissances, qu'on prouvera qu'on aimait
« mieux. L'on n'y courra pas d'ailleurs les
« risques qui eussent empoisonné mon exis-
« tence. Si mes amis périssent dans cette
« affaire, je n'aurai pas un fils et une mère
« qui pourront me reprocher la perte de leur
« Charlotte [1]... »

L'on voit par ces lignes que les intelligences entretenues au Temple et au dehors

---

[1] Note de la main de Peltier. *Papiers inédits de Mme Atkyns.*

subsistaient encore et qu'on se les conservait en prévision d'une occasion favorable. Les agents en question étaient probablement ceux mentionnés précédemment, dont les deux gardes du corps. Mais l'or de Mme Atkyns avait aussi produit ses effets, même parmi ces « incorruptibles » que la Révolution suscita si nombreux, et les événements auxquels on assistera ne s'expliquent que par le concours non pas d'une ou deux personnes isolées, mais d'une quantité de bonnes volontés, habilement gagnées et dans un monde où l'on s'attendrait peu à les chercher.

Sur ces entrefaites, le baron d'Auerweck que l'on a laissé à Paris, y jugeant sans doute sa présence inutile, rentrait à Londres. La position était devenue plus que critique en France. La formation d'un nouveau Comité de salut public, l'activité du Tribunal révolutionnaire, la Terreur dans tout son épanouissement rendaient le séjour de Paris impossible pour des étrangers déjà suspects, et notre baron avait hâte d'apporter à ses amis de nouveaux renseignements.

Peltier, qui l'attendait avec impatience, en communiquant son arrivée à Mme Atkyns, écrivait : « J'ai le cœur trop plein pour vous

« parler d'autre chose que de l'arrivée de
« mon ami, le baron d'Auerweck. Il est parti
« de France il y a deux jours. Il arrive, après
« avoir couru tous les risques imaginables et
« fait toutes les pertes possibles... Nous
« avons par lui des avis de Paris jusqu'au 23,
« la Reine était encore intacte. Le baron ne
« croit point qu'elle périsse. Danton et les
« Cordeliers sont pour elle, Robespierre et
« les Jacobins contre. Son sort dépendra du
« triomphe des deux partis. La Reine est gar-
« dée très étroitement, le Roi très mal. La
« Reine conserve une force et une dignité
« surnaturelles[1]. » C'est à Londres même, au
Royal-Hôtel, que Mme Atkyns recevait ces
lignes. Elle y était accourue pour être plus à
même d'aller aux informations.

Mais le décret rendu par la Convention, le
3 octobre, qui ordonnait la mise en jugement
de la « veuve Capet », venait singulièrement
contredire les assurances rapportées par
d'Auerweck. Au reste, qui pouvait se vanter
de connaître l'avenir et les projets de ceux
qui occupaient le pouvoir ? Les politiciens
ultra-jacobins ignoraient les premiers où les

[1] Lettre non datée de Peltier à Mme Atkyns. *Papiers inédits de Mme Atkyns.*

menait la fortune. N'était-il pas question, encore quelques semaines auparavant, de faire entrer la Reine dans le plan d'une négociation avec l'Autriche ? Il n'était donc point étonnant que les illusions sur son compte subsistassent aussi bien à Paris que dans le monde des émigrés.

Onze jours plus tard, Marie-Antoinette subissait un premier interrogatoire à la barre du Tribunal révolutionnaire. Le procès fut rapidement mené et ne traîna pas. Des sept témoins appelés, le dernier, Hébert, osa porter contre elle des accusations monstrueuses, auxquelle l'accusée ne répondit que par un silence méprisant. Puis vinrent les plaidoyers officieux de Chauveau-Lagarde et de Tronson-Ducoudray, pour la forme seulement, car « l'Autrichienne » était perdue sans retour.

Le surlendemain, 16 octobre, à 4 heures et demie du matin, dans la salle enfumée du tribunal, à la vague lueur du jour naissant, le jury rendait son verdict affirmatif et la sentence de mort était prononcée aussitôt. Sur les 11 heures, la charrette pénétrait dans la cour de la Conciergerie, la Reine y montait et, accomplissant ce trajet tant de

fois décrit, atteignait la place de la Révolution. A midi un quart, le couperet de la guillotine tombait sur elle.

C'en était fait cette fois des suprêmes
espérances, des dernières illusions si longtemps caressées par Mme Atkyns. La malheureuse femme apprit par Peltier l'issue terrible. C'était un cri de rage, de désespoir
que lui apportait le billet de son ami, plus
déchirant encore que celui tracé le 21 janvier : « Je n'existe pas. Je vois d'ici votre
« chagrin, il double le mien. La rage me
« tue. Je n'ai pas même la consolation de
« répandre une larme. J'abjure à jamais le
« nom de Français. Je voudrais en oublier la
« langue. Je suis au désespoir ; je ne sais ni
« ce que je fais, ni ce que je dis, ni ce que
« j'écris. Ah ! mon Dieu, quelle barbarie,
« quelle horreur, que de maux présents, que
« de malheurs à venir ! Je n'ose pas me pré-
« senter chez vous. Adieu, brave et malheu-
« reuse femme [1]. »

Les larmes ont dû couler souvent sur ce
feuillet précieusement gardé. On y voit encore
ces mots tracés de la main de Mme Atkyns :

---

[1] *Papiers inédits de Mme Atkyns.*

Écrit après le meurtre de la reine de France[1].

Ses efforts étaient-ils perdus irrémédiablement? Elle se refusait à le croire. A ce moment d'ailleurs, deux nouveaux personnages surgissaient, dont elle allait utiliser l'appui. L'amitié de l'un, le chevalier de Frotté, reparaissant sur la scène de Londres, lui permettait d'entrevoir un concours dévoué. L'autre, inconnu pour elle jusqu'ici, récemment débarqué du continent, était destiné à devenir un des principaux acteurs de la partie qui allait se jouer.

[1] « Written after the murder of the queen of France. »

CHAPITRE III

L'ODYSSÉE D'UN MAGISTRAT BRETON

Il y avait fête, le 8 décembre 1740, rue de Montfort, à Rennes, dans une des plus belles maisons du chef-lieu de la province. M. Yves-Gilles Cormier, un riche bourgeois de la ville, possédait un héritier depuis la veille, en la personne d'un fils, répondant aux prénoms de Yves-Jean-François-Marie. Heureux de cette aubaine, le père fortuné s'apprêtait à se rendre à l'église Saint-Sauveur, à deux pas de chez lui, pour présenter son enfant au saint baptême.

Il avait convié à cette solennité son parent, messire Jean-François Cormier, prieur-recteur de la Bazouges-du-Désert[1] et son voisin

[1] Bazouges-du-Désert, Ille-et-Vilaine, arrondissement de Fougères, canton de Louvigné-du-Désert. François Cormier, prêtre de

le directeur de la Trésorerie des États de Bretagne, M. de Saint-Cristau. Mme Françoise Lecomte, épouse du sieur Imbault, greffier en chef de la Chambre de la Tournelle, au parlement de Bretagne et dame Marie-Anne Lardoul étaient aussi au nombre des invités et rehaussaient par leur présence l'éclat de la cérémonie[1]. Au son des cloches, le cortège pénétra sous le porche de l'église ; il en ressortit peu après, se dirigeant vers la maison de la Trésorerie de Bretagne, où Mme Cormier, née Égasse du Boulay, attendait avec impatience le retour des siens.

C'était une honorable famille de Rennes que celle des Cormier. Par son travail, Yves

Vannes, fut pourvu le 1er juin 1735 et mourut le 31 janvier 1750. Guillotin de Corson. *Pouillé historique de l'archevéché de Rennes.* Rennes et Paris, 1883, t. IV, p. 120.

[1] Voici l'acte de baptême d'Yves Cormier : « Yves-Jean-François-« Marie, fils de M. Yves-Gilles Cormier et de dame Marie-Anne-« Françoise Egasse (alias Egace) du Boullay, né d'hier, a été bap-« tisé ce jour 8e décembre 1740 par moy recteur soussigné et tenu « sur les saints fonts de baptême par messire Jean-François Cormier, « prieur-recteur de la Bassouge-du-Désert et par dame Marie-Anne « Lardoul, le père présent et autres soussignants :

Marie-Anne Lardoul.	Cormier, prieur-recteur de la Baiouges.
Perrine Cormier.	Françoise Lecomte-Imbault
De Saint-Cristau.	Cormier.
Mangourit.	P.-F. d'Oultremer, recteur. »

Archives municipales de Rennes, série GG. *Paroisse de Saint-Sauveur*, registre des *baptêmes, mariages et sepultures de 1740.* Nous devons la plupart des renseignements relatifs au séjour de Cormier à Rennes à l'obligeance de notre regretté confrère, M. Parfouru, archiviste départemental,

Cormier s'était acquis une imposante fortune, qui le mettait lui et les siens à l'abri de tout besoin[1]. Quatre ans plus tard, un second enfant, une fille cette fois, faisait son apparition en ce monde. On lui donna les noms de Françoise-Michelle-Marie[2].

Yves-François grandit, mettant utilement à profit les conseils paternels, travailleur comme son père, intelligent et bien doué. Après avoir quitté les bancs de l'école, il entra à la Faculté de droit de Rennes, et, il n'avait pas vingt ans, qu'ayant conquis sa licence, il était reçu, le 18 août 1760, avocat à la Cour[3]. Moins d'un an après, l'office de conseiller du Roi au présidial de Rennes se trouvant vacant, le jeune avocat postula l'emploi malgré son âge et l'obtint par lettres de provision du 10 août 1761[4].

C'était un avancement rapide dans la car-

[1] Il payait 180 livres de capitation en 1758. *Rôles de la capitation de la ville de Rennes. Archives d'Ille-et-Vilaine*, C 4019.

[2] Elle naquit le 12 septembre 1744; son parrain fut M. de Saint-Cristau et sa marraine dame Françoise Lecomte. *Archives municipales de Rennes.*

[3] « Maistre Yves-Jean-François-Marie Cormier, licentié aux lois « de la Faculté de Rennes, a été reçu avocat en la Cour et a fait et « presté le serment en tel cas requis. » *Archives du parlement de Bretagne*, au Palais de Justice. Audience publique de Grand'chambre du Parlement, 18 août 1760.

[4] Il succédait au sieur Christophe Guibourg, décédé. En même temps que les lettres de provision, Cormier recevait des lettres de

rière, dont pouvaient se féliciter à bon droit
ses heureux parents, mais la fortune prodi-
guait des faveurs toutes spéciales au jeune
magistrat, car le 27 octobre de l'année
suivante, un nouvel office venant à vaquer
au même siège présidial, — celui de procureur du Roi, — Yves Cormier, quittant
la magistrature assise pour la magistrature
debout, acquérait la place[1]. A vingt-deux
ans, procureur du Roi! C'étaient là de beaux
débuts.

Pendant une quinzaine d'années, on le voit
exercer sa charge à Rennes. La ville traversait
alors des temps de trouble. L'arrivée du duc
d'Aiguillon en qualité de gouverneur, sa conduite, déchaînèrent la tempête dans la vieille
cité jalouse de ses libertés. Les États de la
province se prétendirent lésés dans leurs
droits. Dirigés par La Chalotais, ils combatti-
rent opiniâtrement les prétentions du duc
d'Aiguillon, représentant du Roi. De là une
guerre interminable de pamphlets, de li-
belles, d'injures, que n'arrêta pas l'emprison-

dispense d'âge (28 juillet 1761). *Archives du parlement de Bretagne.*
41e registre des enregistrements fol. 133 recto.

[1] Il remplaçait M. de Bonnescuelle de la Roche-Durand, décédé le
10 août précédent. *Idem*, 41e registre d'enregistrement, fol.
156 recto.

nement de La Chalotais et de ses partisans. A ces griefs contre les empiètements du pouvoir royal, se mêlaient de vieilles querelles contre les Jésuites. Les Chalotistes exaspérés finirent par accuser ces derniers d'être la cause de tous leurs maux.

Dans ces circonstances, il était impossible que le procureur du Roi au présidial ne fût pas mêlé à cette affaire qui fit couler des flots d'encre, qui occupa tous les esprits pendant des années, qui suscita des procès sans nombre. Une note de police l'accusait « d'avoir tripoté dans l'affaire La Chalotais [1]. » Cependant, il n'y joua qu'un rôle bien passif. Dans les volumineux dossiers remués et compulsés ces dernières années avec tant de soin, son nom ne figure qu'une fois [2] : une brochure diffamatoire [3], qui fut d'ailleurs lacérée et brûlée par arrêt du Parlement, le dénonçait comme prenant part aux assemblées des Jésuites sur qui tombaient les foudres des parlementaires bretons. Tout ce qu'on peut en

---

[1] *Archives du ministère des Affaires étrangères, Hambourg,* vol. 109, fol. 340.

[2] Barthélémy Pocquet. *Le pouvoir absolu et l'esprit provincial. Le duc d'Aiguillon et La Chalotais.* Paris, 1900-1901, 3 vol. in-8°.

[3] Elle est intitulée : *Tableau des assemblées secrètes et fréquentes des Jésuites et leurs affiliés à Rennes.* Impr. in-12 de 4 p. s. l. n. d.

conclure, c'est que Cormier penchait pour le parti du duc d'Aiguillon. Sa qualité, du reste, de procureur du Roi l'engageait à suivre cette voie.

Est-ce à cette occasion qu'il entreprit des voyages répétés à Paris? Peut-être. En tous cas, à partir de 1776, Yves Cormier n'exerça plus sa charge que par intermittence. Son père était mort. Il habitait avec sa mère le second étage de la maison de la rue de Montfort[1]. Lassé de sa vie de garçon, le jeune magistrat, qui entrait alors dans sa trente-sixième année, prit la décision de se marier. Il avait rencontré à Paris une demoiselle de Nantes appartenant à une famille de riches propriétaires de Saint-Domingue. Elle se nommait Suzanne-Rosalie de Butler, était un peu plus jeune que lui et occupait un appartement rue Vieille-du-Temple, dans l'hôtel de la Tour du Pin.

Le 10 juillet 1776, par devant notaires du Châtelet, M. Cormier et Mlle de Butler signaient leur contrat de mariage[2]. Par une disposition peu commune, les futurs époux

[1] Rôle de la capitation de 1777. Une partie de cette maison (rez-de-chaussée et premier étage) était occupée par la caisse du Trésor des États de Bretagne et par le directeur de ladite Trésorerie, allié à la famille Cormier.

[2] Archives de Me Motel, notaire à Paris.

« dérogeant à cet égard à la coutume de Paris », déclaraient renoncer à la communauté de biens, chacun conservant en propre ce qu'il apportait.

Pour le conjoint, ces biens consistaient en sa charge de procureur au présidial de Rennes, puis en différentes terres et immeubles que lui avait laissés son père, à Rennes et aux environs, enfin dans « son mobilier, linge, hardes, etc., qui garnissaient son logis. » La garde-robe du magistrat était singulièrement complète, si l'on en juge par l'énumération que nous donnons ci-dessous[1]. Entre « les

[1] Mémoire des effets appartenant à M. Cormier. — *Habits d'hiver, de printemps et d'automne*. Un habit, veste et culotte, de velours ciselé à bandes. Un habit, veste et culotte, de satin mordoré, boutons de diamant. Un habit, veste et culotte, de velours ciselé, à grand ramage. Un habit, veste et culotte, de velours ciselé, à petits bouquets. Deux culottes de satin noir. Un habit de drap puce brodé, à galons de couleur, la veste de drap d'or rayé, brodé idem. Un frac de drap gris, doublé de satin cramoisi, veste de drap d'or cannelé. Un frac et une veste de drap vert, galonné en or. Un habit, veste et culotte, de piqué gris. Deux vestes de piqué, l'une verte, l'autre chamois. Une redingote à grand poil. Un habit de tricot, doublé de peluche et la veste de satin gris piqué. Un habit, veste et culotte, de velours de printemps jaune. Un habit, veste et culotte, de velours retz noir. Un habit de drap noisette, rayé bleu, doublé de bleu, veste fond argent, cannelée. Un habit de gourgouran, brodé, doublé d'une fourrure de martre, veste de satin brodée en gay, culotte de gourgouran à jarretière, brodée. Un gilet de soie, rayé bleu et blanc. Deux plices (pelisses) mordorées, dont une à gance or, fourrée de blanc. Une redingote et veste de drap de Silésie, brodée d'or, boutons d'acier. — *Habits d'été*. Un habit de taffetas noir à olive et une veste brodée, idem. Un habit de musulmane, veste et culotte brodée noir. Un habit de lustrine bleu, veste et culotte, boutons argent. Un frac et

habits d'hiver, de printemps, d'automne et d'été », les culottes « de velours ciselé à grands ramages, à petits bouquets, l'habit de drap puce, le frac de drap gris », l'habit de gourgouran brodé, de taffetas noir à olive, le frac « mulsumane verte », il n'y avait que l'embarras du choix. Ajoutez à cela des bijoux et deux voitures « dites désobligeantes », sans compter le détail des chapeaux, jabots, manchettes de dentelles.

Mˡˡᵉ de Butler ne le lui cédait en rien. Son père, le comte Jean-Baptiste de Butler, décédé, lui avait laissé en indivis avec son frère Patrice, une riche propriété dans l'île de Saint-Domingue, l'une des colonies les plus florissantes d'alors. C'était la ferme et l'habitation

---

culotte musulmane grise, doublé de rose verte de mousseline. brodée en or. Un frac de cannelé gris et bleu, brodé d'argent et lilas et deux culottes. Un frac musulmane verte, sa culotte, veste gourgouran, lilas, brodée et veste de mousseline brodée d'or, doublée lilas. Un frac mordoré, doublé de vert et sa culotte... Un frac de camelot gris brodé, paillons bronzés, veste blanche, brodée noir. Un habit lilas éternelle, veste de basin blanc, brodé et liséré en or. Un gilet de soie lilas et blanc. Un habit, veste et culotte, gourgouran cramoisi, brodé en blanc, avec des glands. Un frac gourgouran puce. Une redingote de camelot rayé, gris et blanc. Deux vestes et deux culottes de circaça rayé, vieilles. Deux vestes et deux culottes de circaça blanc et rayé blanc. Une veste blanche de piqué. Une veste et culotte de circaça, jaune et blanc. Un pantalon de coton gris à côte. Un pantalon de soie grise. Un pantalon de toile de coton blanc. Une robe de chambre de damas et sa veste. Une robe de chambre de taffetas et sa veste. Trois chapeaux. — *Archives de Mᵉ Motel*, notaire à Paris.

du Bois-de-Lance, paroisse Sainte-Anne de Limonade, « avec les nègres, négresses, « négrillons, négrittes, meubles, meublans, « ustensiles, agrès, chevaux, bestiaux et « autres effets généralement quelconques, « étant sur ladite habitation. » Cette mention rappelle avec quelle vigueur l'esclavage régnait alors dans la colonie. D'un second mariage qu'avait contracté le comte de Butler, était né un fils, Jean-Pantaléon, qui se trouvait ainsi le demi-frère de la future Mme Cormier et qui avait aussi des droits sur les propriétés en question [1]. Suzanne de Butler apportait en outre à son époux des biens situés en France, provenant de la succession de son père, et un mobilier très complet, qu'enrichissaient des objets « fabriqués de bois des îles, acajou, bois de rose » et autres.

[1] Jean-Baptiste Butler avait épousé en premières noces, à la Rochelle, en 1741, Suzanne Bonfils, dont il eut un fils, Jacques-Pierre-Charles *Patrice*, né à la Rochelle en 1743, mort en 1793, marié en 1769 à Germaine-Marie-Félicité de Butler, et une fille Marie-Anne-Suzanne-Rosalie Butler, devenue Mme Cormier. Il épousa en secondes noces, à Saint-Domingue. Julie de Trousset d'Héricourt, dont il eut un fils, Jean Pantaléon, né à Saint-Domingue en 1753, capitaine de dragons dans les milices des colonies de 1768 à 1772, mousquetaire en la seconde compagnie, le 24 mai 1772, sous-lieutenant dans ce régiment le 14 janvier 1777, capitaine le 28 février 1778, capitaine en second le 5 décembre 1784, capitaine commandant le 1er mai 1788, chef d'escadron le 12 juin 1790. *Archives du ministère de la Guerre.*

Le mariage se célébra quelques jours après.
Établi à Paris, il devenait difficile au procureur
du roi de conserver sa charge à Rennes. Il ne
la résigna pourtant que le 23 janvier 1779[1].
Deux ans auparavant, un premier enfant était
né, un garçon, qui fut baptisé à l'église de la
Madeleine à Paris, avec les prénoms d'Achille-
Marie[2]. Les parents occupaient-ils déjà le
vaste immeuble acquis par Mme Cormier, l'année suivante, rue Basse-du-Rempart, n° 15?
Il est probable. C'était une maison de belle
apparence avec cour et plusieurs entrées.

Le 10 mars 1779, nouvelle naissance d'un
fils, qui reçut le nom de Patrice[3], comme son

[1] En faveur de Me Nicolas Borie, 44e registre d'enregistrement,
fol. 77. *Archives du parlement de Bretagne.*

[2] « L'an 1777, le 31 mai, fut nommé Achille-Marie, né du 30, fils
de Yves-Jean-François-Marie Cormier et de Marie-Anne-Suzanne-
Rosalie Butler, son épouse. Témoins : Gatien Sonnet et Jeanne
Guillet, épouse de Nicolas Adam. » Extrait d'un acte de naissance
de la ci-devant paroisse de la Madeleine de l'année 1777. *Archives
nationales*, F^7 5621.

[3] « L'an 1779, le onze mars, par nous soussigné, prêtre de cette
« paroisse, a été baptisé Patrice-François-Yves, fils de Monsieur
« Maître Yves... Cormier, écuyer, conseiller du Roy, son procureur
« au siège présidial de Rennes en Bretagne et de Marie-Rosalie de
« Butler, son épouse, de droit à Rennes en Bretagne et de fait rue
« Basse-du-Rempart Saint-Honoré, en cette paroisse. Le parrain
« a été messire Jacques-Pierre-Charles-Patrice, comte de Butler,
« oncle maternel de l'enfant, résidant actuellement au château de
« Noé; la marraine a été dame Françoise-Marie-Michelle Cormier,
« épouse de Louis-François Lemoenne de Laulnay, écuyer, cheva-
« lier de l'ordre royal et militaire de Saint-Louis, ancien lieutenant des vaisseaux du Roy, tante paternelle dudit enfant, tous

oncle maternel, et dont la marraine se trouvait être une sœur de Mme Cormier, mariée à un ancien officier de marine.

La gérance de ses biens et de ceux de sa femme surtout occupèrent sans doute la plus grande partie de l'existence de Cormier, pendant ces années qui précédèrent la Révolution. De taille moyenne, avec un certain embonpoint, les cheveux tirant sur le gris, un visage énergique, beaucoup de facilité dans l'élocution, à laquelle s'ajoutait une intelligence remarquable, un réel don de persuasion, faisaient de l'ancien magistrat breton une personnalité. L'époque qui s'ouvrait devait, semble-t-il, l'appeler à jouer un rôle sur la scène révolutionnaire.

L'on sait qu'en vue des élections aux États généraux, un règlement royal du 13 avril 1789 avait ordonné la division provisoire de Paris en soixante districts[1]. Une année plus tard,

« les deux représentés, le parrain par Gatien Sonnet, valet de « chambre de M. Cormier à Paris, rue Basse-du-Rempart, en « cette paroisse, et la marraine a été représentée par Marie- « Geneviève Catrine, fille majeure, femme de chambre de « Mme Cormier, y demeurant rue Basse-du-Rempart, lesquels ont « signé avec le père et nous. Gatien Sonnet. Catrine, Cormier et « Bué, prêtre. » Extrait des registres de naissance de l'an 1779. Ville de Paris, paroisse la Madeleine Ville l'Évêque. *Archives du ministère de la Guerre.*

[1] Ernest Mellié. *Les sections de Paris pendant la Révolution française*, Paris, 1898, p. 7.

les districts devenus inutiles étaient suppri-
més et remplacés par 48 sections, dont l'influence politique, à partir du 10 août, allait
être si puissante. Or, d'emblée, Cormier ne
reste pas inactif. A peine la section de la place
Vendôme s'est-elle formée qu'il y vient occuper une place prépondérante. On le voit commissaire de la section d'abord, puis président
de son comité civil[1]. L'assemblée générale se
réunit dans l'ancienne église des Capucins de
la place Vendôme. Cormier, dont la demeure
est voisine, assiste aux délibérations. Il y
prendrait une part active, si d'autres fonctions
n'absorbaient la majeure partie de son temps.

Parmi les nombreux clubs monarchiques
qui surgissaient alors à Paris, il venait de s'en
fonder un, dont les membres, la plupart de
riches colons de Saint-Domingue, se rencon-
traient place des Victoires, dans l'hôtel de

---

[1] « Département de la Seine, 1ᵉʳ arrondissement municipal de
« Paris.

« Nous, maire du 1ᵉʳ arrondissement municipal de Paris, certi-
« fions que, compulsion faite des différents registres du Comité civil
« de la place Vendôme, il appert que le citoyen Yves-Jean-François-
« Marie Cormier a successivement rempli les fonctions de commis-
« saire et de président dudit comité, depuis les mois de février et
« mars 1789 jusque vers la fin de juillet 1792...

« A la mairie du premier arrondissement, le 24 messidor an VIII de
« la République (13 juillet 1800).

« ROSE, adjoint-maire.   PANNEQUIN secrétaire général. »
Archives nationales, F⁷ 5152.

Massiac. Leur but était de contre-balancer l'influence, pernicieuse selon eux, qu'exerçait une nouvelle société, née en Angleterre, la société des Amis des Noirs et dont l'objet principal était l'anéantissement de l'esclavage et le relèvement de la race noire[1]. Le mouvement créé par Wilberforce au delà de la Manche rencontrait un terrain fertile en France, puisqu'il répondait si bien aux idées nouvelles d'affranchissement et de liberté proclamées par l'Assemblée nationale. C'est ce que comprirent bien vite les propriétaires des Iles sous le Vent, qui ne vivaient que du travail des esclaves et dont la fortune était liée à leur existence. Saint-Domingue était alors dans un état de prospérité étonnante. Ses plantations de cannes à sucre, la culture de l'indigo, du coton, en avaient fait une des premières colonies de France. Les théories de Wilberforce pénétraient-elles dans l'île, c'en était fait des planteurs et des blancs, qui formaient la minorité de la population.

Fondé le 20 août 1789, le club de l'hôtel Massiac allait résister de toutes ses forces au

[1] A. Challamel. *Les clubs contre-révolutionnaires*. Collection de documents relatifs à l'histoire de Paris. Paris, 1895, in-8°, pp. 67 et suivantes.

courant de sympathie pour les noirs, qui
menaçait d'envahir l'Assemblée. Ses membres
empêcheraient à tout prix l'octroi de droits
quelconques aux mulâtres d'abord, aux esclaves ensuite, habitant dans l'île. Tels furent
pendant trois années le but des efforts cons-
tants des colons.

Par sa position de propriétaire à Saint-
Domingue, Cormier ne pouvait que s'unir à
ses compatriotes et seconder leurs vues. Le
23 août 1789, il était reçu membre du club et
quinze jours plus tard y siégeait en qualité
de vice-président[1].

Après une absence passagère, — son nom
disparaît des procès-verbaux pendant plusieurs mois — on le voit réapparaître aux
séances au commencement de 1791. Il joue
dès lors un rôle dominant à l'hôtel Massiac[2];
c'est lui qui est chargé de toute la correspondance, et les papiers du club, déposés
aux Archives nationales, nous ont conservé
quantité de lettres, de discours, de notes cou-
vertes de sa microscopique écriture. Au printemps, Cormier est élu président du club. La
fonction n'est pas une sinécure. De tragiques

---

[1] Papiers du club de l'hôtel Massiac, *Archives nationales*, D XXV, 85.
[2] *Archives nationales*, D XXV, 87.

nouvelles arrivent de Saint-Domingue durant
l'été. A la fin d'août, un soulèvement des
mulâtres et des nègres a éclaté ; ces gens
exaspérés se sont mis à brûler et à piller les
plantations, et à massacrer les blancs, hommes
et femmes.

Bien inférieurs en nombre, les colons sont
impuissants à leur résister et réclament à
grands cris l'aide de leurs compatriotes et
l'appui de l'Assemblée. Jour après jour, les
lettres parviennent au club, plus alarmantes,
plus terrifiantes ; les colons sont consternés.
La plupart ont une partie de leur famille établie là-bas, et l'idée de savoir les leurs à la
merci des noirs les fait frémir.

Le club multiplie ses séances et ses discussions, mais ses efforts rencontrent une résistance acharnée dans l'Assemblée. Désespérés,
on décide de rédiger et d'envoyer une adresse
au Roi, pour lui exposer l'état lamentable de
la colonie et réclamer son intervention.
Œuvre probablement de Cormier, l'adresse,
après avoir dépeint les calamités qui frappaient Saint-Domingue, signalait la cause de
ces malheurs, conséquence directe des récents
décrets de l'Assemblée. « Depuis trois ans on
« s'étudie sans relâche à lancer au milieu de

« noùs le germe .du trouble et de la révolte.
« En vain nous multiplions nos efforts pour
« échapper aux embùches ; une société que
« des étrangers et des hommes pervers ont
« créée pour notre ruine et pour l'humiliation
« de la France, en associant à ses travaux
« l'ignorance et la crédulité, nous inonde
« d'écrits incendiaires, promène les émissaires
« dans nos ateliers... »

Les colons, malgré leurs dénonciations répétées, se sentaient impuissants à réprimer
l'action néfaste des Amis des Noirs qu'ils
accusaient d'être les auteurs de tous leurs
maux. Aussi suppliaient-ils le Roi de prendre
leur parti. « Notre cause est celle de toutes
« les colonies de l'Amérique ; notre cause est
« celle du commerce français qui ne peut
« séparer sa ruine de notre ruine ; notre cause
« est celle des créanciers de l'État, que ces
« événements exposent à voir leurs fortunes
« anéanties par une banqueroute universelle ;
« notre cause est celle de six millions
« d'hommes occupés directement ou indirec-
« tement par la navigation, le commerce et
« l'approvisionnement des colonies ; notre
« cause est celle de la monarchie, dont la
« splendeur déchoit par la privation de nos

« richesses et dont la puissance maritime est
« détruite si nous périssons. Sire, vous êtes
« le chef suprême de la puissance exécutive,
« vous êtes le conservateur de la paix publique
« et le gardien des propriétés. Nous supplions
« Votre Majesté de prendre les colonies fran-
« çaises sous sa sauve-garde. Nous vous sup-
« plions, si notre ruine absolue n'est point
« encore consommée, d'opposer votre auto-
« rité aux nouvelles tentatives de ces hommes
« qui ne seront pas satisfaits avant d'avoir
« comblé notre misère. Nous demandons de
« puissants secours pour nos frères prêts à
« succomber; nous demandons contre les au-
« teurs de ces complots les informations les
« plus sévères et la plus éclatante justice[1]. »

A ce langage énergique et persuasif une
centaine de colons et de membres du Club
avaient souscrit à la suite de Cormier. La
lecture de l'adresse ayant été faite dans la
séance du 1er novembre, l'impression en avait
été décidée à trois mille exemplaires qui
seraient envoyés dans toute la France.

Le lendemain, un mercredi, vers les onze
heures du matin, un groupe d'hommes tous

[1] *Archives nationales*, D XXV, 89.

vêtus de noir, se réunissaient au château des Tuileries, dans la salle des Nobles. A mesure qu'ils arrivaient, l'un d'eux, à la forte carrure, au regard énergique, les présentait à un personnage devant lequel ils s'inclinaient respectueusement ; c'était M. Bertrand de Molleville, ministre du Roi, chargé du département de la Marine, et les nouveaux venus n'étaient autres que les membres du club Massiac, conduits par leur président, M. Cormier[1].

Quand on fut au complet, on se dirigea vers les appartements du Roi. Celui-ci se trouvait dans son cabinet. Les colons sont introduits et présentés successivement à Sa Majesté ; puis M. Cormier prend la parole : « Sire, les « nouvelles arrivées de Saint-Domingue ont « porté la consternation parmi les colons de « cette malheureuse contrée. Pleins de con-« fiance dans les sentiments que Votre Majesté « leur a témoignés et dans sa sollicitude « paternelle, dont elle a donné à tous les Fran-« çais des preuves si touchantes, ils ont con-« signé leurs inquiétudes et leurs vœux dans « l'adresse qu'ils ont l'honneur de lui présen-

---

[1] *Archives nationales*, D XXV, 89.

« ter. Ils supplient Votre Majesté de vouloir
« bien la prendre en considération. »

La voix empreinte d'une vive émotion, le
Roi qui avait appris les douloureux événements
de la colonie, cherche dans sa réponse à calmer les inquiétudes qu'il voit exprimées sur
tous les visages. « J'espère encore, Messieurs,
« leur dit-il, que les maux ne sont pas aussi
« grands que les nouvelles répandues sem-
« blent l'annoncer. Je ferai prendre toutes les
« mesures pour porter les plus grands et les
« plus prompts secours. » Et s'adressant en
particulier à quelques-uns des députés, il
leur confirme ces paroles.

Leur démarche est accomplie ; les colons
vont se retirer, quand l'on propose de se
rendre chez la Reine. L'idée aussitôt accep-
tée, le comte de Duras revient au bout d'un
instant avec une réponse affirmative. Sans
redescendre dans la cour, mais par les appartements particuliers du Roi, les visiteurs sont
conduits au rez-de-chaussée et placés en présence de la Reine. « Dans une grande infor-
« tune, Madame, dit Cormier, nous avions
« besoin de voir Votre Majesté pour trouver
« à la fois des consolations et un grand
« exemple de courage. » Plus émue encore

que le Roi, Marie-Antoinette retient avec peine ses larmes et d'une voix entrecoupée : « Ne doutez pas, Messieurs, de tout l'intérêt que nous prenons à vos malheurs, assurez-en... la Colonie... le Roi ne négligera aucun moyen de faire porter...[1] » Elle ne peut achever : l'angoisse de ceux qu'elle a devant elle, la pensée qu'eux aussi voient ruinées leurs espérances, que l'inquiétude les ronge, la communion de souffrances semblables, tout cela est trop pour la Reine. Et puis, que sont à l'heure actuelle les pouvoirs des fugitifs de Varennes? L'évidence de leur emprisonnement dans ce palais des Tuileries se révèle tous les jours davantage.

La Reine s'est éloignée pour entendre la messe. Pendant ce temps, Mᵐᵉ de Tourzel, gouvernante du Dauphin, pénètre à son tour dans l'appartement et aux colons encore tout vibrants et attendris de la scène à laquelle ils viennent d'assister, elle présente le petit Dauphin, qui ouvre de grands yeux à la vue de tous ces habits noirs : « Monseigneur a été « très affecté, dit Mᵐᵉ de Tourzel, lorsqu'on « lui a peint les malheurs qu'on dit arrivés à

---

[1] *Mémoires de Mᵐᵉ la duchesse de Tourzel*, publiés par le duc Des Cars. Paris, 3ᵉ édition, 1893, t. II, p. 16.

« la colonie ; il partage les peines de Mes-
« sieurs les colons. — Oui, bien certainement,
« ajoute la petite voix du Dauphin. »

On peut juger de l'impression laissée par ce
tableau sur ces hommes graves, venus pour
implorer l'aide de leur Roi et dont la plupart
étaient d'ardents défenseurs de la cause royaliste. Cette réception ne devait en particulier
jamais s'effacer de l'esprit de leur président et
l'apparition du petit duc de Normandie, avec
ses boucles blondes, ses yeux limpides, cette
expression d'un charme tout spécial, restait à
jamais gravée dans son cœur. Il entendit parler peut-être de ce trait charmant que raconte
Mme de Tourzel : lorsque les délégués se furent
éloignés et que le Dauphin, seul avec sa mère,
eut appris en quelques mots les infortunes
des colons, il la supplia de lui donner leur
discours. « Et qu'en voulez-vous faire ? lui dit
la Reine. — Je le mettrai dans ma poche
gauche, qui est celle du côté du cœur. »

Avant de se retirer, Messieurs de l'hôtel
Massiac se rendirent encore auprès de Mme Élisabeth qui les reçut avec non moins de sympathie. Ils sortaient du château, lorsque passant devant la chapelle, leur cortège se heurta
à la Reine qui, la messe achevée, rentrait dans

ses appartements. « Messieurs, leur dit-elle, il m'a été impossible de vous répondre, mais la cause de mon silence vous en dit assez... »

Le soir même de cette journée, dans leur séance de nuit, les colons applaudissaient la lecture du procès-verbal de leur visite aux Tuileries. Que de souvenirs elle leur laissait, mais aussi, que de craintes leur restaient ! Ils avaient bien compris par les paroles du Roi et de la Reine que toute la bonne volonté de leurs souverains se heurterait aux dispositions hostiles de l'Assemblée nationale et que les secours promis tarderaient de longtemps. Le décret du 7 décembre suivant ordonnait en effet l'envoi de troupes, mais limitait leurs pouvoirs à l'excès et confirmait les droits accordés aux gens de couleur.

Quoi qu'il en soit, le Club ne perd pas courage. Son activité durant l'hiver et le printemps de 1792 se manifeste pas une correspondance nourrie, par les procès-verbaux de ses séances, que préside avec un soin et une régularité dignes d'éloge l'ancien magistrat de Rennes. Du reste, ces fonctions astreignantes ne l'empêchent pas de remplir ses devoirs civiques. On le voit monter la garde, comme les autres, au poste du quartier général de sa section [1], assister aux séances de cette même section, où il est membre du comité civil.

Un nouvel hiver se passe, celui de 1792, et dès le printemps, d'alarmants symptômes font prévoir que l'année ne se terminera pas sans trouble. A Paris l'effervescence augmente, la vie politique absorbe tout. L'approvisionnement de la capitale rendu difficile, la cherté des subsistances, la misère portée à son comble, tout cela provoque un état d'énervement et d'instabilité qui ne peut se traduire que par des actes et qu'un rien va faire éclater. En outre, la masse des nobles qui quittent le royaume, venant renforcer les contingents de l'émigration, augmente le ressentiment déjà si violent. Cette situation, Cormier en comprend la gravité. Deux alternatives se présen-

---

[1] « Section armée des Piques.

« Garde nationale, quatrième légion, septième section, deuxième « compagnie.

Citoyen, cher camarade,

« Vous voudrez bien vous rendre au quartier général le vendredi « vingt-neuf mars, à onze heures du matin, pour monter votre « garde de vingt-quatre heures au poste du quartier général. Je « suis, cher camarade, votre concitoyen. *Signé :* THOMAS.

« Paris, ce 27 mars 1792.

« Vous êtes averti que conformément à la loi, ce service doit « être fait personnellement et avec exactitude.

« Au citoyen Cormier, rue Basse, n° 15. »

Archives nationales. F⁷ 5152.

tent à lui : quitter à la fois Paris et la France
et se joindre à ceux qui travaillent aux frontières pour la restauration de la monarchie ou
gagner les départements de l'ouest, au milieu
desquels la révolte souffle déjà et qui prépa-
rent la plus formidable des insurrections. Ce
second parti aura l'avantage de le rapprocher
de Rennes, où il conserve encore des intérêts,
et, suivant la marche des événements, après
un temps d'attente, il mettra ses talents au
service de la cause royaliste ou se retirera
définitivement de la vie active.

Au reste, rien ne le retient à Paris. Les
membres du club Massiac sont l'objet d'une
suspicion qui ne va qu'en s'augmentant de
la part des « patriotes ». On en veut à ces
aristocrates de plaider leur cause avec tant
d'obstination, de sauvegarder leurs biens, de
lutter encore pour le maintien de l'esclavage. Dans peu de mois, du train dont vont
les choses, les accusations se multiplieront
contre eux et le club n'aura plus qu'à fermer
ses portes. Dans ces circonstances, l'ex-
magistrat breton n'hésite plus. Il laissera sa
femme à Paris ; personne de tête et de ressources, elle gardera l'hôtel de la rue Basse-
du-Rempart et secondée par son fils cadet,

elle sera peut-être de la plus grande utilité dans la suite...

Désireux de compléter l'éducation de leur aîné, les parents l'ont envoyé, il y a une année, à Hambourg ; le jeune homme a passé six mois chez un bon bourgeois de la place Schaarmarkt[1], puis il est parti pour la petite ville d'Itzehoë dans le Holstein, où il poursuit ses études[2].

Tout semble donc se combiner pour fortifier Cormier dans son dessein.

Le 25 juin 1792, prétextant une absence de quinze jours, il priait son collègue M. de Grandchamp de le remplacer sur le fauteuil présidentiel et, à titre d'excuse, il lui rappe-

---

[1] « Aux citoyens administrateurs de la municipalité du premier « arrondissement.

9 messidor an VI.

« Marie-Achille Cormier fils vous expose que pour se conformer à « la volonté de ses parents et remplir le désir qu'il avait d'acquérir « des connaissances qui le missent en état de n'être point à charge « à sa famille, dont les biens étaient situés à Saint-Domingue, il a « quitté la France au mois de mars 1791, il s'est rendu dans le « Holstein, afin d'y apprendre la langue allemande et y continuer « ses études, qui pouvaient le mettre à même d'être utile aux siens, « dont les habitations dans les colonies avaient été incendiées à peu « près dans le temps de son départ... » *Archives nationales*, F[7] 5621.

[2] Attestation de Christophe-Auguste Wolters, d'Itzehoë, du 25 janvier 1797 « que le jeune étudiant Marie-Achille Cormier, « qui loge chez moi depuis le mois de septembre 1794, travaille « assidument chez son professeur et avec les différents maîtres qu'il « fait venir dans sa chambre, qu'il a exactement payé et que je « suis satisfait de sa conduite et de ses mœurs... » *Archives nationales*, F[7] 5621.

lait que c'était la première fois depuis quatre ans qu'il s'absentait[1]. On perd alors sa trace pendant quelques jours, puis on le retrouve, dès la fin du mois de juillet, installé en Bretagne, à Gaël, dans les environs de Montfort[2]. L'on s'expliquerait difficilement cette demeure dans un endroit écarté, en dehors des grandes communications, si l'on ne songeait que l'ancien procureur du Roi a hérité de son père plusieurs terres dans la région. Où trouver de retraite plus sûre et plus paisible que dans l'une d'elles, dans ces temps de trouble qui ont suivi la journée du 20 juin, alors que la proclamation de la Patrie en danger ébranle toute la France, qu'un grondement de tambours remue les villes et les campagnes, que le 10 août enfin se prépare ?

Or, quatre jours avant la sanglante journée, Mᵐᵉ Cormier voyait arriver un matin à son domicile un personnage d'allure officielle qu'escortait un maréchal des logis de la gen-

---

[1] Au mois de mars déjà, Cormier avait adressé une lettre à ses compatriotes, les prévenant de son départ prochain : « Occupé d'affaires personnelles qui prennent tous mes moments et qui d'un instant à l'autre me forcent à une longue absence, il m'est impossible de suivre désormais les assemblées de la société... » *Archives nationales*, D XXV, 87.

[2] Certificat de présence délivré par le maire de Gaël. *Archives nationales*, F⁷ 5152.

darmerie nationale. Elle était depuis trop
longtemps sur le qui-vive pour se méprendre
sur les intentions de ces visiteurs. En réponse
à ses questions le nouveau venu, qui n'était
autre qu'un commissaire de la section de la
place Vendôme, lui exhibe un mandat d'arrestation du Comité de surveillance de l'Assemblée nationale, en bonne et due forme, contre
le président du Club colonial. Celui-ci n'avait
pas attendu cette visite ; « il était en voyage
à Calais » avait répondu « la dame son épouse »,
à défaut de quoi, le commissaire, pour se
dédommager, se faisait conduire dans l'appartement de M. Cormier et là, procédait à
une perquisition complète des lieux. Quand
on eut fait rafle de tous les papiers qui s'y
trouvaient et qu'on les eut ficelés et déposés
dans deux cartons, l'officier eut l'idée d'écarter l'écran de la cheminée ; sur les chenêts
fumaient encore un amas de papiers noircis.
Là aussi on arrivait trop tard[1].

Cormier avait été donc heureusement inspiré en prenant le large à temps. Sans qu'on
pût l'accuser précisément de conspiration
contre la sûreté publique, mais par le fait seul

[1] *Archives nationales*, D XXV, 87.

de sa position, il est douteux qu'une fois arrêté, il eût échappé aux septembriseurs, qui à quelques semaines de là allaient accomplir leurs exploits.

Il jugea prudent de ne pas quitter sa retraite de Gaël avant le printemps de 1793. A Paris la tourmente continuait, la mort du Roi ne l'avait pas apaisée, loin de là, et en province, ajoutée à d'autres causes comme la levée en masse et l'application de la constitution civile du clergé, elle provoquait l'explosion de la chouannerie ; c'est à ce moment, en effet, qu'éclate l'insurrection vendéenne, conduite par les premiers chefs Stofflet, Cathelineau, Bonchamp, Larochejaquelein. A leur appel et sur le bruit de leurs succès rapides, Cormier quitte Gaël et, s'il faut en croire des certificats de présence délivrés par les généraux vendéens, c'est lui qui dirige la correspondance de l'armée royaliste, pendant la première partie des opérations [1]. L'ancien

---

[1] « Copie collationnée littéralement d'un certificat délivré à la
« Cornouaille, le 3 prairial, quatrième année républicaine, sur
« papier timbré en rouge du timbre dudit an IV. par le citoyen
« Scépeaux au citoyen Yves-Jean-François-Marie Cormier : Nous,
« habitants des pays ci-devant insurgés et maintenant pacifiés et
« soumis aux lois de la République française, certifions à qui il
« appartiendra que le citoyen Yves-Jean-François-Marie Cormier,
« natif de la commune de Rennes, département d'Isle-et-Vilaine, né
« le 7 décembre 1740, taille de cinq pieds deux pouces, cheveux gris,

président du club Massiac se retrouve à l'aise dans ces fonctions actives, multiples, qui nécessitent une tête bien organisée. Sa plume ne chôme pas ; ses lettres, ses adresses, ses ordres sillonnent les pays révoltés et pourtant son nom demeure ignoré ; c'est à peine si on le trouve cité dans les abondantes publications qu'a provoquées l'histoire de la chouannerie.

La défaite du Mans en décembre 1793, où une partie de l'armée catholique et royale se fit écraser, ne refroidit pas le zèle de Cormier. Le théâtre de la guerre a changé. Cormier se rapproche de Rennes et « travaille » maintenant dans les arrondissements de Fougères et de Rennes.

S'il fallait en croire les certificats mentionnés tout à l'heure, il ne se serait point départi de ses fonctions pendant les mois et les

« bouche moyenne, menton rond, visage plein, a constamment été
« chargé de la correspondance des armées vendéennes depuis leur
« formation jusqu'à leur défaite à la ville du Mans et que depuis
« cette époque, il a consécutivement eu la même mission dans les
« communes ci-devant insurgées connues sous la dénomination de
« chouans, et attestons en outre que le citoyen Yves... Cormier n'a
« jamais entravé la soumission aux lois de la République, en foy
« de quoy nous lui délivrons le présent certificat pour lui servir
« et valoir ce que de raison près les autorités constituées, les
« malheurs du pays ayant empêché de se procurer d'autres attes-
« tations. Fait à la Cornouaille, ce 3 prairial, 4ᵉ année républi-
« caine. » (22 mai 1796). Donné par duplicata à Paris, ce 10 messidor an VIII. *Signé* : D'Autichamp, Scépeaux.
Archives nationales, F⁷ 5152.

annés qui suivirent. Aussi bien avant qu'après
la pacification de La Mabilais, Cormier n'aurait cessé de résider dans les départements
insurgés, combattant dans les rangs des
chouans. Mais il faut se défier de l'exactitude
de ces attestations, rédigées et produites la
plupart du temps dans un but très intéressé :
celui de laver l'inculpé de l'accusation d'émigration. Parvenait-on à prouver sa participation aux opérations de l'armée vendéenne, on
garantissait par là sa présence en France. Or,
la fameuse liste des émigrés portait les noms
« de Cormier père et fils. » On comprend
alors la nécessité pour notre magistrat d'affirmer coûte que coûte la part qu'il avait prise
aux efforts des Vendéens, dût cette affirmation contredire singulièrement la vérité.

Par un hasard heureux, l'on possède d'autres
témoignages, et ceux-là d'une entière authenticité, qui permettent de vérifier ces assertions. Ce sont les lettres mêmes de Cormier
écrites à cette époque. Tandis que l'ancien
magistrat, quelques années plus tard, sou-
tiendra n'avoir jamais quitté le territoire français, nous savons, de source sûre, que dès le
commencement de l'année 1794, peut-être
même peu de temps après la mort de la Reine,

il débarquait en Angleterre, et se mêlant aussitôt à l'entourage remuant des princes, ne tardait pas à y jouer un rôle influent.

On le voit aux côtés de Puisaye, de l'évêque d'Arras, de Dutheil, tourner autour des ministres anglais et se joindre aux instances des chefs de l'émigration, pour amener l'Angleterre à leurs vues, c'est-à-dire à une intervention effective et armée.

Elle est d'une complexité inextricable l'histoire de ces tentatives. Les vestibules, les corridors des ministères regorgent de militaires sans emploi, de nobles miséreux, d'agents d'affaires, d'espions, tous avec des propositions plus éblouissantes les unes que les autres. Il y a quantité d'aventuriers sur la valeur desquels personne ne se méprend et dont le va-et-vient incessant ne produit qu'une activité factice. Mais il y a aussi des personnages considérables, au nom illustre, précédés déjà d'une réputation et qu'on ne peut facilement éconduire. Dans la variété de leurs projets, dans l'abondance de leurs offres, il faut démêler et considérer les mobiles secrets, la petitesse des vues, les ressentiments personnels, les rancunes, les jalousies mêmes à l'égard de leurs compatriotes. Chacun veut

agir, chacun veut avoir le premier rôle et leur
rivalité se faisant jour sur tous les points
ajoute encore à la confusion générale.

L'un des rendez-vous les plus fréquentés de
ce monde-là était le bureau du journaliste
Peltier. C'était là qu'arrivaient les nouvelles,
qu'on venait s'enquérir des événements de
France, qu'on discutait les chances des partis, les opérations militaires sur les frontières et surtout les intentions du gouvernement anglais.

Un quatuor se forme bientôt dans l'officine
de l'ancien rédacteur des *Actes des Apôtres*.
Il se compose de Peltier et de son second, le
baron d'Auerweck précédemment entrevu, de
Cormier et d'un quatrième arrivant qui n'est
point un inconnu : le chevalier Louis de
Frotté.

Après son équipée de Dunkerque, l'ex-officier de Colonel-Général a passé de longs
mois dans l'armée de l'émigration. Accompagné de son inséparable ami La Trémoïlle, il a
pris part à la première campagne de 1792,
sous les ordres du duc de Brunswick. La
retraite inexpliquée de ce dernier avec ses
quatre-vingt mille hommes, le peu de sympathie qu'éprouvent les deux officiers pour les

Autrichiens, les tergiversations incessantes, les ont dégoûtés de cette vie-là. Ils partent pour l'Italie, gagnent Milan, Turin, non sans aventures, puis au printemps suivant, rentrent dans l'armée de Condé que l'Empereur a prise à sa solde[1]. Nouveaux déboires. L'insurrection royaliste générale qu'on médite à la fois à Lyon, au Midi, et dans le Jura échoue piteusement. De Vendée au contraire parvient le bruit de nombreux succès de la part des chouans.

La résolution de Frotté est prise. Il ira rejoindre ses compatriotes, il viendra combattre en France même la Révolution. Dans ce but, un court séjour en Angleterre est indispensable. Il y obtiendra des ressources dont il est totalement dépourvu. Qui sait? Peut-être sera-t-il même chargé d'un commandement officiel? Et voilà comment, dans les premiers mois de 1794, le chevalier de Couterne débarquait lui aussi à Londres. Connaissant les rapports qui l'unissaient à Mme Atkyns, les relations que cette dernière entretenait avec Peltier et d'Auerweck, on ne sera point étonné de voir bientôt Frotté introduit dans ce cercle d'intimes.

---

[1] L. de la Sicotière. *Louis de Frotté*, t. I, pp. 34 et suivantes.

L'admiration qu'il éprouvait pour son amie de Lille était loin d'avoir diminué. Il apprenait maintenant de sa bouche les détails de ses efforts répétés, les traits de son dévouement inaltérable à la famille royale ; il en arrivait, sous son influence, à partager les espérances que la vaillante femme gardait encore.

CHAPITRE IV

LE MYSTÈRE DU TEMPLE

Au milieu des préoccupations si diverses que faisaient naître dans l'esprit de Mme Atkyns les événements de Paris se succédant coup sur coup, insurrections, complots, arrestations, les regards de la belle lady et de ses « fidèles » ne quittaient pas la prison du Temple. Comme si ce bâtiment, avec ses quatre tours, eût exercé une attraction mystérieuse, s'étendant bien loin au dehors, leurs pensées, franchissant l'espace, venaient obstinément se fixer sur ce point, noyé dans l'immensité du grand Paris, enserré dans son enceinte de vieux palais et dans un enchevêtrement de constructions. Que savait-on de ce qui se passait à l'intérieur des hautes murailles sinistres ? Le baron d'Auerweck, le

mieux renseigné, puisqu'il arrivait du continent, racontait tout ce que lui avaient appris
le bruit public et ses investigations personnelles facilitées par les relations conservées
à l'intérieur de la prison.

Mme Élisabeth et sa nièce occupaient encore
l'appartement habité par la Reine. Quant
au petit Dauphin, comme on le sait, il avait
été brusquement arraché à sa mère, dans la
nuit du 3 juillet 1793, et remis aux mains du
cordonnier Antoine Simon, chargé de sa
garde. Les époux Simon, — une récente étude
l'a clairement établi [1], — furent loin d'exercer
sur l'enfant les atrocités accréditées par la
légende. Choisi par Chaumette, protégé par
ce dernier, qui avait la haute main sur la
surveillance du Temple, Simon était un
homme rude, aimant la bouteille plus que de
raison, de manières peu fines, très républicain
d'allures, mais dans le fond brave homme,
point méchant ni cruel par plaisir. Sa femme,
— on en a la preuve, — avait un bon cœur ;
active et dévouée, on l'avait vue à l'œuvre à
l'hôpital des Cordeliers, où sa conduite avait
mérité les éloges de tous. Avec cela, très ba-

---

[1] G. Lenotre. *Vieilles maisons, vieux papiers*, 2e série. Paris,
1903, pp. 3 à 50.

varde, Mme Simon ne pouvait éprouver que de la sympathie pour l'enfant qui leur était confié.

Qu'en firent-ils? Le Dauphin devint-il entre leurs mains le spectre vivant, le martyr succombant sous les coups et les horions, décrit par les Eckard, les de Beauchesne et les Chantelauze? Assurément non. Sans doute, le changement de vie complet, la privation du grand air, la réclusion agirent sur le petit prisonnier. Après les splendeurs de Versailles, il était dur de passer brusquement à un régime si sévère, de n'avoir pour toute société qu'un ménage de gens grossiers, sans éducation, et les larmes durent bien souvent couler sur les joues de l'enfant. Mais de là à affirmer des cruautés systématiques il y a loin, et jusqu'à plus ample informé, nous nous abstiendrons d'y croire.

Brusquement, le 19 janvier 1794, l'on apprit dans le quartier du Temple que les époux Simon quittaient leurs fonctions et élisaient domicile dans d'autres parages [1].

La raison de cette démission? L'on n'est pas d'accord à cet égard. Il est certain que Simon n'exerçait ses fonctions qu'à contre-cœur et qu'il dut pousser un soupir de soula-

---

[1] G. Lenotre. *Ouvrage cité.*

gement en s'éloignant du Temple. Aux quatre commissaires qui avaient été désignés pour le remplacer, il montra l'enfant, avant son départ, et reçut d'eux l'attestation que cet enfant était en bonne santé [1].

Désormais, pendant dix mois, le Dauphin va être muré dans sa prison, nul n'y pénétrera ; la porte sera scellée « à clous et à vis » et la nourriture lui sera présentée par une ouverture grillée pratiquée au travers. Les quatre commissaires de la Commune chargés de sa surveillance changeront de jour en jour ; tour à tour ils viendront examiner l'enfant par le judas de la porte, mais aucun ne franchira l'entrée.

Que penser de cette claustration ? Où en chercher la cause ? A l'heure qu'il est, nous estimons qu'il est encore impossible d'en présenter une explication définitive. Un tel mystère plane sur tous les événements qui s'accomplirent dans la prison du Temple, pendant toute cette année 1794 et jusqu'au 8 juin 1795, que nous n'osons prétendre apporter la lumière complète sur cet imbroglio de faits, médités et ourdis dans la nuit, par des acteurs divers, agissant chacun de leur côté. Les

[1] Moniteur du 22 janvier 1794.

divers personnages qui y furent mêlés se trouvèrent placés eux-mêmes dans l'impossibilité
de rien comprendre au but final que l'on attendait d'eux. Notre ambition est la suivante : à
l'aide des papiers inédits de Mme Atkyns, établir
que celle-ci dirigea un comité royaliste, formé
en vue de faire évader le Dauphin de sa prison
et que cette évasion, à la suite de l'intervention de hauts personnages, — de Barras probablement — fut possible et qu'elle se réalisa.

Pour cultiver les intelligences que l'on
s'était ménagées au Temple, pour être au
courant des modifications apportées au régime de la prison, des mesures de surveillance prises à l'égard du fils de Louis XVI,
une sorte d'agence de renseignements avait
été créée à Paris. L'on se souvient de cette
maison, sise rue Basse-du-Rempart, qu'habitait autrefois M. Cormier et, qu'à son départ
pour la Vendée, il avait laissée à la garde de
sa femme[1]. On avait là un pied à terre tout
trouvé et en Mme Cormier, née de Butler, une
personne absolument sûre, d'esprit actif,
entreprenant, désignée pour servir à mer-

[1] Un curieux plan de cet immeuble se trouve à la *Bibliothèque
nationale*, département des estampes, topographie de Paris, quartier de la Madeleine.

veille les projets des royalistes de Londres.
C'est elle qui, pendant ces premières semaines
de l'année 1794, va tenir son mari et ses amis
au courant de tout ce qu'elle apprendra sur la
garde du Dauphin, sur ses geôliers, sur la
surveillance dont il est l'objet et surtout sur
ses partisans qui sont déjà nombreux à Paris.
Il lui est impossible, à coup sûr, de correspondre directement avec Londres et la voie
qu'elle emploie nous est inconnue, mais, à
cette époque, abondent déjà les courriers qui
transportent en un clin d'œil les nouvelles et
les dépêches du continent sur le territoire
britannique. Bientôt, pour plus de sûreté et
pour écarter les soupçons, Mme Cormier, qui
n'est plus mentionnée que sous son nom de
jeune fille, obtiendra, grâce à l'absence de son
mari considéré comme émigré, une sentence
de divorce, dont elle saura habilement profiter
pour faire disparaître toute relation apparente
entre elle et l'ancien président du club Massiac[1]. N'est-elle pas parvenue déjà, un an

---

[1] Acte de divorce de Marie-Anne-Suzanne-Rosalie Butler, âgée
de quarante-neuf ans, née à La Rochelle, domiciliée à Paris, rue
Basse, section des Piques, fille de Jean-Baptiste Butler et de
Suzanne Bonfils et Yves-Jean-François-Marie Cormier, âgé de
cinquante-six ans, né à Rennes, département d'Ile-et-Vilaine, fils de
défunt Yves-Gilles Cormier et de Marie-Anne-Françoise Egasse.
Les actes préliminaires sont une décision arbitrale du 1er vendé-

auparavant, à se faire rayer provisoirement de la fatale liste d'émigration[1] ?

*
* *

Il est temps de faire plus ample connaissance avec les membres de ce cercle d'intimes qui, réunis autour de Mme Atkyns, concentraient leurs efforts pour la réussite de son projet et recevaient ses confidences.

Dans ce quatuor que le hasard a formé, deux figures sont au premier plan : M. de Cormier et le chevalier de Frotté. Ceux-là seuls ont été mis complètement dans le secret des premières combinaisons ; ceux-là peuvent se vanter de ne rien ignorer des désirs et des

minaire dernier..... *qui constate l'émigration dudit Cormier, Extrait des registres des actes de divorce du 12 brumaire an III (2 novembre 1794) Archives de Me Delapalme, notaire à Paris.* La section de la Place-Vendôme avait pris le nom de section des Piques dès le 11 septembre 1792.

[1] « Le comité de législation... vu les pièces à l'appui de la réclamation de la citoyenne Marie-Anne..... Butler, épouse de Yves.... « Cormier, considérant qu'elle a réclamé en temps utile contre son « inscription sur la liste des émigrés du département de Paris, « qu'elle a justifié à l'administration de ce département de sa « résidence sans interruption sur le territoire de la République « depuis cinq ans, jusqu'au 12 juin 1793... et obtenu en con- « séquence... un arrêté de radiation provisoire du 3 août 1793, « arrête que le nom de la citoyenne Butler, épouse Cormier, sera « rayé définitivement de toute liste d'émigrés... » *Extrait des registres de délibération du comité de législation du 12 ventôse an III (20 février 1795). Archives nationales,* F^7 5876.

espérances de l'ancienne amie de la Reine.
Cormier, « notre gros ami » — ainsi le dé-
signe-t-on dans leur correspondance, — est
un sérieux appui. Son expérience, son intelligence, les relations qu'il est parvenu à nouer
dans le gouvernement anglais inspirent aussitôt confiance à ceux qui voient pour la première fois le corpulent Breton, et très vite, ils
subissent le charme de sa parole aisée et per-
suasive. Malgré les certificats de résidence les
plus authentiques, qui constatent que son fils
Achille, pendant cette année et la suivante,
n'a pas quitté le Holstein, où il est sensé poursuivre ses études [1], l'ancien magistrat n'a pas
voulu se priver de la présence de ce fils et ses
lettres y font constamment allusion. En proie à
de fréquents accès de goutte, qui l'arrêtent dans
son activité, Cormier a besoin d'avoir auprès de
lui un aide, dont il recevra les soins affectueux.

---

[1] Voir attestation citée page 121, note 2 et déclaration de Joseph
Rotter, bourgeois, marchand fabricant de plumes, à Hambourg, en
date du 28 mars 1798, attestant qu'en mars 1791, « il lui fut adressé
« de la ville de Paris un jeune homme français, Achille-Marie Cor-
« mier, pour lui faire faire ses études et lui apprendre la langue
« allemande, qu'il a gardé chez lui ce jeune homme, auquel il
« avait donné des maîtres, jusqu'au mois d'octobre de ladite
« année 1791, qu'il est parti pour la ville d'Itzehoë dans le Hols-
« tein, où il est placé dans une pension, pour y continuer ses
« études et qu'il a continuellement reçu de ses nouvelles. » Cf.
aussi une déclaration de P. Wilder, docteur en médecine d'Itzehoë,
en date du 19 mars 1798. *Archives nationales*, F⁷ 5621.

D'une intelligence aussi développée, Frotté, avec sa prestance, son air martial, la connaissance qu'il a des événements de Normandie et de Vendée, est capable de servir précieusement les plans de lady Atkyns. Lui aussi a pu s'introduire rapidement dans le milieu du gouvernement, s'y faire écouter et acquérir ainsi une influence très réelle. En ces deux hommes Mᵐᵉ Atkyns possède de puissants auxiliaires, dont elle ne pourra plus se passer et auxquels elle devrait s'ouvrir à part égale. Chacun d'eux ambitionne de se dévouer à l'entreprise projetée, de s'y consacrer tout entier, d'employer à son idée l'argent qu'elle mettra à leur disposition, et petit à petit, insensiblement, au fur et à mesure que la réalisation du projet tardera, que les difficultés se multiplieront, des sentiments d'envie et de jalousie se feront jour dans l'esprit de ces deux partenaires.

Par l'ancienneté de leurs relations, par tant de doux souvenirs, Frotté se figure avoir droit à plus de confiance, dans le cœur de son amie de Lille. Ses lettres sont brûlantes d'affection, d'admiration pour celle à laquelle il prétend tout sacrifier : « Ce n'est qu'avec « vous que je me montre au naturel, parce « que vous possédez tous mes secrets comme

« tous les sentiments qui peuvent encore
« me faire aimer la vie et pour lesquels je
« n'hésiterais pas cependant à la sacrifier.
« Adieu, m'entendez-vous bien ? Me connais-
« sez-vous bien ? et que dois-je penser de
« l'héroïne, à laquelle j'abandonne ma des-
« tinée et qui peut faire le bonheur de ma
« vie... ? M'entendez-vous bien ? Adieu. Si je
« parle à des oreilles et à une âme qui refu-
« sent de m'entendre... je ne suis pas au bout
« de mes peines. O femme charmante, quelle
« que soit la fin de notre Révolution, quand
« vous n'y auriez aucune part, vous serez
« toujours pour moi l'amie tendre et dévouée
« d'Antoinette, celle qui a tout voulu sacri-
« fier à son fils et celle à qui je voudrais un
« jour devoir tout mon bonheur[1]. »

A leurs côtés figure un troisième personnage, dont le nom paraît bien souvent dans
la conversation et qui jouera aussi son rôle. Le
baron d'Auerweck, le « petit baron », est venu
offrir à nouveau ses services et bénéficier à son
tour de la générosité de Mme Atkyns qu'il sait
inépuisable. On le mettra moins avant dans
les secrets du comité ; on ne lui parlera qu'en

---

[1] V. Delaporte. *Article cité. Études* d'octobre 1893, p. 265.

termes généraux. Avec ses velléités de philosophe, un caquet que rien n'arrête, d'Auerweck
assassine sa bienfaitrice de ses lettres et lui
fait part des multiples bruits qui circulent à
Londres, au sujet de l'enfant du Temple. Très
lié avec le journaliste Peltier, il lui sert de
collaborateur et le tient au courant, dans la
mesure de ses informations, de la marche de
l'entreprise.

Enfin, l'évêque de Saint-Pol-de-Léon n'a pas
rompu ses rapports avec l'infatigable lady,
pour laquelle il professe une immense admiration. Son concours n'est pas inutile, car dans
ce monde d'émigrés sans cesse s'accroissant,
qui affluent à Londres, l'évêque compte une
quantité d'obligés. A plusieurs reprises, quand
Mme Atkyns quitte Ketteringham et s'en vient
faire un séjour plus ou moins long au milieu
de ses amis, elle reçoit la visite du vénérable
prélat[1]. Elle l'entretient de ses préparatifs.
Peu à peu toute sa fortune y passera, mais que
lui importe, si elle réussit ! Non seulement à
Paris, ses partisans, qu'il a fallu naturellement
payer, sèment son or, mais la généreuse Anglaise s'est décidée de plus à faire l'acquisition

---

[1] *Papiers inédits de Mme Atkyns.*

d'un navire qu'elle a fait acheter par l'entremise d'un émigré, le baron de Suzannet et qu'elle a entièrement équipé[1]. Ce bâtiment, dès le mois de janvier 1794, va et vient continuellement entre la côte anglaise et le continent; son capitaine est chargé de correspondre, à l'aide de signaux convenus, avec des gens postés sur la côte, le plus souvent à Dieppe. Grâce à ce moyen, l'on est assuré d'avoir des nouvelles incessantes de Paris, puis, au moment propice, ce navire sera à même de recueillir le petit captif du Temple et de le transporter en lieu sûr.

Telles étaient les dispositions adoptées dans les débuts de l'année 1794, quand le lundi 24 mars, Cormier reçut une nouvelle qui le bouleversa au premier moment. Sa femme venait d'être arrêtée à Paris, sans que rien permît de découvrir la cause de ce malheur. « Ah Dieu, Madame, quelles nouvelles, écri- « vait-il à son amie, ma femme est arrêtée... « je suis inconsolable, je n'ai point encore les « détails[2]. » Cependant, en y réfléchissant, l'on pouvait admettre avec assez de raison

---

[1] Note de la main de Mme Atkyns, au bas d'une lettre de Cormier du 24 mars 1794. *Papiers inédits de Mme Atkyns.*

[2] Lettre de Cormier à Mme Atkyns datée de Londres, 24 mars 1794. *Papiers inédits de Mme Atkyns.*

que les fonctions remplies autrefois par Cormier et sa qualité d'émigré, avaient seules amené pareille mesure. « Tout me fait croire « qu'il n'y a encore de notre projet rien de « découvert et que son arrestation est en qua- « lité de femme du président de la Société des « colons de l'hôtel Massiac, du moins, je m'en « flatte. Si je n'en reçois point, je pars pour « me rapprocher du point d'où je dois être « plutôt instruit. Rien dans le monde ne me « fera abandonner notre projet et l'objet de « nos vœux. Vous aurez de mes nouvelles au « premier instant, soit d'ici, soit de Choram. »

Or, ce même jour, à Paris, Hébert montait sur l'échafaud, victime des accusations de Robespierre, dont le despotisme triomphait. Celui qui avait été responsable en grande partie de la garde et de la surveillance de Louis XVII, tombait à son tour, pour être suivi quelques semaines plus tard par son ami Chaumette[1]. Voici ce qu'en disait Cormier, qui, avec une rapidité extraordinaire, avait été instruit du fait : « Robespierre a triomphé « sur les autres, il a fait arrêter et guillotiner « Hébert, Vincent, etc. Robespierre s'était

---

[1] Chaumette fut guillotiné le 13 avril 1794.

« annoncé pour empêcher de continuer de
« faire couler le sang... il avait parlé pour
« les prisonniers du Temple. De nouvelles
« lettres arrivent ici ; il est sûr, à ce que je
« crois, que ma femme n'est point encore ni
« accusée, ni soupçonnée, même relative-
« ment aux prisonniers¹. »

L'événement arrivait mal à propos. Ce jour-
là, Cormier avait résolu de quitter Londres
pour se rendre sur la côte, où il devait recevoir des renseignements et se concerter avec
un de ses agents. Sa femme arrêtée, tout se
trouvait remis. Il fallait attendre, redoubler
de prudence pour ne point compromettre le
succès final.

Au bout de cinq jours, l'espoir renaît. Il y a
tout lieu de croire que l'arrestation de Mᵐᵉ Cormier n'aura pas de suites graves : « Ce qui me
« fâche le plus, c'est que cette nouvelle re-
« tourne à Paris, avec quelques commentaires
« qui pourraient nuire à la chose et à ma
« femme². » En effet, aussitôt instruit du coup
qui frappait leur ami, Peltier et d'Auerweck
étaient venus lui apporter leurs condoléances.

---

¹ Lettre citée du 24 mars 1794.
² Lettre de Cormier à Mᵐᵉ Atkyns à Ketteringham datée de
Londres, 28 mars 1794. *Papiers inédits de Mᵐᵉ Atkyns.*

et, en vrais journalistes qu'ils étaient, avaient propagé la nouvelle à gauche, à droite, redoublant ainsi les inquiétudes de Cormier. « Mais « il faut encore tâcher d'éloigner cette inquié- « tude comme tant d'autres, poursuivait-il, « puisque je n'y peux plus rien. Je ne suis point « encore parti, je ne partirai même pas avant « lundi ou mardi, parce qu'il faut que j'aie « des réponses de D...[1] que je n'aurai que « dimanche ou lundi. Ne craignez rien, mon « courage ne diminuera pas et je vous confie « qu'actuellement il se tourne au contraire « dans une rage, que je ne suis occupé qu'à « modérer. Vous aurez su par les papiers « publics la nouvelle répandue de l'enlève- « ment du Roi, conduit à l'armée du prince de « Saxe-Cobourg. Cette fausse nouvelle m'a « donné de l'humeur, *je ne me soucie pas qu'on* « *fixe tant les yeux de ce côté-là, d'autant plus* « *qu'il y a quelque chose que je ne peux ni* « *encore bien détailler ou confier au papier,* « *mais qui ne doit qu'augmenter nos espé-* « *rances.* Ménagez, Madame, vos forces, ne « les mesurez pas sur votre courage. Vos amis « vous en supplient[2]. »

[1] Dieppe (Note de la main de Mme Atkyns).
[2] Lettre citée du 28 mars 1794.

Dans ces lettres et dans celles qui vont suivre, on sent un réel accent de sincérité de la part de l'ancien magistrat breton. L'admiration qu'il ressent pour cette femme intrépide, se traduit par un dévouement complet à sa cause, et, si plus tard, la fortune considérable que possède son amie, l'abandon généreux qu'elle en fera, semblent attirer un peu trop les regards de Cormier et influer sur sa conduite, on ne peut lui refuser une parfaite honnêteté qui ne se démentira jamais.

La mort de M. Atkyns, qui survint dans les derniers jours du mois de mars[1], fournit à Cormier l'occasion de témoigner sa sympathie à sa veuve et de lui renouveler l'expression de ses sentiments. Cependant, le peu de place que tenait le propriétaire de Ketteringham dans la conversation et la correspondance de nos personnages indique que l'intimité qui régnait autrefois dans le ménage s'était sensiblement refroidie. Il est probable que sir Atkyns voyait d'un œil défavorable la voie où s'était engagée sa femme et les dépenses occasionnées par ses projets : « J'ai

---

[1] Édouard Atkyns mourut le 27 mars 1794. *Renseignements recueillis à Ketteringham, et Gentlemen's Magazine.....* pour l'année 1794, p. 385.

« pris vingt fois la plume ce matin, disait
« Cormier, pour vous témoigner le vif intérêt
« que je prends à ce malheureux événement
« qui vient de vous arriver et vingt fois je
« n'ai pas eu le courage d'écrire une seule
« ligne. Voilà une série bien longue de mal-
« heurs. Jusqu'à quand le sort vous pour-
« suivra-t-il avec tant d'acharnement... Ser-
« vez-vous, Madame, des vertus que le destin
« vous donne apparemment pour balancer
« les événements qui devaient vous arriver.
« Vous avez un courage au-dessus de l'ordi-
« naire. Développez cette force de caractère
« si peu commune aux hommes en général
« et surtout dans votre sexe. Quant à moi,
« je jure en vos mains que je ne me lais-
« serai point abattre par mon malheur ni
« rebuter par les dangers. Je ne suis point
« parti, je ne partirai pas demain, n'ayant
« point encore reçu de lettres et je ne pour-
« rai partir que jeudi, si j'en reçois demain.
« Pour que vous ne soyez pas inquiète de ce
« retard, il faut que vous sachiez que dans
« les dernières lettres que je vous ai mandé
« avoir reçu, le dernier parti... me marque
« de ne pas aller qu'il ne me le mande, —
« il n'a pas été plus loin que auprès de

« D[ieppe] et les autres y sont revenus de
« P[aris] pour se concerter, j'ignore encore
« sur quoi[1]. »

Ces derniers mots laissent entrevoir qu'il
se passait déjà quelque chose sur la côte
française et que l'on désirait transmettre à
Cormier certaines nouvelles qui devaient
l'intéresser. Mais le départ si souvent renvoyé
n'était pas encore exécutable et Cormier perdait patience : « Je suis toujours retenu ici
« et j'en enrage ; je me regarde comme un
« homme qu'on enchaîne, mais la raison et
« la prudence me lient les mains. J'ai régu-
« lièrement des nouvelles de D[ieppe], *je suis*
« *à la troisième lettre qui portent toutes posi-*
« *tivement qu'il ne faut faire aucun mouve-*
« *ment qu'on ne me le mande, que la réussite*
« *de nos projets en dépend et même la vie*
« *de ce qui nous est si précieux...* Ce que
« je n'entends point, c'est qu'on ne nous
« dise pas le pourquoi, le comment... Je
« n'ai pu y tenir et j'ai envoyé un de ces
« Messieurs[2] — qui n'est pas moi. — J'ai
« grand peur qu'Hamelin [ne] soit réelle-

---

[1] Lettre de Cormier à Mᵐᵉ Atkyns à Ketteringham datée de Londres
1ᵉʳ avril 1794. *Papiers inédits de Mᵐᵉ Atkyns.*

[2] MM. de Corbin (note de Mᵐᵉ Atkyns).

« ment égorgé, je n'y comprends rien[1]. »

Qui était cet Hamelin ? Il est difficile de le deviner ; ainsi de tant d'autres personnages mis en cause ici et désignés par des noms d'emprunt. La prudence la plus élémentaire exigeait en effet que l'on tînt rigoureusement secrets les noms des agents qui travaillaient pour notre comité, et, quoique les messages fussent transmis par des porteurs dévoués, il était toujours à craindre que l'un d'eux ne fût saisi en route. De là un redoublement de difficultés dans cet imbroglio et ce mystère déjà si grands.

A défaut de Mme Cormier, toujours détenue et dont on sentait de plus en plus l'absence, un autre service d'informations avait été établi à Paris. Au prix de quelles sommes ? Dieu le sait ! Mais une fois encore, l'argent avait délié les langues et procuré l'aide nécessaire. Et Cormier, revenant sur la question de son départ, entretenait son amie des messages qu'il expédiait d'Angleterre : « Je ne partirai pas « ce soir, — vous saurez pourquoi, — je « viens encore d'en faire filer deux ou plutôt « d'en faire partir deux. Cela va, mais bien

---

[1] Lettre de Cormier à Mme Atkyns à Londres, du 14 avril 1794, *Papiers inédits de Mme Atkyns.*

« lentement. Cependant, ne nous désespé-
« rons pas ; en allant plus lentement, nous
« allons plus sûrement et chaque jour je fais
« quelque chose, qui en même temps qu'il
« assure, avance aussi toujours d'autant.
« Tout ceci combiné ne me retarde en rien
« *par l'effet de nouvelles combinaisons.* Ainsi
« ne vous fâchez pas... il faut savoir peser
« sur la bride, c'est-à-dire ne pas se laisser
« aller à toute la vivacité du désir même le
« plus juste, quand il est question d'un objet
« dans lequel on ne peut mettre trop de pru-
« dence[1]. »

Les semaines s'écoulaient et, à Paris, l'on
se rapprochait de cette journée du 9 thermidor qui allait causer tant de bouleverse-
ments. Au Temple, nul changement bien
marquant : le Dauphin est toujours cloîtré à
l'écart du monde extérieur.

Le 11 mai 1794, la prison a reçu la visite de
Robespierre, entrevu par Marie-Thérèse[2]. De
cette visite rien n'a transpiré au dehors.

---

[1] Lettre de Cormier à Mme Atkyns à Londres, non datée. *Papiers inédits de Mme Atkyns.*

[2] A. de Beauchesne. *Louis XVII, sa vie, son agonie, sa mort.* Paris, 1893, 16e édition, t. II, p. 198.

Survient le 9 thermidor, qui précipite le dictateur de son piédestal et qui annonce la fin de son règne de terreur. Le général Barras, investi du commandement des forces armées parisiennes, prend dans la direction des affaires une part importante. On sait que l'un de ses premiers actes, après qu'il eut triomphé des Robespierristes, fut de se rendre à la prison du Temple, le 28 juillet, accompagné de son état-major flamboyant, chamarré d'or[1]. L'aspect misérable de l'enfant privé d'air depuis des mois, l'abandon où il se trouvait, décidèrent le général à faire prendre des mesures immédiates et, sur son ordre, le 29 juillet 1794, un gardien spécial, choisi par lui, un nommé Laurent, originaire de la Martinique, pénétrait au Temple[2]. Connu et protégé de Barras[3], Laurent fut chargé seul, pendant près de cinq mois, de la surveillance « du petit Capet. »

En étudiant en détail les documents qui subsistent encore sur cette période de la captivité de Louis XVII, en tenant compte de tous les témoignages, on peut établir avec

[1] Barras. *Mémoires*, publiés par Georges Duruy, Paris, 1895, t. I, p. 205.

[2] Arrêtés des comités de salut public et de sûreté générale du 11 thermidor an II. *Archives nationales*. F⁷ 4391.

[3] De Beauchesne. *Louis XVII*. t. II. pp. 216 et 217.

certitude que l'enfant royal, confié aux mains
de ce nouveau gardien, reçut des soins qui
contrastaient singulièrement avec l'abandon
où on l'avait laissé, qu'il s'attacha à Laurent,
mais surtout que ce dernier se montra par
sa conduite, un homme bon, charitable, affec-
tionné à son protégé. Si des faits extraordinaires et nouveaux se passèrent au Temple,
durant ce temps-là, à coup sûr Laurent les
connut, et, autant qu'on peut présumer,
celui qui l'y avait introduit, Barras, fut
l'instigateur et l'acteur caché des faits en
question.

Il est impossible, répétons-le, de reprendre
ici tous les arguments qui prouvent une intervention du général dans le sort de Louis XVII
et qui accusent la complicité de multiples
personnages, la plupart influents dans le
monde de la Convention. D'autres, et en premier lieu M. Henri Provins[1], l'ont fait avec
une abondance de détails et une conscience
historique qui nous en dispensent. Ce que
l'on tentera ici, ce sera de mettre au jour un
ensemble de documents et de faits nouveaux,
dont les résultats se trouveront être en con-

---

[1] Henri Provins. *Le dernier roi légitime de France.* Paris, 1889,
2 vol. in-8°.

nexité complète avec ce que l'on sait des agissements de Laurent au Temple. Mme Atkyns et ses amis n'ont pu se passer de celui-ci. Nulle part, il est vrai, son nom n'apparaît dans leurs propos; on a donné ailleurs la raison de ce silence, mais la coïncidence surprenante des événements qui se déroulent à l'intérieur de la prison et des effets qui s'ensuivent à Londres, au sein du comité royaliste, prouve surabondamment les relations qui les unissent. Au travers des documents, on arrive à comprendre ce qu'entendait Cormier par ces « combinaisons nouvelles. » Mme Atkyns a pris soin de le dire elle-même dans une de ces notes qu'elle plaçait en marge de sa correspondance et qui fourniront bien souvent l'explication de sa conduite.

Inquiet de l'avenir, Cormier craignait-il que le souvenir du dévouement de la noble lady ne disparût avec elle, si par un hasard malheureux l'entreprise échouait ou si lui-même y perdait la vie? On ne sait. Toujours est-il que le 1er août 1794, il faisait rédiger copie de deux déclarations, dont le texte, hélas, ne nous est pas parvenu, mais dans lesquelles Mme Atkyns racontait ce qu'elle avait accompli jusque-là, pour le salut des êtres qu'elle

« chérissait. » « Ces faits sont à ma connais-
« sance de la plus exacte vérité, affirmait
« Cormier à la fin de l'acte, et depuis que j'ai
« l'honneur de connaître Mᵐᵉ Atkyns, j'atteste
« qu'elle a témoigné publiquement et en par-
« ticulier, dans toutes ses conversations, la
« même pureté de principes et que les faits
« qu'elle y a détaillés sont de la plus scrupu-
« leuse exactitude [1]. » L'acte était destiné à
être déposé avec les documents qu'il confirmait chez un notaire ou un homme de confiance, à Londres.

Entre temps, les démarches et les tentatives
se poursuivaient avec activité pour assurer
les rapports avec le continent et avec Paris.
Plus le temps passait, plus les amis de
Mᵐᵉ Atkyns se rendaient compte qu'il eût été
insensé de vouloir procéder à un enlèvement
direct et subit dans les circonstances ac-
tuelles. A vrai dire, l'accalmie qui avait suivi
le 9 thermidor, permettant à Paris de respirer
et de reprendre haleine, s'était fait sentir aussi
au Temple. La preuve en était la nomination
de Laurent. Mais tenter d'agir aussitôt eût été
de la folie. Ce qu'il fallait, c'était « travailler »,

[1] *Papiers inédits de Mᵐᵉ Atkyns.*

non seulement le Temple, mais ceux qui y exerçaient un pouvoir quelconque, tout en évitant de mettre trop de gens dans le secret de l'entreprise. Là encore, malheureusement, le prudent silence des documents empêche de donner avec certitude aucun nom. Ceux qui pour l'or de Mme Atkyns consentirent à se compromettre, prirent trop de précautions pour que rien ne pût révéler leur intervention.

En attendant, l'héroïque femme complétait ses mesures. Par ses soins, deux capitaines entièrement à ses ordres, croisaient continuellement au large des côtes de France. Un troisième bateau, acheté par elle, avait reçu l'ordre de longer sans cesse la rive entre Nantes et la Rochelle, prêt à recevoir l'enfant [1], si l'enlèvement s'accomplissait.

Les sommes qu'il avait fallu fournir pour l'entretien de ces trois bâtiments et de leur personnel étaient considérables et c'est à grand'peine que Mme Atkyns parvenait à réunir les fonds nécessaires. L'on se trouvait entièrement entre les mains des agents, dont le concours, indispensable désormais, devait disparaître, dès qu'on tarderait à leur acquitter

[1] Note de la main de Mme Atkyns au bas d'une lettre de Cormier du 3 juin 1795. *Papiers inédits de Mme Atkyns.*

les sommes convenues. Aussi la malheureuse
femme voyait-elle redoubler ses angoisses
devant la grandeur de l'effort à faire. Que
répondre à ces appels de Cormier, toujours
plus pressants, la suppliant de trouver coûte
que coûte l'argent exigé ? La personne à
laquelle on s'adressait paraît à plusieurs
reprises dans les lettres, sous le nom du
« Diable noir. » « La lettre de votre diable
« noir me console un peu, mandait certain
« jour Cormier, mais il a tant de fois remis et
« tant promis... Mon Dieu ! protégez-nous,
« faites que pour cette fois il n'ait pas pro-
« mis en vain... Mais, d'après cette lettre, vous
« devriez avoir deux réponses assez positives
« aujourd'hui. Je vais être dans le Purgatoire
« jusqu'à cinq heures — Mon Dieu, combien
« m'enverrez-vous ou plutôt que pourrez-vous
« m'envoyer?... Notre courage seul ne suffit
« pas, il faut soutenir celui des autres et ils
« sont bien découragés — et pis que cela.
« c'est ce juif, ce cupide, cet usurier de capi-
« taine,... mais c'est lui qui aura notre vie
« dans les mains... mais c'est celui qu'il ne
« faut pas rebuter ou bien où et quand en
« trouverons-nous un autre? Je vous en con-
« jure, au nom vous savez de qui, de faire,

« de réunir tous les moyens, toutes les idées,
« toutes les ressources qui sont dans la puis-
« sance humaine, pour qu'il ne sorte pas de
« chez moi les mains vides [1]. »

Et pour excuser le ton de ce quasi-ultima-
tum, Cormier ajoutait : «Pardon de mon style,
« de mon ton exigeant, de ma manière tour-
« mentante, mais quand on traite des affaires
« et des affaires de cette importance, il ne
« faut pas songer qu'on parle à une femme,
« surtout quand on traite avec Madame Atkyns
« si différente du reste de son sexe... [2]. »

Les occasions sont d'ailleurs plus propices
que jamais pour tenter d'entrer en communication avec les agents du continent,
mais que d'essais manqués à cause de l'extraordinaire surveillance des côtes ! « On a
« tenté depuis samedi dernier onze fois
« d'aborder la côte. On ne l'a pu une seule
« fois. Toujours il a paru du monde ou des
« bâtiments de transport, accompagnés de
« bâtiments de guerre, transportant du Havre
« à Dieppe, de Dieppe à Saint-Valery, etc.,
« etc. Il y a enfin un mouvement étonnant ;

---

[1] Lettre non datée de Cormier à Mme Atkyns. *Papiers inédits de Mme Atkyns.*

[2] *Idem.*

« cependant, on leur a fait quinze ou vingt
« fois des signaux, donc on a absolument
« besoin de l'abordage. Ils sont revenus sim-
« plement pour me faire savoir ce détail et
« sont repartis, sans débarquer, excepté le
« capitaine, qui n'a été à terre qu'une heure,
« persuadé, dit-il, qu'on a absolument quelque
« chose à lui remettre. Je crois à ce rapport,
« parce que j'apprends aussi ce matin que
« le bateau du gouvernement qui va sur les
« côtes de Bretagne, depuis trois semaines,
« a fait trente tentatives aussi inutiles d'ail-
« leurs [1]. »

On peut se représenter l'attente inquiète
de la pauvre lady, au reçu de ces missives,
dont le refrain est toujours le même. Elle ne
quitte plus guère Londres pendant ces temps,
trouvant la campagne trop éloignée du centre
des nouvelles. En ville, elle habite soit au
Royal-Hôtel, soit un logis, chez des amis, dans
Picadilly, 17 Park Lane et c'est là que viennent la trouver Cormier, Frotté, Peltier.
Leurs visites s'espacent-elles, ses angoisses
se font plus vives. Que ne donnerait-elle pour
aller elle-même aux informations, prendre une

---

[1] Lettre non datée de Cormier à Mme Atkyns. *Papiers inédits de Mme Atkyns.*

part plus directe à l'entreprise ! « Point de courrier arrivé, conséquemment point de nouvelles de France », tel est le message qu'on lui transmet trop souvent. Et Cormier, s'excusant encore de ses demandes réitérées, ajoute : « Pardon de mon style, pardon mille
« fois, pardon d'être tourmentant, mais le
« moyen d'être autrement en une affaire
« aussi importante et dans une position qui
« exige autant de précipitation et d'activité.
« Vous avez voulu quitter le rôle que votre
« sexe et vos avantages vous assurent,
« pour être un grand homme politique et
« bienfaisant. Il est des dégoûts et des désa-
« gréments attachés à ce nouvel état et il est
« malheureux pour moi de me trouver l'être
« qui doit vous les faire éprouver. Je ne peux
« m'en consoler qu'en me rappelant votre
« excellente bonté et celle de la cause que
« nous avons embrassée qui fait votre tour-
« ment et le mien. Dieu veuille qu'elle fasse
« votre gloire et mon bonheur [1] ! »

D'un autre que Cormier ces protestations si ardentes auraient lieu de nous mettre en méfiance, mais ce que nous savons du gentil-

[1] Lettre non datée de Cormier à Mme Atkyns, *Papiers inédits de Mme Atkyns.*

homme et la suite de ses actes nous rassureront.

En dépit de sa bonne volonté, Cormier se trouve sans cesse arrêté dans son activité. Tantôt c'est la santé de son fils Achille qui lui inspire de vives inquiétudes [1], tantôt le pauvre émigré se voit attaqué par de terribles accès de goutte, qui ne lui laissent aucun repos. « J'ai été deux nuits et un jour plié en double, « mande-t-il le 1er septembre 1794 à son amie, « sans pouvoir avoir aucune attitude. Il fallait « quatre personnes pour remuer ma grosse « masse. Je suis un peu moins souffrant et je « saisis le premier moment où je puis prendre « la plume pour vous donner ce détail qui « justifie mon silence [2]. »

C'est à cette époque aussi que Louis de Frotté, laissé quelque peu dans l'ombre, rentre en scène. Depuis son arrivée à Londres, le jeune officier, sans négliger la compagnie du comité royaliste, a passé la plus grande partie de son temps dans les bureaux du ministère anglais, s'efforçant de faire repré-

---

[1] Lettre non datée de Cormier à Mme Atkyns. *Papiers inédits de Mme Atkyns.*

[2] Lettre de Cormier à Mme Atkyns à Ketteringham du 1er septembre 1794. *Papiers inédits de Mme Atkyns.*

senter à Windham « l'utilité qu'il y aurait
« dans l'exécution de ses idées et la facilité
« de les réaliser pour lui, puisqu'il est déter-
« miné à s'y dévouer[1]. » Un projet lui tient
particulièrement à cœur : se faire donner une
mission officielle par le gouvernement, qui
lui permette de débarquer en Normandie avec
des pouvoirs suffisants et d'y ranimer l'insurrection royaliste. S'il y réussit, « les secours
qu'il obtiendra pourront servir à l'exécution
de nos plus chers désirs », écrit-il à Mme Atkyns, et celle-ci recueillera « tout l'honneur
des sacrifices généreux qu'elle lui offre. »

Mais, dans ses entrevues avec le ministre,
il juge inutile « de lui parler de leurs relations avec le Temple. Ce secret est trop important pour le confier à qui que ce puisse
être. *Trop de gens le savent déjà*[2] ». Ces derniers mots, dissimulant de vagues reproches,
sont-ils destinés à mettre en garde son amie
contre les indiscrétions ? Oui, et ils désignent
plus que cela. Rapprochés des lettres suivantes du jeune émigré, ils indiquent nettement ses sentiments secrets, regrets tout

---

[1] Fragment d'une lettre de Frotté à Mme Atkyns du 4 septembre
1794. La Sicotière, *Louis de Frotté*, t. I, p. 55.

[2] *Idem*.

d'abord de partager avec d'autres la confiance de son amie qui se changeront bientôt en sentiments d'envie à l'égard de celui qui occupe une large place dans le cœur de Mme Atkyns. Ces symptômes, encore légers, prendront bien vite plus de consistance et s'exprimeront sans ambages de part et d'autre, car les soupçons sont réciproques.

Cependant, à l'époque où nous en sommes arrivés, rien ne permettait encore de constater ce refroidissement dans les relations de Frotté et de Cormier. A l'œuvre qui les avait réunis, tous deux travaillaient avec la même ardeur. Frotté, poursuivant ses démarches auprès du ministre Windham, s'appuyait maintenant sur Puisaye, son fameux compatriote, qui venait d'aborder en Angleterre. Il comptait sur lui pour persuader Windham de le lancer sur la Normandie. « Dans tous les cas, écrivait-il à « son amie, je ne me laisserai pénétrer sur « rien de ce qui a trait à vous, je disposerai « de mes seuls secrets comme j'ai fait avec « l'évêque de Saint-Pol, qui me sert aussi de « son côté de toutes ses forces, et tout mon « désir de passer en France passera sur le « compte des rapports que j'y ai... Il n'est « point de titres tendres et sacrés auxquels

« je n'aye le droit d'aspirer, par le sentiment
« qui m'attache à vous et il n'en est point que
« je ne veuille mériter et dont je ne me rende
« digne, par la manière dont je justifierai la
« confiance *exclusive* que vous m'accordez
« et les moyens que vous me destinez de
« secourir les braves royalistes et d'aller
« mourir avec eux ou couronner le plus mal-
« heureux et le plus chéri et intéressant des
« Rois. »

De son côté, Cormier entretenait de son
mieux l'espoir de Mme Atkyns. Malgré les lenteurs apparentes, leurs agents n'étaient pas
inactifs et profitaient des circonstances. « J'ai
« reçu ce matin les lettres par le capitaine,
« mandait-il le 1er octobre 1794 et j'en suis
« satisfait malgré leur brièveté. En voici mot
« à mot le contenu : *Soyez tranquille, ils*
« *croyent travailler pour eux et ils travaillent*
« *pour nous et nous l'aurons ; de la patience*
« *et de la constance* [1]. Le capitaine a eu ordre
« de repartir aujourd'hui, mais il ne repart
« que cette nuit ou demain matin, si les nou-
« velles que nous apporteront les paquebots
« nous annoncent de la tranquillité à Paris. Il

[1] Ces mots sont soulignés par Cormier lui-même.

« croit que tout va bien et qu'il faut espérer,
« tout en se rongeant les poings d'inquiétude
« et d'impatience[1]. »

Hélas, quelle réserve de patience ne s'était
pas faite l'intrépide lady, par combien de
raisonnements n'avait-elle pas calmé ses
angoisses, en voyant s'écouler les jours, en
constatant les bruits nombreux, incertains,
il est vrai, qui annonçaient la mort du petit
Dauphin et qui mettaient à néant ses efforts !
Elle ne comprenait plus rien à la situation
présente. Huit jours après avoir reçu la lettre
en question, arrivait une nouvelle missive
de Cormier, destinée celle-là encore, à la
rassurer : « J'ai grande foi, belle et bonne,
« en votre jugement, lui déclarait Cormier,
« et en vos pressentiments presque toujours
« justes, vous le savez, je vous l'ai dit plu-
« sieurs fois, mais permettez que je vous
« observe qu'il n'y a peut-être pas autant de
« motifs de vous alarmer, dans ce moment,
« que vous semblez le craindre. Ou ces gens
« (les agents employés au Temple) font quel-
« que chose, ou ils sont cachés comme des
« lâches dans quelque grenier, ou, ce qu'il y a

---

[1] Lettre de Cormier à Mme Atkyns du 1er octobre 1794. *Papiers inédits de Mme Atkyns.*

« de certain, c'est qu'ils n'ont point été guillo-
« tinés, puisqu'il n'est question d'eux dans
« aucun moniteur et qu'ils font passer de leurs
« nouvelles[1]. » Or, « ces gens », puisqu'ils ont
« écrit quelques mots, « montrent qu'ils tien-
« nent encore à leurs projets. » Leur mystère
et leur silence s'expliquent aisément. La seule
chose qui soit à redouter, c'est que voyant l'inutilité du plan dont on est convenu avec eux, ils
ne se soient jetés dans une nouvelle intrigue
et par là aient appelé d'autres coopérateurs.

Ce qui entravait en outre toute l'affaire et
en compliquait l'issue pour Cormier, c'était
la malencontreuse réclusion de sa femme, qui
empêchait d'avoir des détails et d'être tenu
au courant. « Au reste, ajoutait-il, il y a un
« décret qui élargit les colons. Ainsi certai-
« nement bientôt, elle m'écrira ou sera
« dehors. » Enfin, il y avait toute apparence
que même si les agents s'étaient permis de
modifier leur plan, ils n'avaient pas encore « arrêté le dénouement » du projet nouveau, donc
« ils ne pouvaient nous en instruire encore. »[2]

---

[1] Lettre de Cormier à M⁰ᵉ Atkyns, à Ketteringham, du 8 octobre
1794. *Papiers inédits de M⁰ᵉ Atkyns.* Un fragment de cette lettre
a été publié par Delaporte, *article cité*, p. 257.

[2] *Idem.*

Mais l'heure était venue qui allait donner sinon l'explication complète, du moins de grands éclaircissements sur le mystère qui s'accomplissait dans la prison du Temple.

« On ne peut prendre le Dauphin de vive force ou avec un ballon », avait écrit Cormier. Procéder à un enlèvement direct, au nez des gardes du Temple et des commissaires de la Commune, c'était folie. Depuis quelque temps déjà, l'on avait renoncé à tenter un pareil procédé. Que faire alors ? Employer une de ces « nouvelles combinaisons » dictées par les circonstances du moment. Agir par progression. Au lieu d'enlever l'enfant et de le faire sortir de sa prison, on le remplacera d'abord par un substitué ; le Dauphin sera transporté dans les combles de la tour du Temple ; celui qui prendra sa place, un enfant muet, jouera son rôle jusqu'à ce que les événements permettent de transporter hors de l'enceinte du Temple le petit Capet.

Cet échafaudage ingénieux est-il le produit de notre imagination, dicté après coup par la réflexion. En aucune façon, puisqu'à la même époque, Mᵐᵉ Atkyns revenant sur ces faits,

dans une note placée à la fin d'une lettre de
Cormier, parle elle-même et en termes positifs d'une substitution, « procédé qu'elle
n'avait pas approuvé », ajoute-t-elle et qui,
à son avis, fut la cause de l'insuccès final :
« Dans ce temps-là, j'étais très fortement
« opposée au plan de mettre un autre enfant
« à la place du roi, comme j'observais à mes
« amis que cela pourrait avoir une suite
« fâcheuse et que ceux qui gouvernaient alors,
« après avoir touché l'argent, enlèveraient
« l'auguste enfant et diraient après qu'il n'est
« jamais sorti du Temple[1]. » La chose est
claire ; au lieu de recueillir de ses propres
mains celui pour qui elle avait tout sacrifié et
d'en avoir la garde, l'amie de Marie-Antoinette
ne distinguait plus qu'un danger et un danger pressant dans la combinaison nouvelle où
l'avaient entraînée ses amis, celui de se voir
frustrer au dernier moment de la récompense
de tant d'efforts. La malheureuse femme n'a-
t-elle pas entrevu la vérité dans cette crainte
de l'avenir ? La suite de ce récit ne semble que
trop le prouver.

Quoi qu'il en soit, le plan d'une substitu-

[1] Note de la main de M⁰ᵉ Atkyns au bas d'une lettre de Cormier
du 3 juin 1795. *Papiers inédits de M⁰ᵉ Atkyns.*

tion étant adopté, il était hors de doute que pour l'exécuter, le secours des agents employés jusqu'ici ne suffisait plus. Il fallait la conscience de celui qui seul, pendant ces quatre mois, avait gardé le Dauphin et en avait porté la responsabilité, du geôlier Laurent. Vouloir se passer de lui eût été irréalisable. Or, cette complicité de Laurent, on la suit au travers des documents, malgré le voile dont sont enveloppés ceux-ci.

Avant de mettre sous les yeux du lecteur des textes inédits, citons et examinons ces fameuses lettres de Laurent, dont la première, datée du 7 novembre 1794, correspond à l'époque qui nous intéresse.

L'on sait que ces lettres du gardien du Dauphin n'existent que sous forme de copies : les originaux jusqu'ici n'ont pas été retrouvés. On les voit pour la première fois insérées dans un ouvrage qui parut en 1835 : *Le véritable duc de Normandie*, œuvre d'un avocat du prétendant Nauendorff, Bourbon-Leblanc[1]. Objet de longues discussions, ces lettres, par le fait même que les originaux manquaient, ont été tenues en suspicion. Si, en en examinant de

---

[1] Son vrai nom était Gabriel de Bourbon-Busset, dit Leblanc.

près le contenu, les faits qu'elles renferment, leurs dates, en les comparant à d'autres documents, nous les trouvons en corrélation absolue avec ce que nous ont appris de récentes découvertes d'archives, nous croirons avoir réussi à faire la preuve de leur authenticité.

Cormier donc ne s'était pas trompé en supposant que ses agents avaient modifié leur plan. La lettre où il confiait à Mme Atkyns ses raisons d'espérer est du 8 octobre 1794. Le dernier jour de ce même mois, le courrier apportait à Ketteringham, où était restée l'impatiente lady, une missive, dont le contenu aussitôt dévoré dut la plonger dans un singulier étonnement. Voici ce que disait textuellement l'émigré breton : « J'ai reçu, « belle et bien bonne, votre lettre d'hier. Je « n'ai pas eu un moment à y répondre, non « que la goutte m'en empêche, car elle s'en « est allée. J'ai l'esprit trop occupé pour que « cela ne chasse pas toute espèce de maladie, « du moins pour l'instant, mais j'ai tant de « choses qui m'occupent que je ne suis pas « en vérité à moi. Cependant, il faut que je « vous écrive un petit mot à la hâte, car le « courrier va partir — il est près de cinq

« heures — pour vous dire, non seulement de
« vous tranquilliser, mais de vous réjouir et
« fort. *Je crois pouvoir vous assurer, vous*
« *affirmer bien positivement que le Maître et*
« *Sa propriété sont sauvés et cela indubitable-*
« *ment.* Ne dites mot, le plus grand silence,
« point de mouvement de gaîté. — *D'ailleurs,*
« *ce n'est pas aujourd'hui, ce ne sera ni*
« *demain, ni après-demain, ni de plus d'un*
« *mois, mais je crois n'en être pas moins sûr ;*
« *jamais je ne fus plus tranquille.* Partagez
« ma sécurité, je ne peux rien vous détailler,
« ce ne peut être qu'entre deux yeux que je
« pourrai vous ouvrir mon cœur. J'ai des nou-
« velles de ma femme, elle se porte bien et
« très bien, je suis content, mais je n'en ai
« pas moins à regarder devant, derrière et
« autour de moi [1]. »

En lisant attentivement cette lettre, en en
pesant chaque mot, on ne peut s'empêcher
d'y reconnaître une allusion très nette à l'événement qui venait de se passer au Temple. Si
la nouvelle reçue et transmise par Cormier
était exacte — et tout conclut à sa véracité —
le petit Dauphin se trouvait à demi sur le

---

[1] Lettre de Cormier à Mᵐᵉ Atkyns datée de Londres, 31 octobre
1794. *Papiers inédits de Mᵐᵉ Atkyns.*

chemin de la liberté. « Ce ne sera ni demain, ni après-demain, ni de plus d'un mois », disait Cormier. En effet, l'enfant royal transporté dans les combles de la tour du Temple et remplacé par un substitué muet, n'était point encore hors de danger. Mais un grand pas était fait, qui permettait d'entrevoir, à long délai, il est vrai, la réalisation du but suprême.

Dans tout ceci, la coopération de Laurent apparaissait évidente. « L'homme de Barras » avait dirigé en partie l'intrigue ou du moins il en avait assuré l'exécution. La lettre qu'il adressait huit jours plus tard à un général, dont le nom n'a pu être identifié jusqu'ici, confirmait absolument les dires de Cormier. En voici le contenu :

« Mon Général,

« Votre lettre du 6 courant m'est arrivée trop tard,
« car votre premier plan a déjà été exécuté, parce qu'il
« était temps. Demain, un nouveau gardien doit entrer
« en fonctions ; c'est un républicain nommé Gommier,
« brave homme à ce que dit B... mais je n'ai aucune
« confiance à de pareilles gens. Je serai bien embarrassé
« pour faire passer de quoi vivre à notre P... Mais j'au-
« rai soin de lui, vous pouvez être tranquille. Les assas-
« sins ont été fourvoyés et les nouveaux municipaux ne
« se doutent point que le petit muet a remplacé le D...

« Maintenant, il s'agit seulement de le faire sortir de
« cette maudite tour, mais comment? B... m'a dit qu'il
« ne pouvait rien entreprendre à cause de la surveil-
« lance. S'il fallait rester longtemps, je serais inquiet de
« sa santé, car il y a peu d'air dans son oubliette, où le
« bon Dieu même ne le trouverait pas, s'il n'était pas
« tout-puissant. Il m'a promis de mourir plutôt que de
« se trahir lui-même : j'ai des raisons pour le croire.
« Sa sœur ne sait rien : la prudence me force de l'entre-
« tenir du petit muet, comme s'il était son véritable
« frère. Cependant, ce malheureux se trouve bien heu-
« reux et il joue, sans le savoir, si bien son rôle, que la
« nouvelle garde croit parfaitement qu'il ne veut pas
« parler ; ainsi il n'y a pas de danger. Renvoyez bien-
« tôt le fidèle porteur, car j'ai besoin de votre secours.
« Suivez le conseil qu'il vous porte de vive voix, car
« c'est le seul chemin de notre triomphe. »

Tour du Temple, le 7 novembre 1794.

La succession d'événements que laissait
entrevoir ce message, l'arrivée d'un enfant
muet au Temple, la cachette du vrai Dauphin,
la surveillance des commissaires mise en
défaut, le contentement qu'exprimaient les
lignes du gardien, la date enfin du document
si rapproché de la lettre de Cormier, tout cela
ne révèle-t-il pas une concordance surprenante
entre les faits révélés par ces deux textes ?

Il y a de plus un argument décisif en faveur
de l'authenticité des lettres de Laurent. Quand

ces lettres furent produites et mises au jour par le prétendant Nauendorff, elles étaient, en majeure partie, en contradiction complète avec ce que l'on savait de la captivité du Dauphin au Temple et avec les témoignages de ceux qui y avaient été mêlés. Certains faits auxquels elles faisaient allusion n'étaient même connus de personne. Ainsi Laurent annonce clairement, le 7 novembre, à son correspondant que le lendemain un nouveau gardien qu'il appelle Gommier — au lieu de Gomin — entrera en service au Temple et lui sera adjoint. Or, en 1835, date de l'apparition de cette lettre, que savait-on du gardien Gomin ? Rien, ou presque rien et le peu qu'on en avait appris se trouvait en contradiction flagrante avec les dires de Laurent. En effet, Simien-Despréaux, l'auteur d'un ouvrage intitulé *Louis XVII*, paru en 1817, ignorait absolument l'existence de Gomin et passait sous silence son séjour au Temple. Ce même Gomin appelé à déposer en justice, le 2 août 1837, affirmait solennellement qu'il était entré au Temple vers le 27 juillet 1794 et par là niait que Laurent l'y eût précédé[1].

[1] Henri Provins. *Le dernier roi légitime de France*, t. II. p. 220.

Or, quand bien des années plus tard, l'examen de ce qui reste des papiers du Temple conservés aux Archives nationales, eut permis de fixer sûrement, à l'aide de documents probants, l'entrée de Gomin dans la prison, comme gardien du Dauphin, on s'aperçut que les assertions de Laurent étaient exactes et correspondaient de tous points à la date trouvée et à la réalité[1].

Est-ce là une coïncidence bizarre et unique? Nullement, car quelques pages plus loin, en examinant deux autres lettres de Laurent, on verra la répétition du même fait et dans des conditions plus surprenantes encore.

D'ailleurs, quelques jours plus tard, Cormier confirmait les assurances qu'il avait données à son amie à une deuxième personne, dont le concours n'avait pas fait défaut, dans les mois précédents : au chevalier Louis de Frotté. Ce dernier, dans une des fréquentes visites qu'il rendait à « son gros ami », se vit pris à part, certain jour du milieu de novembre et, qu'on juge de sa surprise en entendant les déclaratious très nettes que lui tint

---

[1] Arrêté du Comité de sûreté générale du 18 brumaire an III (8 novembre 1794). *Archives nationales*, F⁷ 4392.

le gentilhomme breton ! Cherchant à le persuader de renoncer au départ pour la Normandie et faisant allusion à l'expédition prochaine de Puisaye en France, — nouvelle prématurée d'ailleurs — Cormier ajouta :
« Puisaye repart content et nous devons
« l'être. Vous êtes le seul individu à qui je
« parlerai avec franchise... Je sais que vous
« êtes susceptible de garder un secret, je
« vous parle comme à un ami dont je connais
« la loyauté et les sacrifices. Je sais tout,
« parce que l'on n'a rien pu faire sans moi,
« *mais tout est fini, tout est arrangé, en un*
« *mot je vous donne ma parole que le Roi et la*
« *France sont sauvés... Toutes les mesures sont*
« *bien prises.* Je ne peux vous en dire davan-
« tage... C'est un coup du ciel, mais le Roi et
« la France seront sauvés et nous devons être
« heureux... Ne me questionnez pas, ne cher-
« chez pas à pénétrer plus loin, cela serait
« inutile, je vous en ai même dit plus que je
« ne devais et depuis M. Pitt jusqu'à moi, il
« n'y a maintenant personne qui en sache
« davantage que vous et je vous en demande
« le plus profond secret[1]. »

[1] Lettre de Louis de Frotté à M⁰ᵉ Atkyns, milieu de novembre

On se représente l'effet que produisirent ces paroles sur le chevalier de Frotté. « Je ne « puis croire que notre ami veuille m'abuser « et qu'il me parlât avec cette affirmative, « s'il n'était pas sûr de son fait », disait-il à Mᵐᵉ Atkyns, en lui faisant part de cette nouvelle inattendue.

Pour nous qui connaissons en partie la portée de ces termes voilés, nous serons forcés d'éprouver la même impression. En poursuivant cette étude, en tentant de relier les différents fils de cette toile embrouillée, on finira par comprendre le mystère qui intriguait à si juste titre le chevalier de Couterne.

Laurent n'est donc plus le gardien unique de l'enfant royal; depuis le 8 novembre, sa surveillance s'exerce en commun avec Gomin, le nouvel arrivé. Que penser de leurs relations? La question est difficile à résoudre, car, si le mystère qui pèse sur la période précédente rend malaisée la recherche de la vérité, les mois qui vont suivre sont plus impénétrables encore.

1794. C'est par erreur que cette lettre a été publiée sous la date du mois de décembre. Delaporte. *Article cité*, pp. 262 et suiv.

Une innovation a été introduite dans la garde du Temple. Depuis l'entrée en fonctions de Gomin, ce ne sont plus des délégués de la Commune qui sont chargés de visiter journellement la prison, mais bien des représentants des comités civils des quarante-huit sections de Paris [1]. Or, parmi ceux qui ont approché le Dauphin pendant ces semaines, nul n'a parlé. A l'exception d'un témoignage [2], l'on est dans l'impossibilité de recueillir une appréciation relative au régime du Temple où à ceux qu'il renferme. Ce qu'on peut tirer des dépositions de Gomin, si souvent contradictoires, c'est que pendant cette période, l'enfant placé sous sa surveillance ne parle pas, n'exprime pas une parole. Le gardien ne se préoccupe pas autrement de cette étrange attitude, Laurent l'ayant convaincu que si le Dauphin n'ouvre pas la bouche, c'est qu'il s'y est décidé depuis l'infâme déposition qu'on lui a fait signer contre sa mère [3]. Et Gomin, sans demander d'autre explication, s'en rapporte aux dires de Lau-

[1] Arrêté du Comité de sûreté générale du 7 brumaire an III (29 octobre 1794).

[2] Voir p. 178.

[3] Nous ne relevons pas l'invraisemblance complète de cette explication. L'interrogatoire du Dauphin est du 6 octobre 1793 et l'arrivée de Laurent au Temple est du 29 juillet 1794.

rent, qui désormais tranquille sur son compte, cherchera à mener à bien le dénouement de l'aventure où il se trouve si sérieusement engagé.

Six semaines se passent. Laurent assiste avec un certain sentiment d'inquiétude à la fuite des jours qui n'amène aucun changement dans la situation. Assurément, son muet remplit à merveille le rôle exigé ; le Dauphin n'a pas quitté sa cachette des combles, mais à quoi aboutira tout cela ? Le protégé de Barras apprend enfin, le 5 novembre, avec un soupir de satisfaction, que son maître vient d'entrer au Comité de sûreté générale. Cette nouvelle fonction permettra sûrement au général de poursuivre la réalisation de son plan, qui sait, d'en précipiter le dénouement et surtout de décharger le malheureux gardien de la lourde responsabilité dont il se trouve investi.

Aussi ne fut-ce pas sans une certaine surprise que, le 19 décembre, Laurent et Gomin voyaient trois commissaires du Comité de sûreté générale franchir l'enceinte de la prison, pénétrer dans la tour du Temple et gravir l'escalier qui conduisait au cachot du prisonnier royal. Munis de pouvoirs du Comité, ces trois commissaires — c'étaient Harmand de la Meuse, Matthieu et Reverchon, — demandèrent à voir le Dauphin, à l'interroger et à s'assurer des dispositions qui avaient été prises pour sa garde. Qu'on ne s'étonne pas de cette démarche : la vie des enfants de Louis XVI était encore un gage précieux pour la Convention et leur sûreté l'objet de ses constantes préoccupations. A une époque où couraient tant de bruits sur leur surveillance au Temple, où l'on parlait ouvertement de leur enlèvement, où chaque jour apportait quelque nouvelle sensationnelle à leur sujet, il était naturel que la Convention, pour faire taire ces bruits et calmer l'opinion publique, fît procéder à une inspection officielle de la prison, par l'entremise du Comité de sûreté générale.

Ce que l'on sait de cette visite et de l'impression que produisit sur les délégués la vue de l'enfant mis en leur présence, c'est Harmand de la Meuse qui nous l'apprend dans un récit qu'il publia vingt années après l'événement[1]. Il ne convient point ici d'en examiner le détail. Ce qu'il importe de savoir, c'est que tout dans ce récit, malgré les obscurités

[1] *Anecdotes relatives à quelques personnes et à plusieurs événements remarquables de la Révolution*, Paris, Baudoin frères, 1814.

voulues et le ton pathétique en usage à cette
époque — on était en pleine Restauration et
il s'agissait pour Harmand de reconquérir les
bonnes grâces de Louis XVIII et de faire oublier
son passé — tout indiquait clairement, que les
envoyés du Comité avaient eu devant les yeux
un enfant muet, refusant de répondre à aucune
des questions qu'on lui posait, dans l'impossibilité de comprendre ce qu'on voulait de lui,
en dépit des instances pressantes d'Harmand
qui avait tout essayé pour le faire parler.

L'on ne s'arrêtera point à l'explication déjà
citée de ce mutisme et que répète Harmand
dans son récit. Si l'enfant s'était résolu à garder le silence depuis la déposition d'Hébert,
comment expliquer le séjour des époux Simon, avec lesquels il parla, la visite de Barras qui l'interrogea et tant d'autres occasions
où il se fit entendre ?

A coup sûr, Harmand et ses collègues —
son récit le laisse voir à chaque page — s'a-
perçurent bien vite qu'ils n'étaient pas en
présence du Dauphin et la preuve, c'est que
malgré les termes très nets de l'arrêté du
Comité qui les déléguait, malgré l'importance
de leur mission qui devait définitivement détruire tous les bruits absurdes courant alors

dans Paris, les trois commissaires, après s'être mûrement concertés dans l'antichambre du prince « décidèrent qu'ils ne feraient pas de rapport public mais en comité secret, dans le Comité seulement. »

Autant l'événement en question paraît explicable et naturel à ceux qui connaissent les intentions de la Convention à cette époque et les exigences de la situation, autant le fidèle gardien du Dauphin, Laurent, fut-il stupéfait en recevant la délégation du Comité. C'est qu'il n'avait pas été prévenu par son protecteur et maître Barras ; que sa position déjà difficile devenait de plus en plus angoissante, grâce à ce fait inattendu ; que son collègue enfin, reculant devant une participation plus longue à l'intrigue, — il avait fallu forcément le mettre au courant — pouvait d'un jour à l'autre trahir toute l'affaire. Et Laurent, qui a attendu en vain des explications, perd enfin patience et fait part de ses inquiétudes au général qui suit de loin les choses, dans la lettre suivante :

« Mon Général,

« Je viens de recevoir votre lettre. Hélas ! votre « demande est impossible. C'était bien facile de faire

« monter la victime, mais la descendre est actuellement
« hors de notre pouvoir, car la surveillance est si
« extraordinaire que j'ai cru d'être trahi. Le comité de
« sûreté générale avait, comme vous savez déjà, envoyé
« les monstres Matthieu et Reverchon, accompagnés de
« M. H. de la Meuse, pour constater que notre muet est
« véritablement le fils de Louis XVI. Général, que veut
« dire cette comédie ? Je me perds et je ne sais plus que
« penser de la conduite de B... Maintenant il prétend
« faire sortir notre muet et le remplacer par un autre
« enfant malade. Êtes-vous instruit de cela ? N'est-ce pas
« un piège. Général, je crains bien des choses, car on
« se donne bien des peines pour ne laisser entrer per-
« sonne dans la prison de notre muet, afin que la subs-
« titution ne devienne pas publique ; car, si quelqu'un
« examinait bien l'enfant, il ne lui serait pas difficile de
« comprendre qu'il est sourd de naissance et par consé-
« quent naturellement muet. Mais substituer encore un
« autre à celui-là ; l'enfant malade parlera et cela perdra
« notre demi-sauvé et moi avec. Renvoyez le plus tôt
« possible notre fidèle et votre opinion par écrit. »

Tour du Temple, 5 février 1795.

Sans nous attarder au ton de cette lettre,
aux explications qu'elle demande, aux appré-
ciations qu'elle suggère, retenons en un point
essentiel : sa date. Le 5 février 1795, Laurent
fait mention de la visite des trois conventionnels, délégués du Comité de sûreté générale.
Donc cette visite, si l'on ajoute foi à sa parole,
a précédé le 5 février. Que si au contraire

l'on ouvre les diverses « histoires » de
Louis XVII, on y trouvera les renseignements suivants : un des premiers biographes
du Dauphin, Eckard, après avoir assigné à la
délégation d'Harmand de la Meuse et de ses
collègues la date du 2 décembre 1794, se
décide dans une édition postérieure de son
ouvrage, pour le mois de février 1795 et plus
tard enfin affirme la date du 13 février. De
Beauchesne indique le 27 février ; enfin Chantelauze se prononce pour le 26 février.

Or, si l'on recourt une fois de plus aux
documents originaux, on constatera que dans
cette seconde lettre encore Laurent a dit la
vérité. Il était d'ailleurs bien simple de contrôler ses dires approximativement et c'est ce
qu'a entrepris M. Henri Provins, avec son
aisance et sa méthode habituelles[1]. Puisque
Harmand de la Meuse, Matthieu et Reverchon
étaient venus au Temple en tant que membres
du Comité de sûreté générale, la date de
leur visite se trouvait limitée à l'époque où
les trois à la fois avaient fait partie de ce
Comité. M. Provins, utilisant ce principe,
démontra que leur venue au Temple avait

---

[1] *Le dernier roi légitime de France.* t. I. pp. 324-330.

eu lieu entre le 5 novembre 1794 et le 4 janvier 1795.

Une récente découverte nous a mis à même de déterminer plus exactement encore cette date et d'après un document conservé aux Archives nationales, l'on peut établir avec certitude que la visite des conventionnels se fit le 19 décembre 1794[1].

Cette coïncidence frappante entre la nouvelle renfermée dans la seconde lettre de Laurent et la réalité des faits n'ajoute-t-elle pas une preuve d'authenticité décisive à cette même lettre?

---

[1] L'arrêté du Comité de sûreté générale désignait un quatrième commissaire, Garnier de l'Aube, qui fut empêché d'accompagner ses collègues, car nulle part sa présence n'est mentionnée. Voici d'ailleurs la teneur de l'arrêté resté jusqu'ici inédit : « Le Comité « de sûreté générale arrête que les représentants Garnier de « l'Aube, Harmand, Reverchon, Matthieu, quatre de ses membres « constateront l'état de service au Temple et en rendront compte « au Comité. Signé : Reverchon, Bentabole, Bourdon de l'Oise, « Matthieu, Reubell, Laignelot, Boudin, Montmayou, Garnier de « l'Aube, Lomont. » 27 frimaire an III (17 décembre 1794). *Archives nationales*, A F II° 277.

Le texte suivant permet en outre de déterminer exactement le jour de la visite des conventionnels. C'est une lettre de ces derniers aux deux gardiens du Temple, les priant de leur faire passer l'original de l'arrêté qui les déléguait qu'ils avaient oublié au donjon. Ce texte est également inédit. « Au reçu de la présente, citoyens, « vous nous ferez repasser et remettre l'arrêté en original que « nous avons laissé sur votre bureau aujourd'hui. Les représen- « tants du peuple : Matthieu, Reverchon, Harmand aux commis- « saires préposés à la garde du Temple. Le 29 frimaire an III « (19 décembre 1794) ». *Archives nationales*, AFII° 300, p. 88.

CHAPITRE V

LE MYSTÈRE DU TEMPLE (*Suite.*)

Que faisaient pendant cette époque, à Londres, les amis de Mme Atkyns ? De quelle manière employaient-ils leur temps ? Que savaient-ils de la marche de leur entreprise ? Comme on l'a déjà dit, le mieux renseigné était sans contredit Cormier qui, par son expérience, son âge, le respect qu'il inspirait, recueillait et centralisait les nouvelles reçues de Paris et agissait en conséquence. C'est lui qui disposait en grande partie des deniers de Mme Atkyns et qui les employait selon son jugement. Aussi, rien d'étonnant à ce que la belle lady lui témoignât toujours plus sa confiance et que dans son entourage, aux yeux de Peltier, du baron d'Auerweck, de Butler, beau-frère de Cormier, de l'évêque de Saint-Pol-de-Léon, le gentilhomme breton exerçât de jour en jour une plus grande autorité.

Dans ce monde d'émigrés remuants et intrigants, envieux les uns des autres, le fait suivant devait nécessairement se produire. Témoin de la faveur dont jouissait Cormier, l'admirateur de Mᵐᵉ Atkyns, Frotté, se prévalant de l'ancienneté de leur amitié, allait en venir immanquablement à se méfier de son compagnon et à lui porter envie. Rappelons-nous comment il avait insisté, à plusieurs reprises déjà, sur l'intimité des relations qu'il prétendait conserver avec son amie, « sur la confiance exclusive » qu'il réclamait d'elle, lui qui affirmait être « le seul à posséder ses derniers secrets. » « Je ne veux aller sur les brisées de personne, « lui répétait-il, j'observerai, je profiterai, « gardant toujours notre secret » et il lui renouvelait dans chaque missive ses protestations de dévouement : « Rien, non rien dans le monde ne pourrait m'empêcher de vous tout sacrifier [1]. »

Cormier avait l'esprit trop aiguisé pour ne pas se rendre compte des sentiments de Frotté

---

[1] Lettre de Frotté à Mᵐᵉ Atkyns du 23 octobre 1794, V. Delaporte. *Article cité*, p. 259.

et malgré leur entente extérieure, on remarque dans leurs rapports une méfiance réciproque.

Ces deux hommes aspirant tous les deux au même but, brûlent de réaliser, l'un à l'exclusion de l'autre, le grand projet qui occupe leur pensée et insensiblement, avec les semaines, ils en viendront à s'espionner mutuellement.

Le ressentiment de Cormier n'est pas moins vif. Au commencement du mois d'octobre 1794, il a surpris une correspondance échangée entre Mme Atkyns et une personne qu'il croit être son rival, mais qui n'est que « le petit baron », et sa mauvaise humeur éclate aussitôt en reproches non déguisés : « Le hasard me « prouve clairement qu'on s'est donné des « soins pour établir une correspondance avec « vous, de manière à ce que j'ignore que cette « correspondance existe... Vous avouerez que « lorsqu'on se cache, celui dont on veut se « cacher est autorisé à croire qu'on a des mo-« tifs pour se cacher de lui », et cherchant à désabuser son amie sur les motifs qui le font parler ainsi, Cormier ajoute : « Au reste, je « vous supplie de croire que je ne fus jamais « ni curieux, ni inquiet, que jamais de ma vie « je ne me surprendrai ayant quelque idée sur « votre caractère, sur les qualités de votre

« cœur, sur vous qui êtes un des êtres vivants
« que je respecte le plus, autre que cet hom-
« mage que je rends perpétuellement à toutes
« vos qualités et enfin que je ne vous ai fait
« part de mes réflexions sur la découverte que
« le hasard m'avait fait faire, que parce que
« j'ai cru que mon attachement à tout ce qui
« vous concerne me le prescrivait[1]. »

Pénétré toujours plus de cette idée qu'il y
a lieu de se méfier de Frotté, Cormier en arrive
à lui tenir cachées les péripéties de l'entreprise
du Temple ou du moins à ne l'en entretenir
qu'en termes vagues, sans donner aucun détail.
C'est lui-même qui nous l'apprend : « J'ai
« refusé de donner à Frotté le nom des agents,
« écrivait-il à Mme Atkyns, longtemps après.
« Souvenez-vous-en et je m'en applaudis tous
« les jours[2]. » Le 31 octobre, on l'a vu, un
message précis lui est parvenu qui lui a permis d'assurer à son amie en termes positifs
que le Dauphin était sur le chemin de la
liberté. Il serait naturel que Frotté fut mis, lui
aussi, au courant de cette importante nouvelle, car il a tout intérêt à en être informé,

---

[1] Lettre de Cormier à Mme Atkyns du 13 octobre 1794, *Papiers inédits de Mme Atkyns.*

[2] *Idem*, du 24 mars 1796, *Papiers inédits de Mme Atkyns.*

afin de régler sur cet avis ses plans personnels. Au lieu de cela, Cormier attend quinze jours avant de lui en souffler mot et c'est dans le milieu de novembre seulement que l'ex-officier de Colonel-Général apprend l'événement.

Que ce dernier manifeste quelque surprise, il n'y a pas lieu de s'en étonner. Mais les désagréments auxquels il est en butte, l'inutilité de ses démarches auprès du gouvernement anglais, les réponses évasives qu'on lui fournit, les retards sans fin mis à son départ, tout cela occupe l'esprit du jeune officier et l'empêche peut-être de réaliser le demi-éloignement où on le tient.

Pourtant, la conduite de son amie devrait lui ouvrir les yeux : vient-elle à Londres, elle évite de le rencontrer. En vain la supplie-t-il de lui accorder un rendez-vous. Elle s'y refuse, prétextant sa position de veuve et l'opinion publique :« M. de Cormier m'avait annoncé la « manière dont le jeune Roi serait sauvé, « dira-t-elle plus tard en guise d'explication ; « j'avais été à Londres pour causer avec M. de « Cormier et je n'ai pas vu M. de Frotté ni ne « lui ai parlé, n'ayant pas voulu lui dire le « secret qui m'était confié. Alors je suis

« retournée chez moi à la campagne. Je
« voulais éviter de voir ou d'écrire à M. de
« Frotté, ne pouvant pas lui parler des arran-
« gements qui étaient pris pour sauver le
« Roi [1]. »

Toutefois, à la veille de quitter l'Angleterre
pour affronter l'inconnu, Frotté, qui n'avait
pas renoncé à la revoir, essaya une dernière
tentative. Le 27 décembre 1794, il lui mandait :
« Vous ne m'écrivez plus, mon amie, et je
« serais bien en colère contre vous si je pou-
« vais l'être contre quelqu'un, lorsque je suis
« au comble de tous mes souhaits. Dans trois
« jours tout a changé et je n'ai plus rien à
« désirer en Angleterre. — Le moment tant
« désiré est enfin arrivé. P[uisaye] me demande.
« Je pars avec lui et l'on m'accorde tout ce
« que j'ai demandé. Nous devons partir mardi,
« mercredi ou jeudi au plus tard, pour n'être
« plus en Angleterre lors du Parlement. Ceci
« est un grand secret qui tient à d'autres. Il
« est important que je vous voie. Demain ou
« après, j'aurai une conférence avec P[uisaye].
« Il est bon, excellent ; il réunit de grands
« talents et une bien meilleure façon de penser

[1] *Papiers inédits de Mme Atkyns.*

que ne le croit beaucoup de monde. Il mérite que je lui confie mes moyens et il n'aura qu'à s'en louer, car ils lui sont indispensables. Vous voyez qu'il ne faut désespérer de rien, ma belle dame, mais il faut que je vous voie. Je vous demande à genoux de partir de suite et de venir passer vingt-quatre heures ici, mais sans que personne puisse savoir votre voyage, parce que l'on pourrait en deviner le motif. Tâchez, je vous prie, d'être ici lundi soir et envoyez chez moi me dire où je pourrai vous voir... Il faut aussi régler la manière de nous voir, lorsque je reviendrai dans un mois. Je verrai l'enfant le plus adoré, mon amie. Il faut régler ce que je pourrai concerter avec mes amis. J'ai de plus besoin de vous donner ici une personne (le comte d'Oillamson) avec qui vous pourrez correspondre et qui vous remettra mes paquets. Il faut aussi prendre de nouveaux renseignements, relativement à l'argent. Enfin, il faut que je vous voie, mon amie, de grâce arrivez,

« le tout dévoué.

« Tout ce que je vous affirme n'est pas fondé sur des apparences, mais sur des certitudes positives. Je ne voudrais pas vous déplacer

« inutilement par ce mauvais temps [1]. »

Cette fois l'appel était trop pressant, pour que l'amie y résistât. On était au cœur de l'hiver, la lettre était parvenue dans la soirée à Ketteringham. Louant à la hâte une chaise de poste, Mme Atkyns quittait son manoir quelques heures après, et roulant toute la nuit, bravant la tempête, les chemins défoncés, elle arrivait à Londres le lendemain matin [2].

Que fut leur entrevue ? Laissa-t-elle percer de la part du chevalier une sourde méfiance à l'égard des projets de celle qu'il aimait ou plutôt à l'égard de ceux qui la conseillaient ? Il est peu probable. Tout entier à la joie de quitter enfin l'Angleterre, d'entrevoir la réalisation de ses rêves, Frotté dut oublier son secret ressentiment en présence de celle qui avait toute son affection, à laquelle il répétait avec passion : « Vous possédez tous mes secrets comme tous les sentiments qui peuvent encore me faire aimer la vie et pour lesquels je n'hésiterais cependant pas à la sacrifier. »

En tous cas, quelle que fut son émotion, en le voyant s'éloigner définitivement, Mme Atkyns

[1] Lettre de Frotté à Mme Atkyns du 27 décembre 1794. *Papiers inédits de Mme Atkyns.*

[2] Annotation de la main de Mme Atkyns au bas de la lettre précédente.

sut se contenir et garder le secret qui lui avait été si vivement recommandé par Cormier. Peut-être avait-elle déjà le pressentiment que celui qui l'assurait avec tant de protestation de sa fidélité, servirait avec moins d'ardeur qu'on ne l'avait espéré, son grand, son seul projet et céderait comme tant d'autres aux avances de prétendants plus favorisés...

Quelques semaines plus tard, en lui écrivant de Jersey, Frotté, qui paraissait toujours ignorer les détails de l'entreprise, insistait pour en recevoir : « Vous savez combien il me « sera essentiel... d'être instruit exactement « de tout. Vous en connaissez les moyens et je « m'en rapporte à votre zélé et pur Royalisme « pour me les procurer. Je ne peux trop réi-« térer cette instance, parce qu'il est essentiel « pour vous et pour la cause chérie, à laquelle « je me dévoue, *que je voie clair dans la ma-* « *nière dont vos agents vous ont secondée et* « *quel a été le fruit de leurs soins* [1]. »

Hélas ! la pauvre femme eût été bien embarrassée de fournir à son correspondant les indications qu'il réclamait et dont elle-même se trouvait totalement privée depuis peu.

---

[1] **Lettre de Frotté à Mme Atkyns du 1er février 1795. Delaporte. *Article cité*, p. 265.

L'on a déjà parlé des intrigues sans fin que machinaient autour du ministère anglais la horde des émigrés et des échoués du continent. Pour ces gens, la plupart sans ressources, obligés de mendier leur pain, aucune démarche n'était trop vile pour se faire une place au soleil et gagner les faveurs du gouvernement. A côté des mille moyens qu'ils s'ingéniaient à faire valoir, destinés à mater l'ennemi commun, la Révolution abhorrée, ils ne reculaient devant aucune cabale pour mettre en suspicion leurs propres compatriotes, ceux qu'ils coudoyaient journellement dans les bureaux du ministère et dont la conduite pouvait leur faire obstacle. En outre, la petite cour qui s'était formée sur le continent, autour du comte d'Artois, était un perpétuel foyer de complots, dont l'influence s'exerçait à Londres, et où l'on s'épiait mutuellement, où l'on se dénonçait à l'occasion.

Parmi ce monde interlope, il s'était formé dans le courant de l'année 1794 une sorte d'association industrielle, dont le but n'était rien moins que d'inonder la France de faux assignats. On comptait par ce moyen porter un coup terrible aux Jacobins détestés et à leurs amis. Ces procédés néfastes ne tardèrent pas à être connus et à provoquer l'indignation de quelques rares émigrés et en particulier de l'honnête Cormier, qui en fut scandalisé.

Sa position n'était cependant pas des meilleures au milieu de ses compatriotes. On en voulait à cet homme ferme, fidèle à ses principes et incapable de prêter la main à de tels expédients. Il ne tarda pas à s'en rendre compte. « En vérité, on ne sait plus à qui se fier, écri- « vait-il à son amie. Je suis à la piste dans ce « moment. Je crois être sûr qu'on a donné un « long mémoire au gouvernement sur mes « [desseins]. Mais que cela ne vous inquiète « pas, je saurai tout et les traîtres ainsi que le « gouvernement seront déjoués[1]. » Puis, quand l'affaire des faux assignats fut un fait avéré, l'indignation du respectable Breton s'exhala ouvertement et il blâma avec énergie « ces « gens qui faisaient passer en Bretagne de « faux assignats et qui par ce honteux com- « merce avaient fini par mettre contre nous « les honnêtes gens de cette province qui sont « si dévoués pour la bonne cause. »

A la même époque, des mémoires et des propositions affluaient par une voie mysté-

---

[1] Lettre de Cormier à M⁰⁰ Atkyns du 8 octobre 1794, *Papiers inédits de M⁰⁰ Atkyns*.

rieuse au ministère anglais, portant cette affirmation pour le moins grave et discutable « *que
le vœu général des Français était pour le
changement de la maison régnante*[1]. » Cormier
n'avait pas tardé à découvrir que ces procédés singuliers devaient provenir d'une même
source et que, d'après son langage énergique,
« ces fripons et ces blasphémateurs se tenaient
et faisaient une même clique. » Il y avait à
coup sûr une certaine imprudence à tenir de
pareils propos, alors que le Dauphin était
encore en vie et Cormier mieux qu'un autre
sentait la menace de ces bruits.

Son indignation, qui était loin d'être partagée autour de lui, lui suscita aussitôt de
nombreuses inimitiés et la défaveur que rencontrait l'émigré breton dans plusieurs cercles
se changea en une haine violente. On lui en
voulait à mort non seulement de ce qu'il dé-
sapprouvât le commerce des faux assignats,
mais qu'il l'eût dénoncé au gouvernement anglais et cela non sans succès. Pour se venger,
on ne trouva rien de mieux que de l'accuser
de ce dont on se rendait coupable et on
chercha à détourner sur lui la responsabilité

---

[1] Lettre de Cormier à Mme Atkyns du 13 octobre 1794, *Papiers
inédits de Mme Atkyns.*

de l'entreprise. « Je suis devenu la bête noire
« de ce parti, racontait Cormier, beaucoup
« plus nombreux qu'on ne le pense et auquel
« beaucoup de gens tiennent de plus ou moins
« loin et je suis l'objet de leur haine ; mais
« cela m'est égal, ils ne me feront pas lâcher
« prise et je les poursuivrai jusqu'au dernier.
« Ils ont cherché à retourner sur moi l'odieux.
« Ils ont prétendu que j'avais des bâtiments
« que j'occupais à faire ce commerce de faux
« assignats sur les côtes de Bretagne. Ils ont
« fait cette dénonciation au ministère. Heu-
« reusement que ma conduite, mes principes
« sévères et la réputation dont je jouis et
« encore plus, tout ce que j'ai fait pour dé-
« truire ce honteux commerce, a fait voir la
« pauvreté et l'invraisemblance de cette ac-
« cusation et que M. le comte d'Artois sera à
« même de détruire cette histoire de bâti-
« ments, en faisant connaître ce qui a pu y
« donner lieu. Il me reste à découvrir qui a
« fabriqué l'histoire de ces bâtiments... mais
« je parviendrai à dévoiler cette trame infer-
« nale[1]. »

Malgré l'énergie de Cormier, qui s'annon-

---

[1] Lettre de Cormier à Mme Atkyns du 13 octobre 1794. *Papiers inédits de Mme Atkyns.*

çait inlassable, le parti auquel il avait affaire était trop puissant, trop rompu aux sourdes menées, pour qu'à lui seul il pût en triompher. Il eut beau démontrer sa bonne foi, la calomnie avait fait son œuvre.

L'envoi d'une mission importante, sur le détail de laquelle malheureusement nous ne sommes pas renseignés, venait d'être décidé par le gouvernement anglais, de concert avec le comte d'Artois. Il s'agissait assurément d'entrer en rapports avec le stathouder des Pays-Bas, dont la position devenait critique devant la Révolution débordante et l'homme à choisir devait avoir fait ses preuves. Notre Breton paraissait tout désigné pour cette tâche et il s'y était préparé, heureux de se rapprocher par là de la France et de servir peut-être les intérêts qui lui étaient si précieux. Mais il avait compté sans ses ennemis. Leurs efforts se décuplèrent, et, dans le courant de novembre, Cormier apprenait qu'un autre était appelé pour remplir cette mission. On devine son désappointement, sa colère, en comprenant sur-le-champ d'où partait le coup. S'entêtant dans sa résolution, il refusa de changer ses projets de départ; il quitterait quand même l'Angleterre et se rendrait en Hollande pour ses affaires particulières. Un rapport de police, « cuisiné » quelques années plus tard et destiné à rappeler les antécédents de l'émigré, touche — chose extraordinaire — d'assez près à la vérité, en mentionnant cet épisode de sa vie et vient confirmer ce que les documents ne révélaient qu'à mots couverts[1].

Quels motifs particuliers poussèrent Cormier à choisir la Hollande comme séjour? Ceux sans doute de se rapprocher de la frontière et de suivre de plus près, au besoin en pénétrant en France, la marche de l'affaire du Temple et les efforts de ses agents. La tentative était hasardée, on va le voir, et rien ne garantissait à Cormier qu'il se trouvât en complète sécurité sur le sol des Pays-Bas.

Quoi qu'il en soit, sa décision était prise et le 25 novembre 1794, le baron d'Auerweck annonçait en ces termes à Mme Atkyns le dé-

---

[1] « Le sieur Cormier père a été à Londres le courtisan intime de « d'Artois. C'est le baron de Crussol qui le mit en faveur auprès « du prince. Il a eu des correspondances particulières avec l'évêque « d'Arras et le duc de Serrent; il s'est brouillé avec ce dernier en « 1795, parce que celui-ci procura à un autre une affaire en Hollande « qu'il avait sollicitée avec beaucoup d'instance. Sa principale « occupation à Londres était d'entretenir par sa correspondance « les troubles de l'Ouest. Sa femme est *Butler* de son nom. Le frère « de cette femme est connu pour un agent des princes. (Voyez son « article au tableau des princes.) Cormier a eu aussi des relations « avec Dutheil. Il est de Rennes et jouit, à ce qu'il paraît, d'une « fortune considérable. Il était sous la Révolution procureur du « Roi à Rennes ». *Archives nationales.* F⁷ 6303.

part de leur ami commun : « Cormier vient
« de partir, Madame, ce matin à huit heures
« et il m'a chargé de vous témoigner combien
« il est affecté de ne vous avoir pas écrit
« avant de quitter l'Angleterre, mais des af-
« faires sans nombre, des commissions sans
« fin, des incidents de tout genre, des visites
« de toute espèce et toutes les horreurs d'un
« déménagement l'ont empêché de vous
« écrire, pour vous faire ses adieux. Je l'ai
« vu partir avec chagrin et cependant je n'ai
« pu accepter sa proposition de le rejoindre
« en Hollande. Ma position particulière et la
« situation des affaires m'ont commandé cette
« conduite, malgré tous les inconvénients
« auxquels elle peut m'exposer, n'ayant pas
« prévu le renvoi d'un ami chez lequel j'avais
« toutes mes habitudes et où je croyais les
« avoir jusqu'au moment où je pourrais
« prendre un parti[1]. »

Désormais, pendant les mois qui vont
suivre, où l'on est sans nouvelles précises de
Cormier, on se verra réduit à parcourir la correspondance du « petit baron » et, il faut
l'avouer, l'on ne gagnera pas au change.

---

[1] Lettre d'Auerweck à Mme Atkyns du 25 novembre 1794, *Papiers inédits de Mme Atkyns.*

Quelle silhouette bizarre que celle du sieur d'Auerweck, telle qu'on l'entrevoit dans ses missives ! Esprit adroit, riche en moyens, le baron tient maintenant à exploiter l'amitié précieuse de la belle lady, que le départ de Cormier lui permet de cultiver plus exclusivement. Entretenu, formé, guidé par Peltier, notre homme a vite fait d'imiter son maître et, à son tour, devient le type du parfait gazetier, insinuant, verbeux, souple, au besoin railleur et sarcastique, digne élève de l'ancien rédacteur des *Actes des Apôtres*, mais avec une tournure d'esprit et d'expression qui vise à la philosophie et qui fait parfois de ses lettres des morceaux du plus haut comique, quand elles ne sont pas fastidieuses par l'abondance de leurs digressions. A la multiplicité de ses messages, Mme Atkyns ne reste pas entièrement insensible, mais elle a compris bien vite la valeur du personnage et si elle a été à même d'éprouver ses services, l'année précédente, si, en récompense, elle lui accorde de fréquentes gratifications, la prudente Anglaise, soigneusement instruite par Cormier, se gardera de tenir son correspondant au courant de la marche détaillée de leur entreprise. Qu'il lui suffise de savoir que l'on

a toujours l'espoir de sauver le Dauphin et
que les chances de succès n'ont point diminué, ce sera l'essentiel. N'attendons donc
point d'Auerweck des indications bien précises sur l'enfant royal ni des révélations sur
les agissements des partisans de Mme Atkyns
à Paris. Ce qu'il transmet en effet à son
amie, grâce à sa position de journaliste qui
lui permet de recueillir sur-le-champ les
nouvelles, ce sont les bruits quotidiens, contradictoires, aussi inexacts que nombreux,
qui circulent au dehors sur l'existence du prisonnier.

Les réflexions du nouvelliste sur la politique présente et sur la marche de la Révolution sont souvent plaisantes dans leur naï-
veté ; parfois elles dénotent une certaine
intelligence des événements. En tous cas, la
facilité avec laquelle s'exprime ce gentilhomme hongrois est étonnante ; sa plume infatigable transmet les informations les plus
diverses, les réflexions, les anecdotes, rappelle les souvenirs, sans oublier — et c'est là
l'important — la mention des embarras matériels qui l'accablent et l'état précaire de ses
finances. Ne trouve-t-il pas le loisir, dans cette
vie tourbillonnante et affairée, de rédiger

une histoire de la Pologne « y compris celle de sa révolution, » qui, « si elle n'est pas un « chef-d'œuvre et s'il parvient à la faire sup- « portable, sera encore le meilleur ouvrage « qui aura paru sur l'histoire de cette na- « tion ! [1] »

Le baron d'ailleurs ne perd point son temps et ne paraît pas s'ennuyer à Londres. Sa con- duite privée n'est pas sans reproche, s'il faut en croire une allusion à un procès qu'il sou- tient et dont le résultat sera, suivant son ex- pression, « d'envoyer à l'hôpital une petite « fille, toute laide, que les lois d'Angleterre « me donnent, quoiqu'elle ressemble parfaite- « ment à ce singe de tailleur, chez lequel « nous demeurions et qui en eût été forcé- « ment le père dans tous les autres pays du « monde ! [2] »

Ne déclare-t-il pas lui-même « que sa vie est un tissu d'aventures fort singulières » et il ajoute : « J'ai vingt-six ans, j'ai des sottises à « réparer et des qualités à faire valoir. »

Sur la décision prise par Cormier, l'opinion du baron est explicite : il a désapprouvé

---

[1] Lettre d'Auerweck à M⁰ᵉ Atkyns du 10 décembre 1794, *Papiers inédits de Mᵐᵉ Atkyns.*

[2] *Idem*, du 4 décembre 1794, *Papiers inédits de Mᵐᵉ Atkyns.*

complètement cette résolution, et en exprimant sa pensée, il saisit l'occasion de juger
la conduite de son partenaire : « Le départ de
« Cormier m'a fortement affecté, d'autant plus
« qu'avec de la prudence, il eût pu s'épargner
« ce désagrément et qu'avec de la suite et
« moins de sécurité, il eût encore été possible
« de parer le coup. Un homme qui a passé
« toute sa vie dans la magistrature devrait à
« cinquante-six ans connaître un peu les
« hommes et Cormier en est encore là-dessus
« à l'A B C. J'ai eu avec lui quelques démêlés
« assez vifs sur ses confiances sans calcul, ses
« défiances sans objet, ses liaisons promptes,
« qui, nourries de confidences et suivies de
« ruptures, augmentaient toujours le nombre
« de ses ennemis... Nous nous sommes sé-
« parés avec beaucoup d'émotion. Je lui dois
« la justice de dire que le fond de son carac-
« tère est beaucoup de bonté et une grande
« sensibilité, deux qualités bien précieuses.
« Je pense que son amitié pour moi égale la
« mienne, qui se croit engagée à lui être utile
« et dévouée dans toutes les occasions qui se
« présenteront[1]. »

---

[1] Lettre d'Auerweck à Mme Atkyns du 4 décembre 1794, *Papiers inédits de Mme Atkyns.*

Par une coïncidence fâcheuse, au moment où Cormier mettait le pied en Hollande, la situation politique de ce pays annonçait d'inquiétants changements. Jusqu'alors l'Angleterre y avait exercé une influence décisive et par l'armée qu'elle y entretenait et par les conseils qu'elle donnait au stathouder. Mais dans l'automne de 1794, le souffle populaire révolutionnaire reprenait le dessus, attisé par l'antipathie que l'on ressentait contre les troupes anglaises, indisciplinées et pillardes, favorisé surtout par une nouvelle inattendue : les Français, conduits par Pichegru, venaient de franchir la frontière et s'avançaient à grandes étapes, s'emparant de toutes les places sur leur passage. En quelques semaines la puissance du stathouder s'effondrait. Quoique en haillons, les soldats de la Convention nationale étaient reçus avec transports. Jamais troupes, il faut le dire, n'avaient montré une pareille discipline.

Mais Pichegru n'arrivait pas seul ; à ses côtés marchaient les représentants de la Convention, jaloux d'appliquer immédiatement dans les Provinces-Unies les principes révolutionnaires et les garanties d'ordre et de sûreté qui en étaient inséparables.

Et là était le danger pour ceux qui, comme Cormier, allaient être pris en flagrant délit d'émigration. Le 8 novembre 1794, en effet, les représentants à l'armée avaient reçu un arrêté du Comité de salut public qui non seulement leur ordonnait de s'emparer du stathouder, de sa femme et de ses enfants, mais de saisir sur-le-champ tous les émigrés qui tomberaient entre leurs mains [1].

L'avis de cet inquiétant décret n'était point encore parvenu à Londres le 15 décembre, car ce jour-là, d'Auerweck s'empressait de transmettre à sa protectrice le message qu'il venait de recevoir et qui émanait de leur « gros ami ». « Aujourd'hui, Madame, je suis « assez heureux de vous dire que nous avons « des nouvelles de Cormier, qui se porte par- « faitement bien à La Haye », et, indice pré- « cieux à recueillir, en l'absence de tout docu- « ment de Cormier lui-même, il ajoutait : « Cormier est parvenu — et j'ai des raisons « pour le croire — à déjouer entièrement « l'intrigue ourdie par ses ennemis pour cir- « convenir le comte d'Artois. La cabale qui « l'a fait partir d'ici, a voulu se servir de

---

[1] Albert Sorel. *L'Europe et la Révolution française*, t. IV, p. 164.

« l'ascendant du ministère britannique sur le
« Cabinet de La Haye, pour empêcher notre
« ami de séjourner dans cette ville, mais à
« cet égard, elle ne réussira point[1]. »

La saison rigoureuse et le froid excessif
de cette année facilitèrent singulièrement,
comme on le sait, les succès de Pichegru en
Hollande. Emprisonnée par les glaces, la
flotte impuissante dut se rendre à la cavale-
rie française, souvenir mémorable dans les
annales militaires de la République. Ces fameuses écluses qui devaient s'ouvrir pour
inonder le pays et submerger les Français
devinrent inutiles, par suite du gel des eaux.
Bref, Pichegru triomphait partout. Il entra à
Amsterdam le 10 janvier 1795, tandis que huit
jours plus tard, le stathouder s'embarquait
pour l'Angleterre. La *République Batave* était
créée.

Que devint Cormier durant ces événements ?
Quel fut son sort ? Parvint-il à s'échapper ? La
disparition de tout renseignement précis,
malgré nos minutieuses recherches, nous
empêche de connaître la vérité. Une allusion
très voilée, dans une lettre postérieure, semble

[1] Lettres d'Auerweck à Mme Atkyns du 15 décembre 1794. *Papiers
inédits de Mme Atkyns*.

indiquer que l'adroit Breton réussit à vivre retiré et tranquille, pendant les premiers mois de l'établissement des Français en Hollande. Plus tard, une imprudence, une trahison peut-être le mirent à deux doigts de la mort. En tous cas, les inquiétudes de ses amis de Londres se manifestèrent dès le mois de janvier. « Je crains bien que La Haye ne cesse d'être « un séjour sûr pour notre ami et je ne peux « deviner sûrement où il fera sa retraite[1] ». disait d'Auerweck, au commencement du mois ; puis, à mesure que les informations de Hollande parvenaient à Londres, ses craintes s'augmentaient : « Hélas ! Madame, vous avez « raison de n'être pas tranquille sur le sort de « la Hollande, écrivait-il le 16. Le nombre des « Français autorise toujours des craintes fon-« dées, le froid qui vient de recommencer y « ajoute encore et l'unité des vues et des pro-« jets de la Convention, qui a une supériorité « si décidée sur cette différence d'intérêts et « de plans, qui existe dans la coalition[2]. » Voilà un aveu rare et une compréhension des faits qui tranchaient avec le langage arrogant

---

[1] Lettre d'Auerweck à Mᵐᵉ Atkyns du 6 janvier 1795. *Papiers inédits de Mᵐᵉ Atkyns.*

[2] *Idem*, du 16 janvier 1795. *Papiers inédits de Mᵐᵉ Atkyns.*

et aveuglé des émigrés en général et l'assurance trop sujette à caution de notre gazetier en particulier !

Un mois plus tard, revenant sur les chances de salut offertes à Cormier, il ajoutait : « Rien « de plus sûr que l'impossibilité dans laquelle « se sont trouvés beaucoup d'émigrés de se « sauver de la Hollande. Rien de plus probable « que le malheur de Cormier d'être de ce « nombre et rien de plus incertain que la con-« duite des républicains à leur égard. Les « bruits consolants et les bruits terribles qui « ont successivement couru à ce sujet sont « également démentis par le greffier des États « généraux, qui se trouve à Londres et qui « assure qu'on ne sait absolument rien depuis « l'entrée des Français à Amsterdam. Nous « devons cependant dans peu être tirés de « l'incertitude cruelle qui nous tourmente, « car depuis deux jours, le gouvernement est « instruit que la navigation de l'Elbe est enfin « rétablie par le dégel [1]. »

Et les semaines passent, sans apporter aucun espoir. « Je désespère presque d'avoir « des nouvelles du pauvre Cormier. L'incerti-

[1] Lettre d'Auerweck à M⁰ᵉ Atkyns du 13 février 1795, *Papiers inédits de M⁰ᵉ Atkyns.*

« tude dans laquelle nous sommes sur son sort
« est vraiment accablante. On m'a assuré ces
« jours passés que l'archevêque de Tours¹
« était resté à Amsterdam et qu'on ne l'y avait
« point inquiété. C'est là le seul rayon d'es-
« pérance qui me reste encore, car je sais que
« Cormier et l'archevêque étaient ensemble,
« au moins pendant quelque temps². » Le
18 avril, d'Auerweck ne fait plus qu'une courte
allusion à leur ami : « Tout ce qui se fait
« en Hollande et en France m'a donné aussi
« quelques espérances pour le pauvre Cor-
« mier, mais malheureusement ces espé-
« rances ne sont encore que des craintes
« diminuées. »

Le baron, affecté par cet abandon, découragé dans ses affaires, en vient à souhaiter de
quitter l'Angleterre, « où il faut être né pour
supporter le climat. » Il lui tarde de reprendre
son ancienne activité et de jouer un rôle, quel
qu'il soit. Un voyage à Paris, projet caressé
depuis longtemps, ne lui permettrait-il pas
« de faire pour le fils ce que le destin a empêché de faire pour la mère ? » Et, revenant sur

---

¹ C'était Joachim-François Mamert de Conzié.

² Lettre d'Auerweck à Mᵐᵉ Atkyns du 20 mars 1795. *Papiers
inédits de Mᵐᵉ Atkyns.*

de douloureux souvenirs, bien faits pour attendrir le cœur de sa protectrice, sur l'inutilité de ses efforts pour sauver la Reine, d'Auerweck se laissait aller à toute la fougue de son imagination : « Mais si l'on n'a pas pu sauver « les jours de l'infortunée fille de Marie-Thé-« rèse, on garantira au moins sa mémoire des « atteintes de la calomnie. Je ne désire du « talent que pour l'employer à cet usage. Un « recueil complet de notes sur la Révolution « de France me met en état d'en buriner l'his-« toire, et, si le ciel me laisse arriver à cet « âge qu'il faut à l'historien, pour que sa sévé-« rité ne devienne point de la passion, que sa « véracité ne dégénère point en satire et que « ses éloges ne sentent point l'exaltation, je « tracerai le tableau hideux du bouleverse-« ment de la France et l'œil de la postérité « s'arrêtera sur la seule belle figure que mon « pinceau aura eu à tracer, dans cette compo-« sition immense de monstres[1] ! »

Aux alarmes causées par l'incertitude où l'on était sur le sort de Cormier, se joignaient pour Mᵐᵉ Atkyns, des angoisses plus poignantes encore, résultant de ce fait que, par

---

[1] Lettre d'Auerweck à Mᵐᵉ Atkyns du 12 mars 1795. *Papiers inédits de Mᵐᵉ Atkyns.*

la disparition de l'ex-magistrat, elle se trouvait depuis des semaines sans nouvelles précises de la situation à Paris et au Temple. Les vagues assurances relatives à la santé du jeune Roi fournies par d'Auerweck ne comptaient pas, puisque mieux renseignée que lui, elle savait que le Dauphin était, dans une certaine mesure, hors de danger.

Mais c'est précisément pour cela que cette absence de messages devait lui paraître dure! Quel redoublement de craintes! Que penser de la marche du temps et de l'immobilité apparente de leurs agents, dont on n'entendait plus parler?

Privés nous aussi des nouvelles de Cormier, nous partagerions au même titre l'incertitude de la vaillante lady, si nous n'avions pour nous éclairer un bref document.

Le 3 mars 1795, en effet, Laurent adressait à son correspondant un troisième billet, daté de la tour du Temple :

« Mon Général, y disait-il, notre muet est heureusement
« transmis dans le palais du Temple et bien caché ; il
« restera là, et, en cas de danger, il passera pour le
« Dauphin. A vous seul, mon Général, appartient ce
« triomphe. Maintenant, soyez tranquille, ordonnez tou-
« jours et je saurai obéir. Lasne prendra ma place, quand

« il voudra. Les mesures les plus sûres et les plus effi-
« caces sont prises pour la sûreté du Dauphin. Consé-
« quemment je serai chez vous en peu de jours, pour
« vous dire le reste de vive voix. »

Ces lignes, toutes concises qu'elles étaient,
révélaient cependant un changement bien
extraordinaire dans le régime de la prison
tel qu'on le connaît. Voilà tout d'abord
la question du départ de Laurent soulevée.
Alors? Si le principal acteur de toute l'affaire
s'en va c'est que sa présence est désormais
inutile, donc que le succès est assuré. Et
Lasne, comment son nom apparaît-il pour
la première fois à cette date, lorsqu'il
déclarera lui-même en 1834 que son service
a commencé au Temple en fructidor an II,
c'est-à-dire dans la période qui va du 18 août
au 16 septembre 1794[1]? Dans ce cas, il y
aurait plusieurs mois que Laurent l'aurait
pour adjoint et ce dernier se serait tu sur
son arrivée jusqu'en mars 1795! Or, chose
extraordinaire, les cartons du Temple conservés aux Archives nationales et fouillés
quinze ans plus tard, nous apprendront

[1] Déposition de Lasne, lors du procès de Richemont : « J'ai été
préposé à la garde du Dauphin en fructidor an II. » Provins.
Ouvrage cité, t. II, p. 229.

d'une façon irrécusable que Lasne n'est entré
au Temple que le 31 mars 1795, et une fois
de plus, se trouvera confirmée la complète
authenticité des lettres de Laurent, en contradiction ouverte avec ce que l'on savait de
la captivité du Dauphin, par les rares témoignages contemporains, lorsqu'elles parurent,
et concordant absolument avec les faits révélés bien des années plus tard, par les recherches d'archives.

Il y a plus encore. En comparant ce billet
de Laurent avec les dernières lignes de son
message du 5 février, on saisit aussitôt ce qui
s'était passé au Temple et les mesures nouvelles qu'il avait fallu prendre pour hâter un
dénouement, qui se faisait trop attendre.
L'enfant muet substitué pouvait vivre encore
des mois, en passant pour le Dauphin, et retarder indéfiniment la sortie de celui-ci hors
de l'enceinte de la prison. Par l'entremise de
Laurent, qui agit selon des ordres précis, le
muet quitte son cachot ; on le transporte dans
le palais du Temple, c'est-à-dire dans une
des nombreuses pièces désertes depuis la
tourmente révolutionnaire qui formaient un
vaste ensemble de bâtiments entourant la
tour, où il est ou sera peut-être rejoint par

le Dauphin, car les moyens de retraite dans ce dédale de bâtiments sont infiniment plus nombreux que dans le quatrième étage de la tour. Pour remplacer le muet, un second substitué, scrofuleux celui-là, sera introduit dans le cachot de l'enfant royal, et comme sa fin ne tardera pas à se produire, toutes les barrières alors seront levées et permettront l'évasion du Dauphin.

Voilà ce que nous apprennent les lettres de Laurent et l'on ne pourra nous accuser d'avoir brodé ou compliqué les faits, car quelques semaines plus tard, les documents laissés par nos agents royalistes, viendront confirmer de point en point ce que l'on a essayé d'établir.

La seconde substitution accomplie, Laurent pouvait partir tranquille et il s'éloignait en effet, le 29 mars 1795. Son successeur Lasne arrive deux jours après, le 31 mars. Gomin, qui connaît peut-être une partie de la vérité, grâce à ce que lui en a dit Laurent — et d'ailleurs il est particulièrement proposé dès lors à la surveillance de Marie-Thérèse — se garde bien de parler, car il sait ce qu'il lui en coûterait. Lasne trouve un enfant très malade, souffrant beaucoup et dont la mort ne peut se faire attendre. A quoi bon l'interroger ? Il se

contentera de lui donner des soins, pendant
les quelques semaines qui lui restent à vivre.

Le printemps s'était écoulé tout entier sans
qu'aucune lumière se fût produite dans l'esprit de Mᵐᵉ Atkyns et les courses perpétuelles
qu'elle faisait de la campagne à Londres ne
parvenaient pas à la distraire assez pour lui
enlever de dessus le cœur le poids qui l'accablait, quand soudain, dans les premiers jours
de juin, la vue d'une petite écriture ronde,
bien connue, sur une enveloppe que lui remit
le facteur, la fit tressaillir de joie. La missive
venait de loin ; elle portait le timbre d'Hambourg : que pouvait bien faire son correspondant sur les bords de l'Elbe ?

C'était Cormier qui, après des mois de
silence — hélas ! bien involontaire — redon-
nait enfin signe de vie. Autant qu'on en peut
juger par sa réserve, il venait de courir de
périlleuses aventures. Arrêté probablement
comme émigré, il n'avait dû d'échapper à la
guillotine qu'à une chance inespérée qu'il ne
parvenait point encore à comprendre. Mais ce
qui remplit son amie d'une joie intense, ce
fut d'apprendre que leur grand, leur secret
projet, était en bonne voie d'exécution. « Me

« voilà, belle et bonne, avec la tête encore sur
« mes épaules, ainsi s'exprimait Cormier, et
« certes, il faut que Dieu l'ait voulu et bien
« voulu pour que cela soit arrivé, apparem-
« ment qu'il me réserve pour aider à finir de
« consommer le grand ouvrage qui fait tout
« l'objet de vos désirs, de vos soins, de vos
« sacrifices et des miens ; *je dis, finir de con-*
« *sommer, parce que je vous assure que cela*
« *est en bon train et que nous ne sommes pas*
« *éloignés du but. Nous avons été mieux ser-*
« *vis, ma chère belle et bonne, que nous n'avions*
« *ordonné ; nos agents n'ont point suivi notre*
« *plan, se sont moqués de tout ce que je leur*
« *bavardais, poussé par mon impatience et*
« *surtout la vôtre.* Ils ont bien fait ; il y a 100
« à parier contre 99 que nous n'aurions réussi
« qu'à les perdre tout à fait et il y a 99 à
« parier contre 100 que vous jouirez bientôt
« et moi et la France et les honnêtes gens —
« en dépit des coquins, dont vous connaissez
« quelques-uns, des coquins plus coquins que
« ceux qui sont connus publiquement, des
« coquins qui vous guettent encore et moi,
« qui m'ont épié jusque dans les prisons et
« qui nous eussent démonté tout notre arran-
« gement, si on l'avait suivi — oui, en dépit

« d'eux tous, vous jouirez dans le ciel qui va
« s'ouvrir face à face, du bonheur auquel vous
« avez coopéré avec d'autres, mais plus que
« d'autres. *Mais, ma bien bonne amie, de la*
« *patience d'abord ; les choses sont telles à*
« *présent qu'il n'est point de force ni d'es-*
« *prit humain qui puisse les avancer ni les*
« *retarder* et qu'un faux mouvement, une
« fausse mesure pourrait faire un bien grand
« mal[1]. »

Le sens de ces lignes n'est pas douteux.
Après avoir été mis au courant, avant son
arrestation, du détail de la première substitution — c'était le nouveau plan qui avait remplacé le sien —, Cormier, qui probablement
s'était imprudemment avancé, avait été surpris
et incarcéré. Aussitôt en liberté, il était reparti
en campagne, brûlant de savoir où l'on en
était et c'est alors que lui avaient été révélés
les faits signalés par la troisième lettre de
Laurent. Il était instruit de la mort attendue,
toute proche, du petit scrofuleux, qui allait
permettre la libération du Dauphin. Ce n'était
plus qu'une question de jours, que rien « ne
pouvait avancer ni retarder ». Obligé de fuir

hors de France, pour sa sûreté personnelle, le gentilhomme breton n'attendait qu'un signe pour voler vers Paris. Au besoin, ses agents, qui l'avertiraient au moment propice, lui amèneraient l'enfant sur la frontière, d'où on le conduirait en Angleterre.

Mais la prudence recommandait de ne rien faire encore, de ne rien dire et Cormier ajoutait. « Il y aura une journée des Dupes et l'ar-
« gent des autres nous aura conduits et nous
« conduira où le vôtre avait préparé un gîte.
« Soyez tranquille ; vous serez bientôt heu-
« reuse. Devinez ce que vous pourrez, faites
« des châteaux en Espagne, vous pouvez vous
« abandonner sans crainte de beaucoup vous
« tromper. Mais, je vous conjure, au nom de
« ce que vous avez de plus sacré, de ce que
« vous avez aimé le plus, de ce que vous re-
« grettez tant, de ne pas parler sauf à Butler,
« ni de faire le moindre mouvement, la
« moindre démarche. Tenez-vous coi, je ne
« peux vous écrire autrement ; j'ai brûlé votre
« chiffre, celui de Butler, tout, à l'instant
« que j'ai été pris... Dans ce moment, il y a
« à Paris quelque chose de bien étonnant,
« c'est qu'on savait que j'étais en prison.
« On m'y a fait parvenir des choses aussi

« claires, plus claires que je n'en ai par la
« mer. J'ai vu un de mes capitaines; il est
« venu mouiller ici, deux jours après que j'y
« suis arrivé. Il en repartira samedi prochain
« et j'y reviendrai sous peu pour une expédi-
« tion qui sera aussi utile que brillante. Il me
« sera peut-être permis vers le temps de vous
« instruire. J'ai perdu l'autre capitaine ou du
« moins, je n'en ai point encore de nouvelles,
« mais je suis heureux et j'en aurai, je le
« parierais. Butler vous donnera quelques
« détails sur mes 36 infortunes que je lui
« donne par le courrier... »

Quel monde de suppositions et d'hypothèses
cette lettre ouvrit à Mme Atkyns et avec quel
soin elle dut lire et relire ces phrases si nettes
dans leur sens général et en même temps mystérieuses dans le détail ! Mais que de réconfort
elle y trouva ! Elle était prête désormais à faire
preuve d'une patience qui ne se lasserait point.

Or, une semaine ne s'était point écoulée
qu'une nouvelle inattendue pour beaucoup
se répandait à Londres. On annonçait officiellement que le Dauphin avait expiré, le
8 juin 1795, dans sa prison. Les assurances
de Cormier ne lui fussent-elles pas parvenues,
il y aurait eu, dans cette annonce si catégo-

rique, de quoi démonter et désemparer la femme courageuse que nous connaissons.

Mais quelle crainte pouvait-elle ressentir, puisqu'elle savait positivement que l'enfant dont on criait à grand bruit le décès n'était pas *son* enfant, celui auquel elle avait tout sacrifié, que celui-là était hors de danger, en de sûres mains et que peu de temps s'écoulerait avant qu'il lui fût donné de le contempler en chair et en os. Leurs agents l'avaient recueilli à Paris ou dans les environs ; ils n'attendaient plus que le mot d'ordre de Cormier. Elle, de son côté, en présence des recommandations si répétées de son ami, de ne pas faire un mouvement, une démarche, attendrait patiemment que l'heure de l'exaucement de ses prières eût sonné.

Quelques semaines se passent. Un peu surprise du silence où on la tient, Mme Atkyns se décide à interroger ses amis ; et comme elle ne peut se fier au courrier, c'est le « petit baron » qui s'en ira à Hambourg glaner des nouvelles.

Il s'embarque à Londres dans la première semaine de juillet, le 16, il est encore à Oxfordness, retenu par des vents contraires[1].

« [1] Je n'ai que trop bien deviné, Madame, lorsque je vous disais « que si vous vouliez m'écrire par la malle, votre lettre arriverait à

Enfin il aborde à Hambourg et rejoint Cormier. Mais l'insécurité des moyens de communication est si grande, les lettres sont soumises à une telle surveillance, qu'il est impossible pendant plusieurs semaines à nos gens de renseigner leur amie. Et d'ailleurs, que pourraient-ils lui apprendre, puisque, eux-mêmes sont dans la plus grande anxiété. Cormier n'y comprend rien. D'après ses ordres l'enfant royal, remis par ses agents à l'un de ses capitaines, devait être amené dans un port désigné d'avance et l'on ne sait rien du capitaine.

Le 16 septembre 1795, apprenant que d'Auerweck s'en retourne en Angleterre, Cormier lui confie un message pour Mme Atkyns : « J'attends la fin d'un journal, lui disait-il, « dont j'ai déjà reçu plus d'un tiers. Quand je « l'aurai tout entier et que je l'aurai déchiffré « à l'entier, je vous en ferai passer une copie « au net, dès que je trouverai une occasion « bien sûre. Vous verrez bien en détail ce qui « a été fait, on peut dire par vos ordres, jour

« Hambourg avant moi. Depuis huit jours, nous n'avons pu encore « venir qu'avec beaucoup de peine jusqu'à l'embouchure de la « Tamise, mais enfin notre pilote nous quitte et nous sommes en « pleine mer. » Lettre d'Auerweck à Mme Atkyns, datée d'Oxfordness, 16 juillet 1795. *Papiers inédits de Mme Atkyns.*

« par jour, les espérances, les contrariétés,
« enfin tout, jusqu'à la fin. Je suis dans ce
« moment dans une vive inquiétude ; voilà six
« grandes semaines que je n'ai reçu aucune
« nouvelle d'un bâtiment. Cependant, je suis
« sûr qu'il n'est pas pris, je suis fâché de vous
« en avoir parlé, dans une des lettres qui se
« trouvent égarées [1] »...

Mme Atkyns n'en était pas restée là, sans
agir. Reprise d'inquiétudes, jugeant dangereux, coupable, de différer plus longtemps
son projet, elle allait dépêcher le « petit
baron » à Paris, afin de savoir la cause de ces
retards sans fin. Celui-ci, posté à Douvres, au
milieu d'octobre, faisait ses préparatifs pour
passer en France, malgré la surveillance rigoureuse [2], quand une seconde missive de Cormier, celle-là catégorique, vint révéler à

---

[1] Lettre de Cormier à Mme Atkyns du 16 septembre 1795. *Papiers inédits de Mme Atkyns.*

[2] « Vous voyez par la date de cette lettre, Madame, que je suis
« aussi près de la France qu'on puisse l'être en Angleterre, mais
« comme malheureusement la grande couleuvrine du château a désa-
« pris depuis la reine Élisabeth d'envoyer un boulet jusqu'à Calais
« et que d'ailleurs je n'espérerais pas de me tenir solidement à
« cheval sur un boulet de canon, je me vois obligé de m'impa-
« tienter ici, jusqu'à ce qu'il plaise à messieurs les républicains
« de lever l'embargo qu'ils ont mis dans tous leurs ports, sans
« que nous sachions au juste pourquoi... » Lettre d'Auerweck à
Mme Atkyns, datée de Douvres, 18 octobre 1795. *Papiers inédits
de Mme Atkyns.*

Mme Atkyns le malheur qui la frappait et l'insuccès de toute l'affaire.

Que s'était-il passé? « On les avait trompés, indignement trompés », faisaient savoir les agents de Paris. Et, au travers du message, la vérité se laissait deviner. Oui, l'enfant mort le 8 juin était bien le second substitué et le Dauphin avait échappé à son sort, mais au lieu d'être remis à ceux qui l'attendaient, d'autres s'en étaient emparés et l'enfant livré aux partisans de Mme Atkyns ne pouvait être que le muet.

Malgré sa longueur, nous tenons à placer sous les yeux du lecteur la lettre de Cormier. « Oui, belle et bonne, écrivait-il, nous avons « été trompés; cela est malheureusement trop « certain et je vous l'ai déjà marqué positi- « vement[1]. Mais, avons-nous fait tout ce « qu'humainement on pouvait faire pour ne « pas l'être? Mais comment s'y est-on pris « pour nous tromper? Voilà les détails que « je vous ai promis, qui vous sont dus et que « vous aurez, mais comme je vous l'ai aussi « marqué, il faut attendre que je les aie, pour « pouvoir vous les transmettre d'un journal

---

[1] Nous n'avons retrouvé aucune trace de ce premier message.

de près d'un an, jour par jour. Je n'ai pas encore les deux premiers mois entiers, et certes c'est bien le moins intéressant, *puisque, jusqu'à cette époque et encore plusieurs mois après, on ne suivait que le projet d'enlèvement, qu'il a fallu abandonner par la suite, pour en prendre un qui avait tous les caractères d'une plus grande possibilité, d'une plus grande facilité, d'une plus grande probabilité, sans faire courir autant de risques à ceux qu'on voulait sauver.*

« Par le peu de choses très vagues qu'on m'a marqué, en me renvoyant au compte général, dont je viens de vous parler et qui ne peut m'arriver que morceau par morceau, je crois avoir entrevu qu'il s'est glissé, insinué dans notre parti (que je suis convaincu qui travaillait bien franchement et bien loyalement pour parvenir à notre but) des gens de celui soldés et dévoués à vos min[istres] qui, une fois instruits du projet des nôtres et du succès qu'ils étaient sur le point d'obtenir, se sont dit : Nous autres, qui ne travaillons que pour de l'argent et pour parvenir à obtenir une bonne composition pour nous, nous devons désirer de travailler et négocier pour ceux qui sont

« dehors, parce que, quand nous les ferons
« promettre et s'engager par écrit, [eux] ou
« leurs min[istres] d'An[gleterre], ils se trou-
« veront forcés de nous tenir parole. Au con-
« traire, si celui du dedans reste : 1° on lui
« fera dire par la suite qu'il n'a rien promis ;
« 2° les agents et le parti de la Conven[tion],
« qui ont mené ce projet jusqu'au point où il
« est, se trouvera (*sic*) le premier en date et
« nous serons considérés tout au plus comme
« auxiliaires. Ainsi il faut tromper ce parti
« lui-même, il faut lui faire accroire que nous
« prêtons les mains à son plan et quand nous
« serons certains de leur sécurité, il faut nous
« défaire de celui de dedans ou nous en rendre
« maîtres et le cacher à tout le monde entier
« et surtout à eux, afin de pouvoir nous en
« servir seuls, en dernière ressource.

« Comment tout cela s'est-il trouvé ? Quelle
« est l'attitude de ces deux partis l'un devant
« l'autre et celui de tous les deux, dans ce
« moment, vis-à-vis du reste de la Convention ?
« Quelle sera la suite ? Est-il encore quelque
« parti à tirer de tout cela ? Les seuls détails
« du journal peuvent d'abord vous faire con-
« naître si j'ai bien saisi le plan qu'on m'a dit
« et ensuite nous intruire s'il est encore quel-

« que chose à faire, pour avoir rempli jusqu'au
« bout la tâche que nous nous sommes impo-
« sée.

« Je vous ajouterai que j'ai cru encore entre-
« voir que, au parti de nos agents et de ceux
« qu'ils avaient gagné dans la Convention —
« à celui des agents de vos minis[tres] et de
« leurs soldés dans la Conven[tion] — s'est
« venu mettre à côté un troisième, qui a peut-
« être précipité notre malheur. Mais, quand
« vous me direz : Expliquez-moi donc cela, je
« vous repondrai : Attendez donc que je voie
« clair.

« Tout ce que je peux dire à présent, c'est
« qu'à force d'avoir souffert, je suis devenu
« presque insensible à la douleur et que,
« d'après tous mes calculs, j'ose croire qu'il
« n'y a rien à objecter, soit à la prudence, soit
« au zèle que nous avons employé et que si
« nous avons manqué d'activité, la faute n'en
« est certes ni à vous ni à moi, mais bien à
« la force majeure, que vous vous rappelez
« qui nous a tenus pour ainsi dire enchaînés
« près de trois mois [1]. »

Qu'y avait-il à déduire de cet ensemble

[1] Lettre de Cormier à M⁰⁰ Atkyns du 13 octobre 1795. *Papiers inédits de Mᵐᵉ Atkyns.*

d'explications, qui formaient un imbroglio tel
que l'auteur de la lettre ne parvenait pas lui-
même à en sortir? Nul doute sur les agissements du ou des partis qui étaient venus à
l'encontre des projets de notre comité royaliste. Leur influence, le succès de leurs efforts
n'était pas niable. Au reste, la première question que devait se poser la malheureuse femme
et que nous nous posons nous-mêmes est celle-
ci : le Dauphin est-il encore en vie? Or, la
suite de nos textes nous fournit une réponse
affirmative et précise.

Mme Atkyns, avons-nous dit, s'était décidée
à se renseigner de son côté sur l'issue de l'entreprise. Soit par d'Auerweck, soit par un
autre agent, ce qu'elle apprit la confirma entièrement dans ses suppositions. Il ne fallait plus
en douter, le Dauphin était hors du Temple,
sauvé par ses sacrifices, mais, comme elle le
déclarera positivement plus tard « un pouvoir
supérieur au sien s'en était emparé[1] », et elle
se trouvait frustrée de la récompense de son
incomparable dévouement. Aussi, quand, l'année suivante, Cormier qui a fini par désespé-

---

[1] Témoignage de M. Charles Lair, maire de Parnay près Saumur,
en date du 15 mai 1883, publié par *La Légitimité* du 2 novembre
1883, pp. 642-645.

rer tout à fait, la conjure de prendre son parti de leur insuccès et cherche à lui en démontrer la réalité, son amie se gardera de lui répondre, de crainte de compromettre l'enfant royal qu'elle sait exister et qu'elle espère encore rejoindre. « Ces confidences sont de M. de Cor-« mier, écrit-elle dans une note, mais moi, « pensant qu'il se trompait en ce qui concer-« nait le jeune roi, je craignais de ralentir « l'affaire qu'autrement j'aurais exécutée et la « peur de faire quelque chose qui pût nuire à « la fille de mon auguste amie me fit garder « le silence. *Le Roi était dans la situation qu'il* « *ne pouvait rester en vie si je parlais de* « *lui*[1]. »

Et voilà comment, en dépit de toutes les apparences, Mme Atkyns gardait son opinion et son espoir, dont elle ne pouvait douter. Peu d'années après, alors que, fugitive en France, elle était venue chercher une retraite chez des amis au bord de la Loire, elle leur affirmait ce que l'on vient de narrer : que par ses moyens le Dauphin avait été sauvé[2]. Qui

---

[1] Note de la main de Mme Atkyns au bas d'une lettre de Cormier du 24 mars 1796. *Papiers inédits de Mme Atkyns.*

[2] Témoignage de M. Lair cité plus haut. L'aïeul maternel de l'auteur, M. Mathieu-Scipion-Paul-Michel Marchant de Verrière, chevalier de Saint-Louis, fourrier des logis du roi, après

sait même si avant de voir s'éloigner, emmené
par d'autres mains, celui pour le salut duquel
elle avait tout fait, tout donné, il ne lui fut
pas permis de le contempler quelques instants et de conserver ainsi sa conviction inébranlable ?

De la multitude des participants mêlés à
cette entreprise mystérieuse, innombrables
agents de ces différents partis qui rivalisèrent
dans le même but, la plupart des noms, à
nous comme à elle, sont restés inconnus.

avoir échappé au massacre du 10 août, revint dans sa campagne
de Parnay où, pendant la Terreur et les années suivantes, il donna
asile à un grand nombre d'émigrés, dont il facilitait la fuite sur
la Vendée. « C'est pendant qu'il se livrait à ces pénibles et dange-
« reuses occupations que vint se réfugier chez lui une amie, dont
« ma grand'mère avait fait connaissance à Paris, une Anglaise,
« Mᵐᵉ Charlotte Atkyns, duchesse (?) de Ketteringham, femme très
« belle et d'une rare intelligence (elle fut ma marraine en 1801 et
« l'on me donna son prénom, Charles). Je conserve son portrait en
« miniature qu'elle nous a donné. Elle était activement poursui-
« vie par la police sous divers noms et déguisements ; elle l'était
« en ce moment sous le nom de *Petit Matelot*. Le cabinet anglais
« l'avait chargée de sauver ce qu'elle pourrait de la famille
« royale de France détenue au Temple. *Elle assura mes parents*
« *qu'elle était parvenue à sauver le Dauphin, ajoutant qu'une fois*
« *l'enfant sorti de la tour du Temple, un pouvoir supérieur au sien*
« *s'en était emparé...,* que pour faire sortir l'enfant, elle avait dû
« donner 30 000 francs (je crois avoir retenu ce chiffre). » Nous
avons été à même de contrôler ce témoignage, dont nous ne donnons ici qu'un fragment et nos investigations personnelles nous
ont permis de le confirmer absolument. L'on verra même que les
chiffres cités étaient bien inférieurs à la réalité. C'est précisément
la miniature ici mentionnée qui figure en tête de ce volume, grâce
à l'obligeance de M. le comte Lair, qui a bien voulu nous communiquer en outre tout un dossier de lettres de Mᵐᵉ Atkyns, posté-
rieures à la Révolution. Nous lui exprimons encore ici notre
reconnaissance.

Laurent, l'âme des substitutions, partit l'année suivante pour Saint-Domingue et ne donna dès lors plus signe de vie[1]. Gomin, qui fut, semble-t-il, à demi son complice, suivit la fille de Marie-Antoinette en Autriche et se garda bien de dévoiler le peu qu'il pouvait savoir. Quant à nos trois comparses, Cormier, Frotté et d'Auerweck, la suite de ce récit expliquera les raisons de leur silence.

Toutefois, dans ces ténèbres épaisses, mystérieuses, qui recouvrirent et ceux qui se trouvèrent mêlés à ce drame palpitant et les événements qui se déroulèrent au sein de l'enceinte du Temple, il est au milieu de la nuit profonde, dans laquelle vinrent se noyer et s'étouffer tous les bruits, une voix qui parla et qui désira faire entendre son témoignage. S'il est impossible, dans le cadre étroit de cette étude, d'examiner en détail ce témoignage, l'on ne peut passer sous silence un fait bien connu et discuté aujourd'hui, les déclarations de la femme du cordonnier Antoine Simon, le premier gardien du Dauphin. L'on sait que « la Simon », après avoir vu disparaître son mari dans la tourmente révolution-

---

[1] Il mourut à Cayenne le 22 août 1807. Il était secrétaire du commissaire du gouvernement, Victor Hugues.

naire — il fut guillotiné en thermidor — passa le reste de son existence à l'hospice des Incurables de la rue de Sèvres, et que là, à maintes reprises, elle affirma être convaincue de la survivance de son protégé, qu'elle disait avoir vu enlever, lors de leur départ du Temple, dans la soirée du 19 janvier 1794. Ajoute-t-on foi à ses dires, il faut admettre alors que le Dauphin n'était plus au Temple depuis janvier 1794, que l'enfant soigné par Laurent n'était qu'un pseudo-Dauphin, c'est-à-dire un substitué. Donc, en promettant à Mme Atkyns et à ses amis la remise de Louis XVII, en faisant allusion à celui-ci dans ses trois lettres, Laurent n'avait en vue qu'un substitué, qu'il remplaça temporairement par un enfant muet, — et nous rentrons alors dans notre récit — qui fut définitivement réintégré dans le cachot du Dauphin, où il mourut le 8 juin 1795[1].

Toute différente que soit cette hypothèse de la trame des événements, telle que nous avons essayé de la déduire des documents qui étaient tombés entre nos mains, elle s'en écarte, à vrai dire, moins qu'on ne le pourrait

[1] Voir à ce sujet l'article de G. Lenotre, *Louis XVII s'est-il évadé du Temple ?* Lectures pour tous, octobre 1904.

supposer, et le résultat final reste le même, à savoir que deux substitutions se sont produites, l'une d'un enfant muet, l'autre d'un enfant rachitique, ce dernier destiné à expirer le 8 juin 1795, le muet présenté, au lieu du Dauphin, aux agents de Mme Atkyns.

Mais une dernière question se pose, angoissante, harcelante. Quel a été le sort du fils de Louis XVI ? Qui l'a recueilli, aux mains de qui est-il tombé ? Ici, nous nous arrêterons, incapables de formuler une réponse, de hasarder une supposition, devant l'absence complète de tout document ou d'un témoignage digne d'être examiné. A l'aide d'informations nouvelles, nous avons essayé de faire quelque lumière dans ce « mystère du Temple », l'imbroglio le plus extraordinaire, le plus stupéfiant qui se soit jamais vu. En dehors du Temple, le mystère reprend, plus impénétrable que jamais.

CHAPITRE VI

LES AMIS DE Mme ATKYNS

Des acteurs qui tour à tour tinrent leur rôle dans l'intrigue engagée autour de la prison du Temple et dont on a surpris l'intervention discrète, intermittente, il en est un qui s'est effacé peu à peu, dont le nom se fait de plus en plus rare et qui disparaît presque complètement de la scène, sur laquelle on l'avait vu aller et venir.

Que faisait donc le chevalier de Frotté, pendant que luttaient désespérément Mme Atkyns et Cormier contre la fortune hostile et les difficultés? Comment, de son côté, employait-il son activité pour réaliser, selon ses assurances réitérées, « le but de sa vie, » et les promesses qu'il exprimait naguère avec tant d'enthousiasme et de passion ?

Transporté de joie, à la nouvelle que le cabinet britannique songeait enfin à écouter ses projets et à l'envoyer en Normandie[1], Frotté, en quittant Londres, s'en était allé avec quatre compagnons d'armes à Jersey[2], le grand rendez-vous des chouans pour les entreprises dirigées sur le continent et pour la préparation d'un débarquement sur la côte française.

On était au cœur de l'hiver ; la neige était tombée en abondance, les vents soufflaient contraires. Plusieurs semaines se passèrent pendant lesquelles la patience de nos émigrés fut soumise à une rude épreuve. Rien n'était moins facile que d'aborder la côte normande en de pareilles conditions. Sans compter la difficulté de trouver un bâtiment avec un équipage résolu à affronter la croisière ennemie, il fallait encore choisir un point, où la nature du terrain rendît la surveillance plus compliquée. Les « bleus » étaient échelonnés tout le long des falaises ; leurs fortins formaient une ligne redoutable à franchir. Bref, nos officiers se trouvaient

---

[1] Lettre de Frotté à Mᵐᵉ Atkyns du 27 décembre 1794. *Papiers inédits de Mᵐᵉ Atkyns.*

[2] La Sicotière. *Ouvrage cité*, t. I, p. 74.

MARIE-PIERRE-LOUIS, COMTE DE FROTTÉ

1766-1800

d'après un portrait appartenant au Marquis de FROTTÉ

arrêtés dès le commencement par de sérieux obstacles.

Le 11 janvier 1795, de Guernesey, on les vit partir dans la soirée sur un petit voilier conduit par des marins anglais ; ils emmenaient avec eux trois émigrés qui devaient leur servir de guides. Que se passa-t-il exactement ? On ne sait. Toujours est-il que le lendemain, leur embarcation rentrait à Guernesey, sans gouvernail, désemparée, ramenant Frotté et ses quatre compagnons. Trompés par l'obscurité, suivant leur récit, ils avaient longtemps erré le long de la côte, au milieu des rochers ; leurs trois guides, ayant débarqué les premiers, avaient disparu dans l'intérieur des terres, au milieu des coups de feu, et c'est à grand'peine que nos gens, poursuivis par la flottille ennemie, avaient pu regagner les Iles normandes [1]. Il fallait attendre encore.

Au commencement de février, ils renouvelèrent leur tentative et réussirent à débarquer près de Saint-Brieuc. Frotté s'enfonça aussitôt dans les pays insurgés pour prendre part aux opérations. Mais là aussi la malchance le poursuivait.

[1] **La Sicotière.** *Ouvrage cité*, t. I, pp. 74 et 75.

Il n'y était pas en effet depuis quinze jours qu'il apprenait avec surprise que les chouans, sous la direction de Cormatin, venaient de conclure une trêve pour préparer la paix. Qu'on juge de sa déception! Avoir patienté si longtemps, ne s'être trouvé mêlé qu'à un engagement sans importance pour en arriver là! C'en était fait de ses beaux rêves et des succès entrevus. Mais il n'y avait qu'à s'incliner. Le 17 février 1795, le traité de la Jaunaye était conclu et un mois plus tard, Frotté, qui n'avait cessé de courir la Vendée et la Normandie pour examiner le terrain, s'établissait à Rennes, d'où il assistait aux débuts des conférences de La Mabilais, qui devaient confirmer la trêve précédente[1].

Si la tournure prise par les événements l'avait un instant dérouté, ses pensées ne quittaient pas le but secret qui l'amenait en France. Cependant, un changement d'abord imperceptible mais bientôt facile à observer, s'opérait en lui.

On n'a pas oublié l'antagonisme dissimulé qui avait fini par séparer Cormier du chevalier de Frotté. Le ressentiment nourri par ce

---

[1] La Sicotière, *Ouvrage cité*, t. I, pp. 74 et 75.

dernier n'avait pas disparu ; au contraire,
l'éloignement de son amie, et la pensée
d'être tenu à l'écart avaient redoublé sa jalousie. Les plaintes qu'il exprimait de Jersey
relativement à son ignorance de l'affaire du
Temple l'ont clairement montré[1]. Le résultat
était inévitable. Le « général », mécontent
d'être laissé de côté, navré de se voir enlever
une part de ses affections et enfin tout entier
à son rôle de chef des chouans allait se dé-
sintéresser de l'entreprise du Temple. Il ne
manquait certes pas de prétextes pour justifier cette quasi-désertion.

Le 16 mars, désireux d'éclairer son amie il
s'ouvrait à elle de ses sentiments et lui expliquait sa conduite. A l'entendre, il fallait
abandonner l'espoir de rien faire pour le salut
du Dauphin. Mis en présence des représentants de la Convention venus pour traiter à
La Mabilais, Frotté s'était un jour hasardé à
prendre à part l'un d'eux et à lui demander
à brûle-pourpoint, si au besoin, le gouvernement républicain, pour faciliter la marche des
négociations, consentirait à admettre quelque proposition touchant l'enfant prisonnier

---

[1] Voir p. 193.

et même à lui permettre, à lui Frotté, de pénétrer au Temple. Le conventionnel, interloqué, avait réclamé un jour pour réfléchir. Le lendemain, après avoir consulté ses collègues, il revenait à Frotté et lui apprenait que toute tentative de ce genre était parfaitement inutile. « Votre dévouement ne servirait de rien, ajouta-t-il, car, sous Robespierre, on a tellement dénaturé le physique et le moral de ce malheureux enfant, que l'un est entièrement abruti et que l'autre ne peut lui permettre de vivre. Ainsi renoncez à cette idée... car vous n'avez pas l'idée de l'appauvrissement et de l'abrutissement de cette petite créature [1]. »

Ces lignes, reflet de l'opinion courante qui circulait alors parmi les représentants officiels de la Convention, ne s'éclairent-elles pas d'une façon surprenante lorsqu'on songe à la situation telle qu'elle était au Temple dans ce même mois de mars 1795, et le refus très net opposé par le conventionnel à Frotté de laisser voir l'enfant, ne concorde-t-il pas de tous points avec ce que l'on sait de la substitution opérée ?

[1] Lettre de Frotté à Mme Atkyns, datée de Rennes, 16 mars 1795. Cette lettre a été publiée par La Sicotière, partiellement d'abord, dans la *Revue des questions historiques* du 1er octobre 1882, p. 576, puis intégralement dans *Louis de Frotté*, t. I, p. 90.

A cette substitution d'ailleurs Frotté faisait la plus claire des allusions, en exprimant à la fin de sa lettre l'avis suivant : « *Peut-être la Convention veut-elle faire périr l'enfant qu'elle a mis à la place du jeune Roi, pour se réserver la ressource de faire croire que ce dernier n'est pas le véritable et n'est que le supposé[1] ?* » Quant à lui, sa conviction était établie ; il renoncerait désormais à plus rien tenter pour la délivrance du Dauphin.

Le 20 avril 1795, la pacification conclue à La Mabilais était signée et Frotté, qui avait refusé d'y souscrire, repartait pour la Normandie, certain de voir sous peu la lutte recommencer et impatient de préparer à nouveau l'insurrection. Avait-il reçu quelque réponse de son amie à sa missive si positive ? Assurément non. Mme Atkyns, eût-elle accordé quelque créance aux assertions de Frotté, les aurait bien vite oubliées, puisque, dès le mois de juin, grâce à Cormier, elle était sûre de la réussite de leur plan. Aussi ne sachant que dire à son ancien adorateur — Cormier avait défendu qu'on apprît à Frotté les noms des agents qui tra-

[1] *Idem.*

16

vaillaient pour eux, « et je m'en applaudis tous les jours, écrivait-il plus tard[1] » — elle avait résolu de garder le silence.

Peu après, au lendemain du 8 juin, le bruit de la mort du Dauphin se répandait en Normandie et chez les chouans. La proclamation du ci-devant comte de Provence — depuis combien de semaines se rongeait-il d'impatience pour pouvoir enfin la publier ! — qui déclarait succéder à son neveu sur le trône de France, était lue aux insurgés. Gagné depuis quelque temps par les avances du prétendant, le chevalier de Couterne mettait résolument son épée au service du nouveau roi[2].

Qu'aurait-il fallu pour lui faire abandonner l'opinion qu'il avait adoptée ? Un entretien avec Mme Atkyns pouvait-il lui ouvrir les yeux ? Peut-être ; mais, tout entier à sa mission, parcourant la province en armes, allant de combats en combats, Frotté ne s'appartenait plus.

Pourtant, à la fin de l'année 1795, quelque remords ou le désir de rentrer en grâce auprès

---

[1] Lettre de Cormier à Mme Atkyns datée de Hambourg. 24 mars 1796. *Papiers inédits de Mme Atkyns.*

[2] La Sicotière. *Ouvrage cité*, t. I, p. 315.

de son ancienne amie, qui à deux reprises
l'avait supplié de s'expliquer et de donner de
ses nouvelles, décidèrent Frotté à reprendre
la plume. Il venait de guerroyer durant plusieurs mois, concertant les surprises et les
embuscades, toujours sur le qui-vive. A deux
reprises, il avait failli être enlevé par les
bleus. Et malgré tout, il trouvait encore le
temps de tenir à jour une correspondance
incessante avec ses compagnons qui opéraient
plus au sud ou à l'ouest, en Vendée et dans le
Bocage, avec les chefs restés à Londres, qui
fournissaient l'argent et les subsistances,
avec Louis XVIII enfin, pour lequel il avait
juré de verser la dernière goutte de son sang.
Aussi ne faut-il point s'étonner d'entendre
s'exprimer ainsi « le général des chouans »
et de constater le changement survenu dans
sa conduite, changement dicté par les circonstances et par la situation nouvelle dans
laquelle il se trouvait. Voici comment il cherchait à désabuser Mme Atkyns de l'espoir
qu'elle conservait encore :

« Non, ma belle dame, je n'oublierai jamais
« plutôt mon attachement pour vous que mon
« dévouement sacré pour le sang de mes
« Rois. Je n'ai en rien manqué à mes engage-

« ments, mais malheureusement je n'ai eu
« que de funestes nouvelles à apprendre. J'ai
« eu la douleur de voir que nous avions été
« trompés de la manière la plus détaillée. J'ai
« encore été près d'un mois dans l'erreur.
« après avoir débarqué, mais enfin j'ai été à
« la source. Je n'ai pu voir le malheureux
« infortuné qui était né pour nous gouverner.
« Il n'a point été sauvé. Les monstres double-
« ment régicides, après l'avoir laissé long-
« temps languir, l'ont fait périr dans sa pri-
« son, dont il n'est jamais sorti. Jugez, mon
« amie, combien nous avons été abusés tous.
« Je ne puis croire comment, sans même avoir
« reçu mes lettres, vous pouvez être encore
« dans l'erreur... Il ne vous reste plus qu'à
« pleurer notre trésor et à punir les scélérats
« qui l'ont fait périr. Il a rejoint les augustes
« auteurs de ses jours. Madame seule reste
« encore et il est à peu près certain, si cela
« n'est pas fait, qu'elle sera renvoyée à l'Em-
« pereur [1]. »

Ces lignes n'étaient que la confirmation du
message transmis par Frotté au mois de mars
précédent et qui résultait de sa conversation

---

[1] Lettre de Frotté à Mme Atkyns du 28 décembre 1795. *Papiers
inédits de Mme Atkyns.*

avec le représentant de la Convention[1]. La
nouvelle de la mort du Dauphin proclamée peu
après, il n'en avait pas fallu plus pour persuader le chevalier de Couterne et lui faire
accepter les avances pressantes du comte de
Provence. La manière dont il en parlait laissait clairement entrevoir ce qui s'était passé
en lui, devenu désormais le serviteur fidèle
du régime nouveau :

« Comment avez-vous pu rester dans l'er-
« reur, écrivait-il encore, quand toute la
« France a retenti des malheurs de notre jeune
« et malheureux Roi. *Toute l'Europe a reconnu*
« *Son Altesse Royale son oncle, pour roi de*
« *France... Les droits du sang me donnent un*
« *autre maître, Madame, et je lui dois égale-*
« *ment mon zèle et mon bras*, assez heureux
« pour avoir réuni de braves royalistes. J'ai
« l'honneur de me trouver à la tête de ceux
« qui combattent en Normandie. Voilà, Ma-
« dame, ma position. Vous sentirez facile-
« ment combien j'ai souffert du sort affreux
« de mon jeune Roi et rien n'ajoute plus à
« mes peines que l'idée de la douleur que vous
« ressentirez, lorsque vous connaîtrez la vé-

[1] Voir p. 240.

« rité. Mais, mon amie, modérez votre trop
« juste douleur; vous ne vous devez pas moins
« à la sœur qu'au frère[1]. »

Et pour donner plus de force à ses conseils,
Frotté rappelait à propos le souvenir de la Reine
qui devait suffire, pensait-il, à emporter les derniers scrupules de la courageuse lady. « Rap-
« pelez-vous les ordres de votre auguste amie
« et vous opposerez votre courage aux coups
« affreux qui vous éprouvent. Vous résisterez
« à la douleur pour rester attachée à Madame.
« Vous vivrez pour elle... pour vos amis et sur-
« tout rendez-leur plus de justice. Adieu, ma
« malheureuse amie, recevez l'hommage d'un
« loyal et vrai royaliste, qui ne cessera jamais
« de vous être dévoué, qui gémira toujours
« d'avoir été abusé et d'avoir été témoin de la
« manière dont vous avez été trompée, mais
« c'est le tout des belles âmes. Adieu. Vivez
« de grâce, vivez pour vos véritables amis.

[Louis de Frotté][2]. »

Cet adieu exprimé avec une telle aisance
devait-il marquer la séparation définitive de
deux cœurs unis par tant de souvenirs com-

---

[1] Lettre de Frotté du 28 décembre 1795.
[2] *Idem.*

muns ? On serait tenté de le croire. La conviction de Mme Atkyns était de nature, on l'a vu, à résister à tous les efforts et la seule conséquence que put avoir sur son esprit ce langage, fut de lui donner à entendre que tout était fini entre elle et l'ancien officier de Colonel-Général. A une tentative de ce dernier pour renouer les relations et reprendre les lettres qu'elle possédait de lui, elle aurait opposé un refus très net, s'il faut en croire un confident auquel elle raconta la chose plus tard[1].

Frotté, cependant, avait réussi à rentrer en possession d'une partie de sa correspondance, puisque de retour dans son château de Couterne, cet infatigable mémorialiste, dans les rares loisirs que lui laissaient les opérations militaires, rédigea plusieurs cahiers remplis de souvenirs, de considérations politiques, de réflexions destinées à justifier sa conduite. Dans un de ces cahiers, aujourd'hui soigneusement conservés, il avait transcrit des fragments de ses lettres à son amie, fragments choisis avec circonspection et qui ne pouvaient en aucune sorte engager sa responsabilité dans l'affaire du Temple, une fois la

---

[1] Témoignage du vicomte d'Orcet rapporté par Le Normant des Varannes. *Histoire de Louis XVII*, p. 23.

mort du Dauphin officiellement proclamée[1].

L'avenir se serait chargé peut-être de l'éclairer sur la réalité des faits, telle que nous l'ont apprise les documents, mais les jours du hardi chef des chouans étaient comptés.

L'on connaît sa fin : comment, attiré dans le plus vulgaire des guet-apens, sur l'ordre de Napoléon, au mépris du sauf-conduit dont il était muni, Frotté et six de ses compagnons furent fusillés, le 18 février 1800, à Verneuil. Ces cinq années lui auraient-elles laissé entrevoir la vérité, le chevalier de Couterne, par respect pour le roi qu'il servait, se serait gardé d'en parler. Il emportait dans la tombe le secret de sa conviction intime.

La fin glorieuse du fusillé de Verneuil eut un retentissement considérable au dehors. A Londres, Peltier, qui était bien placé pour juger et estimer la victime de Bonaparte, poussa un cri de fureur en apprenant l'événement et longtemps, sa gazette exhala son

---

[1] C'est d'après ces cahiers, que nous avons eus entre les mains, que M. de la Sicotière a publié les quelques lettres de Frotté à Mᵐᵉ Atkyns auxquelles nous renvoyons plus haut. Le caractère fragmentaire de ces documents pouvait faire supposer que le biographe de Louis de Frotté avait fait un choix dans le texte de ces lettres, mais en recourant aux originaux, on constate que c'est Frotté lui-même qui s'est rendu l'auteur de nombreuses coupures dans la correspondance de son amie.

indignation contre le « tyran abhorré », auquel il avait juré une haine implacable[1].

* *

Le cercle étroit des amis dont s'entourait Mme Atkyns à Londres perdait ainsi l'un de ses membres. Depuis le départ de Frotté, cependant, et au milieu des tristesses d'un avenir incertain, la confidente de la Reine avait fait la connaissance d'une Française qui séjournait déjà depuis plusieurs années sur terre anglaise et dont les sentiments s'étaient trouvés correspondre aux siens d'une façon surprenante. Non loin de Londres, à Richmond, une émigrée était arrivée un beau jour du continent et avait trouvé dans la petite ville l'accueil le plus hospitalier.

Pâle, défaite, l'expression inquiète, remplie d'une sombre douleur qui défigurait presque son visage, Louise de Châtillon, princesse de Tarente, femme du duc de la Trémoïlle, venait d'échapper à la mort d'une façon miraculeuse. Suivante de Marie-Antoinette, dont elle

---

[1] « Cet horrible forfait couvre à jamais Bonaparte de honte et « d'infamie; il faut que l'un et l'autre soient le premier besoin de « son cœur, car enfin, cette atroce et vile trahison lui était inu- « tile... » *Paris pendant l'année* 1800, vol. XXVI, n° 200, p. 81.

n'avait été séparée que par la force, elle s'était vue arrêtée le lendemain du 10 août, sous l'inculpation d'avoir été l'amie de la princesse de Lamballe. Enfermée dans la sinistre prison de l'Abbaye, elle avait senti la mort tous les jours à ses côtés. De son cachot, elle entrevoyait les septembriseurs, elle entendait les cris d'agonie de leurs victimes. Enfin, après dix jours d'emprisonnement, grâce à une intervention inespérée, on l'avait libérée et au mois de septembre 1792, la malheureuse réussissait à trouver un bâtiment, qui la déposa en Angleterre[1].

C'était une figure singulièrement originale que celle de la princesse de Tarente et l'on ne peut retenir un mouvement de surprise en examinant le portrait qui accompagne ses « *Souvenirs* » récemment publiés. Le drame auquel elle venait d'assister et les spectacles sanglants qui se déroulèrent devant elle l'avaient à ce point troublée que jamais son visage ne quitta cette expression d'amère tristesse que l'épreuve y avait empreinte. Ses yeux lancent des regards farouches, ses cheveux défaits recouvrent en partie son front. Il

[1] De la Trémoïlle. *Souvenirs de la princesse de Tarente*, 1789-1792. Paris, 1901. In-12° *passim.*

n'y a presque plus rien de féminin dans cette physionomie. Aussi, en la voyant pour la première fois, la gracieuse lady de Ketteringham dut-elle éprouver une impression inattendue. Bien vite cependant, leurs relations se resserrèrent. C'est que dans leur vie un seul et unique souvenir tenait une place exclusive. Toutes deux avaient approché Marie-Antoinette, subi son contact irrésistible, toutes deux s'étaient senties envahir par ce charme magique qu'exerçait la Reine sur certains esprits. Aussi, le culte qu'elles lui vouaient était-il aussi sincère et ardent d'un côté que de l'autre.

Un seul lien unit ces deux femmes et fait l'objet de leur conversation : le souvenir de la Reine. Aucune de leurs lettres ne manque d'y faire allusion. Mme de Tarente se révèle comme une âme très sensible, passionnée, ne le cédant en rien pour le cœur à celle à qui vont ses épîtres.

L'écho du dévouement et des sacrifices accomplis par Lady Atkyns s'était répandu dans la société anglaise et la princesse, entendant à son tour parler de sa conduite, fut impatiente de connaître « celle qui plus heureuse qu'elle, avait pu donner quelques sou-

lagements à des maux qu'elle aurait voulu
racheter au prix de sa vie[1]. » Le duc de
Queensberg ménagea un rendez-vous entre
les deux femmes. Que dut être leur entrevue!
Avec quelle émotion s'interrogèrent-elles tour
à tour, brûlant d'apprendre quelque détail
nouveau sur la Reine! Les questions les plus
pressantes, les plus nombreuses, venaient à
coup sûr de la princesse, avide de connaître
le récit des tentatives de la courageuse femme,
de sa visite à la Conciergerie, de sa conversation avec la prisonnière. Sa curiosité était
insatiable. Pendant des semaines, elles échan-
gent de petits billets où se lit toute l'affection inquiète de Mᵐᵉ de Tarente. Elles ne se
désignent plus que par leurs prénoms de
Louise et de Charlotte. A la princesse émue
Mᵐᵉ Atkyns montre les quelques souvenirs
qu'elle a de Marie-Antoinette, les dernières
lignes qu'elle possède d'elle. Et, ce qu'il y a de
touchant dans cette amitié profonde, c'est
que vivant presque exclusivement dans le
passé, chaque jour représente pour les deux
amies un anniversaire dans l'existence de
la Reine, anniversaire rempli de doux souve-

---

[1] Lettre non datée de la princesse de Tarente à Mᵐᵉ Atkyns.
Papiers inédits de Mᵐᵉ Atkyns.

nirs ou au contraire évoquant des heures
d'angoisse :

« Dieu comme j'ai été triste hier, écrit la
« princesse. C'était un vilain jour où la Reine
« n'a échappé à l'assassinat qu'en se sauvant
« presque sans vêtements chez le Roi, au mi-
« lieu de la nuit. Et pourquoi a-t-elle échappé?
« *Pour vous connaître*, sans cela, le Tout-
« Puissant aurait dû la protéger assez pour la
« faire succomber ce jour-là[1]. »

Malgré l'affection qui l'entoure, Mme de Tarente pleure tous les jours sa solitude. « Je
« suis au milieu du monde et je suis seule.
« Hier, j'aurais eu tant de besoin de parler de
« ce qui occupait mon pauvre cœur ; personne,
« et j'étais entourée de Fr..., n'aurait pu m'en-
« tendre. Aussi, j'ai gardé mon chagrin et mes
« souvenirs pour moi-même et j'ai été comme
« ces poupées qu'on monte et qui vont pour
« quelque temps. Je retombais et je reprenais
« courage. Ah ! que cette vie est triste[2]. »

Plus les semaines passent et plus elle
souffre de l'absence de son amie, qu'il lui
faut à ses côtés. Les distractions qu'on lui

---

[1] Lettre non datée de la princesse de Tarente à Mme Atkyns.
Papiers inédits de Mme Atkyns.

[2] *Idem.*

offre, les séjours loin de Richmond, les fameuses courses de Newmarket, ne parviennent pas à lui faire oublier son amitié ni les
souvenirs qui l'obsèdent[1] : « Soyez sûre, ma
chère, que la meilleure, la plus constante
amie de la Reine ne peut pas plus que son
idée être longtemps loin de ma triste pensée ;
ce que je sais de vous a tellement uni vous à
Elle que je ne puis penser à Elle sans penser à
vous[2]. » Et ce qui redouble son chagrin, ce
qui rend plus cuisants ses regrets, c'est l'impossibilité où elle s'est trouvée d'accompagner
Marie-Antoinette jusqu'au bout, c'est le fait
d'avoir été séparée d'elle, au moment où le
malheur frappait la Reine.

« Hier, 3 septembre, était donc le dernier
« jour dans la triste année 1792 où, en conti-
« nuant ma pénible existence, j'ai cessé
« d'avoir aucun rapport avec la Reine, enfin le
« jour où ma liaison avec elle n'a plus existé
« qu'au fond d'un cœur qui l'a su plaindre,
« qui aujourd'hui la pleure, comme le premier

---

[1] « Je ne vois pas les courses, je ne prends plaisir à rien, je suis
« inquiète et tourmentée ; de grâce, un mot de vous qui me console.
« s'il est possible que je le sois. » Lettre de la princesse de Tarente
à Mme Atkyns datée de Newmarket, 1er novembre 1796. *Papiers
inédits de Mme Atkyns.*

[2] Lettre de la princesse de Tarente à Mme Atkyns datée d'Hamp-
stead, 19 août 1796. *Papiers inédits de Mme Atkyns.*

« jour. Ah ! plaignez-moi. Vous qui savez
« aimer et conserver le souvenir de ce qu'Elle
« fut, de ce qu'Elle méritait et de ce qu'Elle
« est devenue. Je voulais vous parler de vous
« et je ne vous parle que d'Elle... Que de biens
« je vous dois ! C'est Elle qui du haut du ciel a
« veillé sur notre réunion. Elle a trouvé que ma
« persévérance méritait la récompense de ren-
« contrer celle qu'Elle nomma son amie. C'est
« un nouveau bienfait que je reçois d'Elle,
« avec autant de sensibilité et de reconnais-
« sance qu'aucun qu'Elle a jamais daigné me
« faire, quand j'avais le bonheur de la voir[1]. »

Dans l'été de 1797, la princesse de Tarente
prit une grosse décision. L'empereur et l'impératrice de Russie, qu'elle avait autrefois
connus à la Cour, ayant entendu parler de
ses épreuves et de la position peu enviable
dans laquelle elle se trouvait, la pressaient
de venir en Russie, où on lui réservait le meilleur des accueils. Après de longues hésitations, elle se décida à accepter l'invitation
proposée, mais ce ne fut pas sans de vrais
déchirements qu'elle se sépara de ses amis

---

[1] Lettre de la princesse de Tarente à Mme Atkyns datée de Richmond, 4 septembre 1796. *Papiers inédits de Mme Atkyns.*

d'Angleterre, de sa Charlotte surtout, qui
occupait une si grande place dans sa vie. Elle
quitta Londres à la fin du mois de juillet et
atteignit Saint-Pétersbourg quinze jours plus
tard. A peine débarquée, elle faisait part à son
amie des incidents de son voyage et de ses
premières impressions.

Son arrivée connue, on s'était empressé
autour d'elle. LL. MM. l'avaient reçue dans
leur palais de Péterhof avec toutes sortes
d'égards[1]. Nommée aussitôt dame d'honneur
de l'Impératrice, elle jouissait maintenant des
nombreux avantages attachés à cette charge.
La maison où elle demeurait lui avait été pré-
parée sur l'ordre de l'Empereur[2]. Enfin, elle
s'était vu décerner l'ordre de Sainte-Catherine et l'Impératrice, le jour de sa fête, lui
faisait envoyer son portrait. Comment résis-

---

[1] « Il est impossible de faire un accueil plus flatteur et plus
« touchant que celui que l'Empereur et l'Impératrice ont bien voulu
« faire non à Mᵐᵉ de Tarente, elle n'avait aucun droit pour cela,
« mais à celle que la Reine daigna aimer, quand elle fut dans l'ad-
« versité et dont elle éprouva la fidélité. Cette idée m'attache forte-
« ment aux bienfaits de LL. MM. Il me paraît que c'est un hommage
« rendu à la reine de France. » Lettre de la princesse de Tarente
à Mᵐᵉ Atkyns du (30 juillet) 10 août 1797. *Papiers inédits de
Mᵐᵉ Atkyns.*

[2] « Je suis plus en liberté de vous écrire aujourd'hui, ma chère
« Charlotte. Je commence à être mieux établie dans le joli logement
« que LL. MM. avaient eu la bonté de me faire préparer à la ville,
« en attendant mon arrivée dans leurs États. » *Idem.*

ter à une réception si flatteuse ? « L'idée de
« me revoir auprès des rois a ramené mon
« pauvre cœur à d'autres temps. Ce que j'ai
« souffert ne peut se comprendre. Ce chan-
« gement a été si subit. La sensibilité de
« LL. MM. s'est montrée d'une manière bien
« touchante pour moi et dont mon cœur leur
« a tenu compte[1]. »

Elle dépeignait à Mme Atkyns sa nouvelle
situation si différente de son existence des
mois précédents : « Ma chère, dans une minute, j'ai dépensé *l'argent qui m'a fait vivre
pendant la dernière année que j'ai passée en
« Angleterre*[2]. Je ne vais qu'à quatre chevaux
« et encore est-ce par suite de ma modéra-
« tion, car une dame parvenue aux honneurs
« dont je suis revêtue ne doit pas aller avec
« moins que six. On me menace d'être obli-
« gée de me faire faire l'uniforme de l'ordre
« de Sainte-Catherine, qui doit me coûter
« 1 200 roubles, c'est-à-dire 150 louis. Mettez
« à côté de cela, ma chère Charlotte, le ta-
« bleau de ma situation, il y a deux mois, ma
« robe de toile sous mes coudes (*sic*), allant

---

[1] *Idem.*

[2] Ces mots sont soulignés par la princesse de Tarente. Lettre à Mme Atkyns datée de Saint-Pétersbourg (14 août) 25 août 1797. *Papiers inédits de Mme Atkyns.*

« seule dans les rues, frappant à la porte de
« Charlotte, maintenant dans une voiture à
« moi, traînée par quatre chevaux et deux
« laquais derrière ma voiture, habillée, coiffée
« avec des plumes, enfin une dame du monde.
« Charlotte, cela ne vous paraît-il pas un
« rêve ? »

Mais la faveur très marquée rencontrée par
la princesse à la cour de Pétersbourg et qui
avait surpris beaucoup de personnes ne pouvait manquer d'éveiller l'inquiétude des courtisans qui remplissaient le palais. On s'éton-
nait de l'affabilité témoignée à cette étrangère
qui venait de débarquer sur terre russe. Une
semaine ne s'était pas écoulée depuis la réception de Mᵐᵉ de Tarente à Péterhof, que
l'une des suivantes de l'Impératrice, Mˡˡᵉ de
Nélidow, avertie et instruite par le prince
Alexandre Kourakine, s'empressait de représenter sous le jour le plus défavorable à sa
souveraine la conduite de la princesse et les
distinctions insolites dont elle était l'objet.
L'Impératrice, dont la jalousie s'était éveillée,
— c'est une des amies de Mᵐᵉ de Tarente qui
raconte le fait — réussit facilement à préve-
nir l'esprit de son époux, si bien que le lendemain, à la nouvelle arrivée qui s'était pla-

cée sur le passage de LL. MM. l'Empereur
ne dit pas un mot. Il ne la regarda même
pas[1].

La disgrâce était évidente, mais la princesse
en prit son parti avec assez d'aisance. L'accueil bienveillant que lui réserva la société
de Pétersbourg, la bonté et l'affection ren-
contrées dans la famille Golowine chez laquelle elle s'installa bientôt pour y demeurer
jusqu'à sa mort, lui firent vite oublier les
intrigues et les ennemis de la Cour. Et ses
lettres à « sa chère Charlotte » laissent à
peine entrevoir l'incident. Leur correspondance n'est qu'une causerie charmante, une
suite de confidences toutes féminines. Que
de sentiments divers, que d'évocations dans
ces lignes de la princesse du 16 octobre 1797 !
C'est pénétrée d'une émotion poignante que
l'exilée a inscrit cette date en tête de sa
lettre. Comment croire que quatre années se
sont écoulées, lorsqu'on lit ses appels désespérés ?

« Ma Charlotte, il faut quitter toute impres-
« sion étrangère et se renfermer aujourd'hui

---

[1] Extrait des *Souvenirs* de Mme Golowine. Ces *Souvenirs* n'ont
paru qu'en russe. *Communication due à l'obligeance de M Léonce
Pingaud.*

« dans cette seule idée qu'elle n'existe plus
« et que sa fin a été hâtée par la scélératesse
« et la vengeance des êtres humains, jadis ses
« sujets, jadis ses adorateurs, des êtres avec
« un cœur... non, ils n'en avaient pas, puis-
« qu'ils ont trempé..., puisqu'ils ont mis fin à
« une existence... que son rang, son carac-
« tère, sa figure... Toute cette journée, l'an
« passé, je fus auprès de votre lit ; nous pleu-
« râmes ensemble la reine d'Amour. Aujour-
« d'hui, seule avec mon cœur, je vous écris ;
« la distance sépare nos corps, mais nos
« âmes, leurs pensées, leurs sentiments sont
« les mêmes et je suis sûre que Charlotte et
« Louise sont réunies aujourd'hui¹. »

L'amertume, on le constate, ne s'était point
adoucie dans le cœur de la princesse, que les
considérations d'ordre politique touchaient
peu et qui n'admettait aucun accommodement
avec le régime nouveau ; le meurtre l'avait, à
ses yeux, souillé pour jamais.

La date du 2 novembre lui donnait l'occasion de revenir à son sujet préféré. C'était
l'anniversaire de la naissance de la Reine,
« dont l'étoile brilla un moment d'un éclat

---

¹ Lettre de la princesse de Tarente à Mᵐᵉ Atkyns, datée de
Saint-Pétersbourg 16 octobre [1797]. *Papiers inédits de Mᵐᵉ Atkyns.*

« plus qu'humain, mais sa sombre et triste
« destinée la fit tomber du premier trône de
« l'univers, victime de la scélératesse et de la
« vengeance de ceux qui étaient ses sujets,
« sans qu'une seule plainte sortît de la bouche
« de ceux qui devaient mettre leur gloire à
« l'arracher au sort funeste, sous lequel leur
« coupable insousciance l'a laissée succom-
« ber[1]. »

Une affection aussi ardente, une communion de pensées aussi étroite semblaient devoir se prolonger indéfiniment. Or, avec la fin de l'année 1798 cessent les relations de nos deux amies ou du moins, ce qu'on avait pu en entrevoir, disparaît alors. Le fait paraît étrange à première vue, lorsqu'on se rappelle les assurances passionnées exprimées de part et d'autre. Mais une des dernières lettres de la princesse laisse apercevoir ce qui a dû se passer. Incapable de supporter plus longtemps l'inaction, Mme Atkyns s'est décidée à retourner en France, attirée par le secret désir de se rapprocher de ceux qui ont joué un si grand rôle dans son existence des années précédentes, de revoir les amis qui l'ont aidée dans

[1] *Papiers inédits de Mme Atkyns.*

ses projets, qui sait? d'interroger des témoins compétents et d'apprendre quelque nouvelle.

La surveillance qu'elle sait relativement moins sévère sur le continent lui fait espérer d'échapper aux soupçons, et avant de mettre à exécution son dessein, elle s'en est ouverte à Mᵐᵉ de Tarente. Celle-ci s'y déclare formellement opposée et lui représente l'imprudence qu'elle va commettre. Enfin, de guerre lasse, — Mᵐᵉ Atkyns persiste dans sa résolution — la princesse cessera ses avertissements : « J'ai tant de fois combattu votre idée insensée... que je ne veux pas en dire davantage[1]. »

Pendant la fin du siècle et durant tout l'Empire, Mᵐᵉ de Tarente refusa de quitter le pays qui l'avait accueillie. Elle s'y était attachée, acclimatée, et les événements de sa patrie contredisaient trop ses sentiments, pour qu'elle se crût autorisée à reprendre le chemin de la France. Une seule fois, elle consentit à ce long voyage pour revoir sa terre de Wideville, où reposait sa fille. Mais le court séjour qu'elle

[1] Lettre de la princesse de Tarente à Mᵐᵉ Atkyns, datée de Saint-Pétersbourg, 27 novembre [1797]. *Papiers inédits de Mᵐᵉ Atkyns.*

fit à Paris, en y passant, lui refusa toute jouissance. Elle ne s'y reconnaissait plus ; la foule des souvenirs cruels l'y poursuivait et l'accablait[1]. Elle rentra à Pétersbourg, décidée à ne plus s'en éloigner. Parmi ceux qui la voyaient pour la première fois, bien peu se doutaient qu'ils avaient devant les yeux une Française, tant elle avait adopté le genre de vie et les habitudes de sa nouvelle patrie. Comme le disait le comte Rotoptchine : « Il n'y avait plus rien en elle de français que le nom[2]. »

Au printemps de 1814 parvint à Pétersbourg la nouvelle de la défaite des armées de Napoléon et de l'avènement de Louis XVIII ; le résultat ne s'en fit pas attendre. Au premier bruit, nombre d'exilés qui ne guettaient que ce signal, se préparèrent à revoir la France et Mme de Tarente parut s'apprêter elle aussi à suivre ses compatriotes. Chacun venait féliciter l'ancienne amie de la Reine, dont la vie admirable, celle d'une sainte, avait conquis la sympathie de toute la société russe.

Elle n'eut pas le temps d'entreprendre ses

---

[1] Sur ce voyage, voir l'intéressant article publié par M. Léonce Pingaud, dans le *Correspondant* du 25 avril 1904. *Les Russes à Paris*, 1800-1830, pp. 206 et suivantes. L'auteur a utilisé les mémoires de Mme Golowine, édités récemment.

[2] *Archives Woronzof*, t. VIII.

préparatifs de retour, car le 22 juin 1814, la mort l'enlevait chez ses amis Golowine où son pieux souvenir se conserva longtemps[1].

* *
*

Le séjour qu'avaient choisi M. de Cormier et « le petit baron », après la succession d'événements imprévus que leur avait réservé la première partie de l'année 1795, révélait une connaissance entendue des rares asiles, désormais réservés aux fugitifs de la République. Hambourg — c'est là, on s'en souvient, qu'étaient accourus nos deux amis — passait déjà pour une ville puissante, riche par son commerce, par le mouvement extraordinaire de son port, et son gouvernement, conscient de sa force, n'était pas moins jaloux de son indépendance. La situation exceptionnelle de cette place, au milieu des autres États de l'Allemagne, la neutralité à laquelle elle tenait et qu'elle entendait faire respecter, avaient suffi pour l'empêcher jusqu'ici de prendre ombrage des succès grandissants des armées de la

---

[1] Sur sa mort voir, comte de Falloux, *Mᵐᵉ Swetchine, sa vie et ses œuvres*. Paris, 1884, t. I, p. 98.

République française, et la Convention, trop occupée sur ses frontières, n'avait pas inquiété l'indépendance de la cité hanséatique.

Ce fait n'échappa pas aux émigrés qui trouvaient de plus en plus de difficultés à fuir les rigueurs de la surveillance révolutionnaire, et bientôt Hambourg se trouva rempli de « cidevant », nobles, ecclésiastiques, chouans, conspirateurs, agents royalistes, tout comme Londres l'avait été quelques années auparavant. A l'abri des surprises, en communication constante avec l'Angleterre, l'Allemagne et l'Italie, ce monde remuant avait découvert la retraite idéale, propre à favoriser les projets les plus divers. Des cercles s'étaient formés autour de noms déjà célèbres. Rivarol était le centre d'une société choisie, aux goûts intellectuels, qui ne se rassasiait pas de sa verve et de son esprit. Aussi, les écrits qui s'imprimaient à Hambourg jouissaient-ils d'une très grande liberté et c'est là ce qui devait ouvrir les yeux du gouvernement de la République et attirer son attention.

Le 28 septembre 1795, arrivait sur les bords de l'Elbe le représentant officiel de la Convention, le citoyen Charles-Frédéric Reinhard, précédemment chef de division au ministère

des Relations extérieures à Paris [1]. Il était difficile de se méprendre sur le caractère des
instructions dont était muni le nouveau venu.
Si la bonne marche des relations commer-
ciales entre les deux États faisait le sujet
officiel de son envoi, la surveillance des émigrés qui pullulaient à Hambourg, était le but
évident de sa mission. Le Sénat de la ville ne
tarda pas à s'en rendre compte. Cependant, le
caractère pacifique et conciliant de Reinhard,
son antipathie bien souvent exprimée pour le
rôle de policier que le Directoire désirait lui
faire jouer, adoucirent, dès son arrivée, l'in-
flexibilité des ordres qu'il apportait avec lui [2].

Il ne pouvait assurément fermer les yeux sur
les agissements manifestes des serviteurs de
la contre-révolution, dont fourmillait la cité,
et malgré sa répugnance, il se trouva forcé
d'accepter le concours de délateurs et de mou-
chards, toujours nombreux dans le monde des
émigrés. Au bout de peu de temps, un complet
système d'espionnage se trouvait organisé.

---

[1] Lang. *Graf Reinhard*, Bamberg, 1896. p. 129.

[2] « Si j'ai cessé depuis quelque temps de vous transmettre des
« renseignements sur les émigrés, *c'est que je ne m'occupe que par*
« *devoir d'une matière aussi ingrate et aussi odieuse.* » Lettre de
Reinhard au ministre Delacroix du 3 messidor an IV (21 juin 1796).
Archives des Affaires étrangères. Hambourg. vol. 110, fol. 37.

Il n'atteignait pas encore la perfection de celui qu'allait instituer Bourrienne sous la direction de Fouché, mais son existence était assez connue pour augmenter les inquiétudes du Sénat d'Hambourg. Les représentations inutiles de celui-ci et son refus d'obtempérer à certaines démarches du Directoire forcèrent Reinhard, dans le courant du mois de février 1796, à quitter provisoirement la ville et à choisir comme résidence d'abord Brême, puis Altona[1]. Ce faubourg d'Hambourg, qui n'en était séparé que par un bras de rivière, était cependant en dehors du territoire de la petite république et convenait à merveille, comme poste d'observation. En quelques heures tout ce qui se passait à Hambourg y était su.

C'est précisément à cette époque que le ministre Reinhard recevait la visite d'un personnage assez louche, se faisant appeler Colleville, qui venait offrir ses services au Directoire. A l'entendre, il se flattait de renseigner le représentant de la République sur tous les agissements des émigrés auprès desquels il avait un facile accès[2]. Et le 5 mars 1796, on

---

[1] Lung. *Ouvrage cité*, pp. 140 et suiv.

[2] « Quoique le ministre des Relations extérieures observe un

le voyait arriver à la légation avec une longue
note renfermant des détails circonstanciés sur
un des principaux agents des princes. Cet
agent n'était autre... que le baron d'Auerweck, momentanément loin de Hambourg,
mais qui ne devait pas tarder à y revenir.
« C'est l'homme le plus généralement instruit
« qu'on puisse voir, disait Colleville. Il a beau-
« coup voyagé et connaît parfaitement l'esprit
« des cours et de leurs ministres[1]. »

Tout en faisant la part de l'exagération
dans ces indications, il faut reconnaître que
l'espion était singulièrement bien informé
sur le compte de notre « petit baron » et très
au fait de ses allées et venues. D'Auerweck
devait être en relations intimes avec un certain Pictet, dit le *Genevois*, « l'homme de
Windham. » Par lui il correspondait avec
Vérone. On le savait « l'ami du baron de
Wimpfen » et d'un M. de Sainte-Croix, ci-

« long silence sur ses intentions à mon égard, je désire lui prou-
« ver par des renseignements aussi majeurs, combien je suis
« empressé de remplir les engagements que j'ai contractés envers le
« citoyen Reinhard, de continuer à être utile à la République fran-
« çaise et combien en même temps j'aurais pu l'être partout ailleurs.
« Car Hambourg, où l'attente de nouveaux ordres prolonge mon
« séjour, me laisse éloigné de mes rapports. » Note remise par Colleville à Reinhard. *Archives des Affaires étrangères, Hambourg,*
vol. 109, fol. 342.

[1] *Idem.*

devant lieutenant-général au bailliage de Bayeux. Enfin, en parlant d'Auerweck, Colleville devait inévitablement mentionner le nom du Breton son ami ; en effet, il faisait allusion aux rapports du baron Hongrois avec Cormier, qu'il appelait Le Cormier. Ses dires devenaient de plus en plus précis. D'après lui, d'Auerweck était justement à Paris, caché chez Mme Cormier qui habitait rue Basse-du-Rempart. Il serait facile de faire surveiller la maison.

Comme coup d'essai, Colleville ne pouvait pas mieux débuter. D'Auerweck n'était pas un inconnu pour Reinhard qui, cinq mois auparavant, dans une lettre au ministre des Relations extérieures, Delacroix, signalait sa présence à Londres, « où il voyait fréquemment De Moustier et le ci-devant ministre Montciel[1]. »

Coïncidence curieuse, le même jour où Reinhard accueillait ses avis, le ministre de la police générale à Paris, le citoyen Cochon, était averti que prochainement allait se réunir à Hambourg un congrès d'émigrés. L'agent qui transmettait cette information attirait en

---

[1] Extrait d'une lettre de Reinhard au ministre Delacroix datée de Hambourg, 4 pluviôse an IV (24 janvier 1796) *Archives des Affaires étrangères. Hambourg*, vol. 109, fol. 340.

même temps l'attention du gouvernement sur la présence aux bords de l'Elbe d'un personnage nommé Cormier. « On pourra par lui « savoir le nom de ceux qui s'y trouveront. « C'est un ancien magistrat de Rennes... qui « a toujours vécu d'intrigues. Sa femme est « restée à Paris. Elle demeure rue Basse-du- « Rempart-Saint-Honoré, n° 13, au fond d'une « cour » et l'on ajoutait : « La correspondance « de ce Cormier doit être piquante, car il a « de l'esprit et de l'audace. » A surveiller aussi « le baron Varweck, Hongrois, ancien « auteur du Journal *Actes des Apôtres*, se « disant Américain, demeure à Paris depuis « cinq mois, rue de la Loi, hôtel de Paris, « émissaire et bureau d'adresse[1]. »

Il n'en fallait pas davantage pour éveiller l'attention du Directoire. L'insistance avec laquelle on revenait sur les noms des deux personnages prouvait que leur activité ne s'était pas ralentie depuis qu'on les a quittés. Par quelle suite de circonstances se trouvaient-ils entraînés maintenant dans la vaste intrigue contre-révolutionnaire ? On l'ignore. Depuis

---

[1] « Renseignements donnés par un agent qui arrive à l'instant de Bâle. » *Archives des Affaires étrangères. Hambourg*, vol. 109, fol. 340.

plusieurs mois les confidences de Cormier à Mme Atkyns s'étaient faites de plus en plus rares, pour cesser un beau jour. Ayant perdu tout espoir en ce qui concernait l'affaire du Temple, l'ex-magistrat, se fiant au bruit public, jugeait inutile d'éclaircir plus à fond le mystère, et il s'était rallié au parti des princes, pour mettre à leur service les multiples ressources de son esprit. Grâce au rôle prépondérant qu'on prétendait lui faire jouer, il sera facile de suivre ses traces.

Instruit de ces avis, le ministre des Relations extérieures ne perdit pas un instant pour envoyer ses instructions à Reinhard. Il le chargea de surveiller très activement ce rassemblement d'émissaires annoncé, « de connaître le résultat de leurs infâmes manœuvres, » enfin de décider Colleville à s'insinuer auprès de Cormier, « ce très adroit et très intrigant personnage[1]. » Au bout de peu de jours, Reinhard s'estimait suffisamment renseigné et faisait jouer les fils de son agence d'espionnage.

Deux partis très différents s'étaient formés

____

[1] Lettre du ministre Delacroix à Reinhard du 20 floréal au IV (9 mai 1796). *Archives des Affaires etrangères. Hambourg*, vol. 109, fol. 352.

parmi les émigrés d'Hambourg. Celui des
« vieux royalistes » ou de « l'ancien régime »
ne voulait entendre parler que de la restauration de l'ancienne monarchie, avec toutes ses
prérogatives ; celui du « nouveau régime » jugeait nécessaire une série de concessions
faites aux idées républicaines pour rétablir la
royauté. Cormier, s'il fallait en croire le bruit
public, appartenait au premier dont il était la
seule « tête entreprenante[1]. » Son beau-frère
Butler allait et venait de « Paris à Boulogne,
à Calais, à Dunkerque », pour porter les dépêches et les fonds venant d'Angleterre[2].
« Dutheil, toujours fixé à Londres, continuait
à servir d'entremetteur. » Voilà ce que racontait l'informateur de Reinhard, qui n'avait pu
obtenir aucun détail sur le projet de congrès
signalé. Mais pouvait-on compter absolument
sur lui? « Je ne m'en tiendrai point là, ajoutait Reinhard. Mes mesures sont déjà prises

[1] « Quant aux royalistes de l'ancien régime, il est certain que
« non seulement ils font jouer plus de ressorts que jamais dans
« l'intérieur de la République, mais qu'ils n'ont perdu aucune de
« leurs espérances. Ce Le Cormier. dont il est question dans la note
« de Colleville, assure sur sa tête que le soi-disant Louis XVIII et
« d'Artois iront en France. » Lettre de Reinhard à Delacroix du
21 floréal an IV (10 mai 1796). *Archives des Affaires étrangères.
Hambourg*, vol. 109, fol. 357.

[2] Lettre de Reinhard à Delacroix datée d'Altona, 1ᵉʳ prairial an
IV (20 mai 1796). *Archives des Affaires étrangères. Hambourg*.
vol. 109, fol. 382.

pour faire contrôler mon homme et pour
chercher à faire suivre d'un autre côté les intrigants que vous me désignez[1]. » .

Sur ces entrefaites, d'Auerweck, dont la
présence à Paris devenait compromettante
pour son hôte, puisque son domicile était
connu, avait repris la route de l'Angleterre[2]; mais, à peine arrivé, le malheureux
baron était tombé malade. Il s'apprêtait à
revenir à Hambourg, auprès de Cormier, ce
dernier s'offrant à l'employer utilement.
Malgré la situation très embarrassée dans
laquelle était tombée notre Breton, sa confiance dans l'avenir ne se démentait pas. On
le savait en correspondance ouverte avec le
Roi, auquel « il avait même proposé de faire
répandre dans l'intérieur du continent une
gazette favorable à son parti[3]! » On le voyait
tenir de fréquents conciliabules avec le baron
de Roll, « ci-devant officier aux gardes »,

[1] *Idem.*

[2] C'est lors de ce voyage de Paris en Angleterre que d'Auerweck fut chargé d'apporter au baron Hüe, l'ancien officier de la
chambre du roi Louis XVI, le manuscrit de ses *Souvenirs.* D'Auerweck le garda trois mois entre ses mains et ne le fit parvenir à
Hüe, qui était alors à Vienne, qu'au mois de juillet 1796, par l'intermédiaire de M. de Damas. Cf. *Souvenirs du baron Hüe*, publiés
par le baron de Maricourt, Paris [1903], p. 258.

[3] Lettre de Reinhard à Delacroix du 12 prairial an IV (31 mai 1796).
Archives des Affaires étrangères, Hambourg, vol. 109, fol. 420.

avec Neville, « ci-devant intendant à Bordeaux », avec le marquis de Nesle, Rivarol, l'abbé Louis, « soi-disant constitutionnel », tous « des fanatiques de la monarchie. »

Bref, l'ancien ami de Mme Atkyns, malgré son âge, devenait plus actif et plus entreprenant que jamais [1]. Trop rusé pour ne pas s'apercevoir de l'attention toute spéciale dont il était l'objet, il n'avait pas tardé à corrompre son dénonciateur et les deux personnages s'entendaient maintenant pour tromper le ministre. Cependant, ses agissements à demi révélés inquiétaient les princes, et, à la fin de juin, Cormier avait reçu, disait-on, une lettre du comte d'Artois, qui lui « défendait de se mêler de ses affaires et lui faisait les plus vifs reproches ». En même temps, son beau-frère Butler, toujours d'après les mêmes dires, prétendant avoir été dénoncé, lui reprochait vivement

---

[1] « En jugeant cet homme sur l'assurance avec laquelle il parle « du succès immanquable des royalistes, on pourrait en effet être « tenté de le croire un personnage dangereux. Son fanatisme va « jusqu'à se réjouir de nos triomphes, puisque c'est pour son parti, « dit-il, que la mine se creuse et que nous travaillons sans le « savoir. » Lettre de Reinhard à Delacroix du 24 prairial an IV (12 juin 1796). *Archives des Affaires étrangères, Hambourg*, vol. 110, fol. 18.

son indiscrétion et rompait toute correspondance avec lui [1].

La surveillance établie autour de Cormier était rigoureuse ; l'on suivait toutes ses allées et venues. C'est ainsi que le mardi 5 juillet, on apprenait qu'il s'était rendu à Altona, qu'il y avait vu un nommé Frémont, avec lequel il semblait s'être lié depuis lors. Mais on racontait qu'il était dans le plus complet dénuement et que finalement « il empruntait de l'argent à tous ceux qui voulaient lui en prêter[2]. »

Ainsi la situation de Cormier à Hambourg devenait critique. De plus en plus observé par les espions du Directoire, *lâché* par les royalistes auxquels il paraissait suspect, la nécessité s'imposait à lui de changer de résidence. Mais où se réfugier ? Avec un passé comme le sien, trouver un asile n'était point une besogne facile.

Quand, dans l'automne, le baron d'Auerweck réussit enfin à débarquer à Hambourg, il y trouva Cormier fort découragé. La maladie, jointe à l'abattement général, avait trans-

---

[1] Lettre de Reinhard à Delacroix datée de Brème, 3 messidor an IV (21 juin 1796). *Archives des Affaires étrangères, Hambourg*, vol. 110, fol. 37.

[2] *Idem*.

formé son ex « gros ami », qui ne souhaitait plus qu'une chose : regagner Paris pour s'y terrer et y vivre oublié.

La journée du 18 brumaire et l'établissement du Consulat facilitèrent probablement la réalisation de son désir. Ce que fut la fin de son séjour aux bords de l'Elbe, on l'ignore. D'Auerweck, lui, n'avait rien perdu de son entrain. Jamais à court de ressources, l'esprit fertile en inventions, il continuait à servir l'Angleterre mais, en même temps, il parvenait à se faire recevoir par le ministre Reinhard, qu'il avait stupéfié par son savoir et ses connaissances et qui reconnaissait en lui « une grande supériorité de talent pour l'intrigue[1]. » Impatient d'offrir ses services au Directoire et de les voir agréés, c'est alors que d'Auerweck faisait passer par l'entremise de Reinhard le mémoire autobiographique dont on parlait au commencement de cette étude, destiné à faire valoir sa personnalité[2].

---

[1] Lettre de Reinhard à Delacroix du 21 brumaire an V (11 novembre 1796). *Archives des Affaires étrangères, Hambourg*, vol. 110, fol. 334.

[2] Voir p. 71. « J'ai l'honneur de vous transmettre la note de « M. d'Auerweck dont je vous ai parlé dans mon numéro précédent. « M. d'Auerweck est un homme dont on ne peut s'empêcher d'ad- « mirer l'esprit et les connaissances et si je vous fais passer son mé- « moire, ce n'est point pour vous engager à modifier la détermination « que vous avez prise à son égard et qui me paraît parfaitement

Mais, à Paris, on était averti et l'on s'empressait de décliner ces propositions ambiguës.

Se tournant cette fois vers l'Angleterre le baron dressa à nouveau ses batteries. On perd un peu ses traces à partir de cette époque. Ce qu'il y a de certain c'est que Cormier et lui se quittèrent alors définitivement pour ne plus se revoir. Si l'on n'avait pas la preuve tangible de leurs relations étroites, intimes, créées par un but d'action identique, l'évasion du Temple, il serait désormais impossible d'établir aucun rapport entre ces deux personnages que le hasard réunit un beau jour et plongea dans la plus extraordinaire des aventures. Aussi bien, l'obscurité absolue va se faire sur toute cette période de leur existence. Il semble que ces trois années d'entreprises communes n'existent plus pour eux, qu'elles sont un mauvais rêve, ou du moins, ils réussissent si bien, chacun de leur côté, à détruire tout soupçon, à

« sage, mais pour déposer dans vos archives une pièce relative à
« un homme à qui les événements peuvent destiner un jour un rôle
« de quelque importance sur la scène politique. Si j'ai encore un
« entretien avec lui, ce sera pour en finir ; mais je lui parlerai de
« manière à lui faire sentir que si je le distingue de la classe ordi-
« naire des espions, je ne trouve que plus humiliante pour lui la
« dégradation où il est plongé. » Lettre de Reinhard à Delacroix du
17 prairial an V (5 juin 1797). *Archives des Affaires étrangères,*
Hambourg, vol. III, fol. 278.

écarter les regards les plus curieux qu'on serait presque tenté de se demander, si vraiment tout cela n'est pas un rêve mystérieux...

Rassuré par l'accalmie qui régnait à Paris,
instruit de la tranquillité relative dans laquelle
on laissait les émigrés qui commençaient à
rentrer en foule, Cormier s'était flatté de se
perdre dans la masse et de bénéficier lui aussi
de l'adoucissement général.

C'était le temps d'ailleurs, où le citoyen
Fouché de Nantes, élevé à la charge de ministre de la police, montrait quelque mansuétude à l'égard des royalistes et autorisait
leur rentrée par amnisties successives, par
« rappel de catégories[1]. »

Aussi, certain jour, furtif, notre Breton
pénétrait dans sa maison de la rue Basse-du-
Rempart, que n'avait cessé d'habiter « la
citoyenne Butler. » L'ancien président du club
Massiac revenait vieilli, usé par la souffrance,
morne et affaissé. A l'exemple de tant d'autres,
du Paris qu'il revoyait il ne reconnaissait
qu'avec peine la physionomie. Il se sentait

---

[1] Sur la conduite de Fouché à l'égard des émigrés, pendant cette
période, voir l'admirable ouvrage de Madelin, *Fouché*, 1759-1820.
Paris, 1903, 2ᵉ édition, t. I, pp. 298 et suiv.

dépaysé dans ce milieu bouleversé et trans-
formé par la Révolution. Autour de lui, un
nom était partout prononcé : celui de Bonaparte, *le Premier Consul*. Que lui importait-
il ? Son retour dans ses foyers n'avait qu'un
but : rétablir sa santé gravement compromise
et faire oublier son absence prolongée. Les
voyages continuels, les séjours à l'étranger
avaient ajouté de nouvelles souffrances à
celles que lui causaient déjà ses violents accès
de goutte. Sa fortune était en partie ruinée,
puisque ses propriétés de Saint-Domingue
avaient été pillées. Aussi, ceux qui l'avaient
connu autrefois, le voyant rentrer dans cet
état, sympathisaient à son infortune, et comme
il était muet sur son passé — il expliquait son
éloignement par ses fonctions aux armées
vendéennes — ils le plaignaient de ses infirmités [1].

Cormier avait donc lieu de se croire en complète sûreté à Paris. Le seul point noir de son
avenir était cette malheureuse inscription sur

[1] On lit en marge d'une pétition de Cormier : « Le pétitionnaire
« est un ancien magistrat de la Bretagne, contre lequel il peut y
« avoir dans les cartons quelques notes, mais il est aujourd'hui
« infirme et malheureux par la perte de sa fortune à Saint-Domingue
« et je dois ajouter qu'il ne veut plus s'occuper que de sa santé et
« des affaires de sa famille : (*Signé*) Kervélégen. » *Archives nationales*, F⁷ 5876.

la *Liste des émigrés*, où il figurait avec son fils.

Dans l'espoir d'obtenir sa radiation, on le vit, un des premiers jours du mois de novembre 1800, se diriger vers les bureaux de la préfecture du département de la Seine. Là, par devant le secrétaire général de la préfecture, il prêta serment de fidélité à la Constitution[1]. C'était un acheminement vers la radiation définitive que sollicitait également Achille Cormier, rentré lui aussi à Paris. Son long séjour dans le Holstein, considéré comme émigration, était un rude obstacle au succès de sa démarche. Mais père et fils attendaient relativement tranquilles le résultat de leurs efforts.

Soudain, le 21 août 1801, plusieurs agents de police se présentaient au domicile de Cormier. A leur sommation, celui-ci qui sortait peu vint leur ouvrir et resta atterré : il était sous le coup d'un mandat d'arrestation décerné

---

[1]   Préfecture du département de la Seine.

« Ce jour d'hier, dix-sept brumaire an IX (8 novembre 1800), en
« exécution de l'arrêté des consuls du 28 vendémiaire an IX, le
« citoyen Cormier... non rayé définitivement de la liste des émigrés
« et sollicitant sa radiation, a fait par devant nous, secrétaire géné-
« ral de la préfecture du département, la promesse de fidélité à la
« Constitution et a signé avec nous au registre, dont acte. *Signé :*
« MÉJEAN. » *Archives nationales*, F⁷ 5152.

par Son Excellence le ministre de la police
générale. Son premier mouvement fut une
stupeur facile à comprendre. Pour quel motif
lui en voulait-on ? Avait-on découvert ses
agissements en Angleterre, une indiscrétion
l'avait-elle trahi ? Il se reprit pourtant, accom-
pagna les officiers de police dans les différentes pièces de l'immeuble, où tous les
papiers trouvés furent soigneusement recueillis. Sur la porte vitrée conduisant dans la
chambre d'Achille, absent en ce moment, les
scellés furent posés[1]. La perquisition terminée, Cormier suivi de ses gardiens prenait la
route du Temple et, quelques heures plus tard,
on l'incarcérait dans la tour[2].

Que de pensées durent s'agiter en lui, lorsque, arrivé à la porte de la sombre bâtisse, il
traversa successivement ces cours, ces allées,
ce préau, pour gravir enfin l'étroit escalier qui
conduisait aux étages supérieurs du donjon !
Dans l'angoisse de sa position, eut-il la force
de se rappeler les jours d'autrefois, les conversations de Londres dans lesquelles revenait si souvent le nom du sinistre édifice ?...

---

[1] Procès-verbal d'arrestation de Cormier, 3 fructidor an IX
(21 août 1801), à midi. *Archives nationales*, F⁷ 6303.

[2] Registre d'écrou du Temple. *Archives de la préfecture de
police.*

Trois jours s'écoulèrent sans qu'il fût possible à notre Breton de surprendre le moindre indice sur la raison de son arrestation. Le 24 août enfin, il recevait l'ordre de se présenter devant l'un des magistrats de la police de sûreté, pour subir son interrogatoire. Or, cet interrogatoire, on en a le texte et ce qu'il y a de surprenant, c'est la façon dont il fut conduit. Le mandat d'arrestation désignait le prisonnier comme « prévenu de conspiration et d'être l'agent de l'étranger. » Ces termes mêmes donnaient lieu de croire que le séjour de Cormier en Angleterre ou tout au moins à Hambourg était chose connue de la police. Le ministre ne possédait-il pas dans l'un de ses cartons un dossier d'une certaine conséquence, bourré de dénonciations, qui suffisait à accabler notre homme ? Fait extraordinaire, aucune allusion à ce passé suspect ne perce dans l'interrogatoire.

Après les questions d'usage, nom, âge, demeure, le magistrat poursuivit :

— A quoi vous occupez-vous ?

— Je ne m'occupe d'autre chose, si ce n'est de me guérir de la goutte et de la gravelle.

— Ne vous êtes-vous pas absenté de France pendant la Révolution ?

— J'ai fait la guerre de la Vendée contre la République depuis le commencement jusqu'à la capitulation. Vous trouverez mon acte d'amnistie parmi mes papiers.

— Quel était votre grade ?

— J'étais chargé de la correspondance.

— Avec qui correspondiez-vous dans l'étranger ?

— Avec les différents agents des princes, tels que l'évêque d'Arras, le duc d'Harcourt, Sombreuil, etc.

— N'avez-vous pas continué votre correspondance depuis que vous êtes amnistié ?

— J'ai cessé et abandonné toute correspondance huit mois avant la pacification.

— Reconnaissez-vous le carton scellé que voilà ?

— Oui, citoyen [1].

Et ce fut tout ! La tactique observée par Cormier obtenait plein succès et avec quelle facilité. Pourtant, l'innocente apparence de ses réponses parut louche au commissaire chargé de cette affaire, car il est hors de doute que si Fouché l'eût suivie en personne, l'enquête aurait été menée d'autre façon. Le classement

[1] *Archives nationales*, F⁷ 6303.

parfait de ses dossiers, accumulés par milliers, renvoyant chacun à une fiche personnelle, au nom du prévenu, l'aurait instruit en
quelques minutes sur l'individu.

Il est vrai qu'en relisant l'interrogatoire,
on s'aperçut que bien des points avaient été
passés sous silence. Qu'en était-il, en particulier, des rapports de Cormier avec son beau-
frère Butler, connu pour être « l'agent actuel
des princes ? » Comment ne pas supposer qu'ils
ne fussent encore en correspondance ? Il importait d'être éclairci sur ce sujet, car disait la
note attachée au questionnaire, « c'est sous ce
point de vue que toute la famille Cormier doit
paraître suspecte [1]. »

Aussi le 12 fructidor (30 août), Cormier
comparaissait une seconde fois pour être entendu.

— Avec qui correspondiez-vous particulièrement dans l'ouest ?

---

[1] « Je crois que le point essentiel de son interrogatoire devrait
« être ses rapports actuels avec Butler, son beau-frère... En l'an V
« (Butler) demeurait chez sa sœur, femme Cormier. Correspon-
« dance continuelle entre eux. Comment croire qu'il n'entretiendra
« pas cette correspondance, lorsque sa mission actuelle la rend
« beaucoup plus intéressante pour lui ?... Butler serait un mauvais
« agent s'il n'avait pas des correspondants à Paris. Il les trouve
« naturellement dans sa famille. » *Au dos, on lit* : « Faire chercher
à gagner ses complices dans la prison. Loys paraît vouloir se
relâcher. » *Idem.*

— Avec Scépeaux, d'Autichamp, Boiguy et en dernier lieu avec Bruleport.

— Et maintenant, quelle correspondance avez-vous conservée dans ce même pays ?

— D'aucune espèce.

— Quelles sont vos relations avec le citoyen Butler ?

— Je n'en ai aucune depuis deux ans, quoiqu'il soit mon beau-frère.

— Où est-il en ce moment ?

— Je n'en sais rien. J'ai su qu'il avait été à Philadelphie voulant passer à Saint-Domingue. J'ignore s'il y a passé ou s'il est revenu.

— A quelle époque était-il à Philadelphie ?

— Il devait y être ou dans les États-Unis, il y a deux ans ou plus.

Ainsi, pas plus dans cette seconde séance que dans la première, la police n'avait cherché à éclaircir le passé de l'ancien émigré. Il faut dire que notre Breton s'était empressé de détruire à son retour, parmi ses papiers, tout ce qui pouvait en quelque manière, le faire soupçonner et qu'à l'appui de ses dires, il avait exhibé ces attestations des autorités de l'Ouest et des chefs vendéens, dont on a fait mention précédemment [1] et qui devaient prouver sa présence aux armées insurgées jusqu'à la pacification générale. L'ingénieux personnage savait fort bien que tant qu'il n'y avait que la chouannerie en cause, son repos était assuré, puisqu'il bénéficiait de l'amnistie accordée à ses frères d'armes. Enfin son âge et ses infirmités inspirèrent sans doute de la pitié.

Après une détention de trois semaines, on lui rendit la liberté, sans lui en accorder toutefois l'usage complet [2]. Père et fils — car Achille Cormier avait été également appréhendé [3] — « étaient mis en surveillance » et se voyaient obligés d'aller résider hors de Paris. Le 20 septembre, on leur délivrait un passeport pour se rendre à Etampes. Tout dépla-

---

[1] Voir page 124 et suivantes.

[2] *Archives nationales*, F⁷ 6303.

[3] « Au ministre de la police générale,
« Citoyen ministre,
« Vous expose Achille-Marie-Cormier, qu'étant sur le point de se
« rendre en surveillance dans le lieu que vous lui avez désigné, il
« reçoit à l'instant la nouvelle que la parente qui lui avait offert un
« asile est appelée à Nantes, pour des affaires importantes. Il se
« trouve donc forcé de vous prier instamment, citoyen ministre, de
« vouloir bien lui donner pour surveillance Paris, la perte totale de
« sa fortune à Saint-Domingue ne lui laissant de moyens d'existence
« que chez sa mère domiciliée dans cette commune. Salut et res-
« pect.

Achille Cormier. »

Paris, le 17 vendémiaire an X (9 octobre 1801).

Archives nationales, F⁷ 6303.

cement ne leur était permis qu'avec l'autorisation de la police.

A cette époque le ministre Fouché jouissant de pouvoirs infinis, établissait et réglait l'énorme machine administrative que devint, sous sa direction, le ministère de la police générale. Les prisons regorgeant de détenus, qui n'avaient jamais comparu devant un tribunal régulier, « dans la crainte de les voir acquittés, faute de preuves juridiques, » il en était réduit à placer le surplus dans une demi-surveillance[1]. La foule de ses agents, des dénonciateurs sans cesse aux aguets, lui permettait d'être instruit de leur moindre démarche.

Ce qu'on apprit de l'existence de Cormier, la parfaite tranquillité qu'il observait rassurèrent les autorités. Au bout de peu de temps, l'ancien magistrat rentrait à Paris, mais l'expérience lui avait appris ce qu'il en coûtait d'être perpétuellement sous le coup d'une dénonciation inattendue. Il lui fallait à tout prix obtenir son amnistie régulière, définitive, et c'est à quoi il s'employa sans relâche. La supplique qu'il adressa au Premier Consul, le 18 juin 1803, le dépeignait comme « accablé

---

[1] Madelin, *Fouché*, t. I, pp. 502 et 503.

d'infirmités », et les apostilles nombreuses
dont elle était revêtue, recommandaient toutes
de la façon la plus pressante le malheureux
Breton à la clémence du chef de l'État. « J'af-
« firme que les citoyens Cormier, écrivait
« Kervélégan, l'un de ses compatriotes et
« membre du Conseil des Anciens, sont trop
« francs et trop loyaux pour manquer à une
« parole d'honneur. Le citoyen Cormier père
« est au reste tellement infirme que l'huma-
« nité se réunit en sa faveur à la justice pour
« que son amnistie lui soit expédiée [1]. »

Enfin, le 10 octobre de la même année, Son
Excellence le ministre de la police faisait droit
à ses instantes réclamations. Le certificat
d'amnistie accordé à Yves Cormier le libérait
de toute poursuite « pour fait d'émigration [2]. »

Avec quel soulagement dut être reçu rue
Basse-du-Rempart le message bienfaisant !
Accablé par la souffrance [3], Cormier recevait

---

[1] *Archives nationales*, F⁷ 5876.

[2] *Idem.*

[3] « Je soussigné, officier de santé, demeurant rue Saint-Honoré,
« division de la place Vendôme, certifie que depuis à peu près deux
« ans, je donne des soins au citoyen Yves-Jean-François-Marie
« Cormier, âgé de plus de soixante ans, demeurant rue Basse-du-
« Rempart, n° 350, susdite division, attaqué fréquemment de co-
« liques néphrétiques des plus graves, occasionnées par des pierres
« graveleuses qui se forment dans ses reins et qu'il rend avec beau-
« coup de difficulté et les douleurs les plus vives. Il éprouve très

des siens les soins les plus dévoués. Son fils
cadet, Patrice, était rentré à Paris après
une existence non moins fertile en aventures que celle de son père. Ancien élève de
l'École polytechnique[1], le jeune homme avait
démissionné en 1797 pour se jeter à corps
perdu dans l'insurrection vendéenne et durant
trois années, il avait fait partie de l'armée
royale du Maine[2]. Bénéficiant lui aussi de
l'amnistie générale, il réussit à retrouver le
domicile paternel, et pour faire oublier son
passé, il était entré dans les affaires, n'attendant que le moment propice pour endosser à
nouveau l'uniforme.

Achille, l'aîné, se consacrait tout entier à
son père. Mais Yves Cormier ne devait pas
jouir longtemps du repos qui lui était enfin
accordé. Ses infirmités exigeaient des soins
de plus en plus compliqués et la disparition
presque complète du peu de fortune qui lui
restait, força l'ancien président de Massiac à

« fréquemment des attaques de goutte les plus violentes, depuis
« nombre d'années, en foi de quoi j'ai délivré le présent acte pour
« valoir et servir ce que de raison. Paris, le 1er de fructidor an X
« (19 août 1802). *Signé* : CHAUVEL, officier de santé. » *Archives
nationales*, F⁷ 5876.

[1] Il y était entré le 21 décembre 1794 avec dispense d'âge. *Archives du ministère de la Guerre.*

[2] *Idem.*

quitter son hôtel de la rue Basse-du-Rempart.
Il vint s'établir dans une modeste pension du
faubourg Saint-Antoine, et comme la chambre unique qu'il occupait ne suffisait pas à
contenir tout son mobilier, il en vendit une
partie avant son déménagement. Ce qu'il
conserva, c'étaient ces quelques meubles « en
bois de rose », dont la vue lui rappelait l'aisance d'autrefois : une table à écrire, un secrétaire « avec dessus de marbre », un prie-
Dieu, un petit bureau « dit à la Tronchin »,
en bois [1]... Et ce fut dans ce pauvre logis que
le 16 avril 1805 mourut notre Breton [2]. Il
avait soixante-cinq ans.

Quatre mois plus tard, Mᵐᵉ Cormier s'étei-

---

[1] Inventaire après décès d'Yves Cormier. *Archives de Mᵉ Delapalme*, notaire à Paris.

[2] « Du vingt-six germinal, an treize, à deux heures de relevée, acte
« de décès de Yves-Jean-François Marie de Cormier, mort la veille
« à sept heures du soir, ancien procureur général au Parlement
« de Bretagne, âgé de soixante-six ans, né à......, domicilié à Paris,
« rue Basse-du-Rempart n° 351, 1ᵉʳ arrondissement, décédé rue du
« Faubourg Saint-Antoine, n° 154, 8ᵉ arrondissement, époux divorcé
« de Marie-Anne-Suzanne-Rosalie Butler, en présence de Jean-
« Baptiste Bonard, jardinier, âgé de quarante-cinq ans, demeurant
« sur ladite rue du Faubourg, n° 154 et de François Maugerard.
« cuisinier, âgé de trente-sept ans, demeurant à Paris, rue des
« Vosges, n° 282, 8ᵉ arrondissement, sur la déclaration à nous
« faite par Arnoult Latour, docteur en médecine, lequel a constaté
« son décès et signé avec nous, officier civil et les témoins, après
« lecture faite, signé au registre, La Tour, Bonard, Maugerard,
« Willensen, officier public. » Extrait du registre des actes de décès
de l'an XIII. *Archives de la Seine.*

gnait aussi dans sa maison de la rue Basse-du-Rempart[1].

Ainsi disparaissait le second des « fidèles » de Mme Atkyns, celui qui avait été un des témoins de son héroïsme, de ses sacrifices. Comment ces deux cœurs si intimement unis pendant un temps se perdirent-ils entièrement de vue? Comment la généreuse lady, dans un de ses fréquents passages à Paris, ne chercha-t-elle pas à revoir son ami? C'est ce que l'implacable mutisme des documents ne nous a pas permis de découvrir.

Le gouvernement de l'Empereur gagnait en puissance de jour en jour. De ceux qui avaient joué un rôle dans la grande Révolution, les uns, conquis au régime nouveau, s'efforçaient de mériter par leur zèle la confiance dont on les honorait; les autres, irréconciliables, mais terrassés par la surveillance intense d'une police sans égale, vivaient oubliés, redoutant toute démarche qui pût atti-

[1] Inventaire après décès de Mme Cormier, décédée rue Basse du-Rempart, n° 15, le 22 thermidor an XIII (10 août 1805). « Dans une pièce au rez-de-chaussée, à droite de l'escalier éclairé sur la cour : six portraits de famille, dont trois au pastel et sous verre, tous dans leurs cadres de bois, desquels, attendu qu'ils sont portraits de famille, il n'a été fait aucune prise, mais seulement ici mention pour mémoire..... » *Archives de Me Delapalme, notaire à Paris.*

rer derechef l'attention sur eux. C'est ce qui
explique en partie le silence respectif observé
par les acteurs mêlés à l'aventure du Temple,
une fois l'Empire établi.

Gardant au dedans d'elle sa conviction
secrète, ignorante des destinées de ses anciens confidents, dans l'impossibilité de découvrir leur retraite et de s'ouvrir à de nouvelles
relations, Mme Atkyns épiée, surveillée, avait
renoncé à plus rien tenter.

CHAPITRE VII

LE PETIT BARON

Le départ de Cormier n'interrompit pas un instant l'activité débordante du baron d'Auerweck et sa coopération aux entreprises de plus en plus hardies des agents des princes et des princes eux-mêmes[1]. Il perdait, il est vrai, un Mentor dont les conseils n'étaient point négligeables et qui l'avait piloté jusqu'ici avec un certain succès ; mais l'ingénieux personnage était moins que jamais à bout d'expédients. La vie qu'il menait, depuis cinq années, était celle qui lui convenait. Au cours de ses perpétuelles allées et venues, que de connaissances faites, que de rencontres dans cette armée d'émis-

[1] Sur les agissements d'Auerweck à Hambourg, voir la correspondance du ministre Reinhard. *Archives des Affaires étrangères*, *Hambourg*, vol. 112, fol. 41, 59, 137, etc.

saires au service de la contre-révolution et que des temps particulièrement propices suscitaient innombrables ! A côté des d'Antraigues, des Fauche-Borel, des Dutheil, chargés de missions importantes, il y avait la multitude des sous-ordres, s'agitant et parcourant l'Europe en une vaste fourmilière.

D'Auerweck, parmi eux, était loin d'avoir passé inaperçu, et bien vite, on l'avait signalé comme un agent fertile en ressources. Aussi, son séjour à Hambourg continua-t-il de faire l'objet de la curiosité et de la surveillance des représentants du Directoire. On le savait maintenant employé par l'Angleterre, rétribué par elle. « Il la sert avec une activité digne du gouvernement républicain, » écrivait Reinhard à Talleyrand [1], et l'on apprenait de plus que l'ancien collaborateur de Peltier, gazetier infatigable, faisait partie de la rédaction du *Spectateur du Nord* [2].

Une occasion inespérée s'offrit bientôt à d'Auerweck d'exploiter ses talents.

Le congrès qui s'ouvrit à Rastadt, le 9 dé-

---

[1] Lettre de Reinhard à Talleyrand du 18 vendémiaire an VI (9 octobre 1797). *Archives des Affaires étrangères, Hambourg*, vol. 112, fol. 61.

[2] *Idem*, fol. 81.

cembre 1797, avait réuni des députés des dix
États formant alors l'Empire. Pendant dix-
huit mois, ce fut un va-et-vient extraordinaire
dans la petite ville badoise. La présence de
Bonaparte qui y était arrivé quelques jours
avant l'ouverture des conférences, dans une
berline à huit chevaux, avec une escorte
brillante, salué sur la route comme le vain-
queur d'Arcole, augmentait la solennité et la
portée des négociations. Autour de lui s'empressaient les diplomates, leurs conseillers,
leurs secrétaires, leurs commis. Des agents
de toutes les puissances de l'Europe venaient
recueillir avidement les informations et
chercher à surprendre les secrets. Rastadt
regorgeait d'intrigants et d'espions, et le
nom de la tranquille cité, bien paisible jusque-
là, circulait partout.

D'Hambourg, le « petit baron » suivit
par les gazettes les débuts du congrès.
La vie sédentaire qu'il menait commençait à lui peser. Il avait beau rédiger tout
le jour d'interminables traités politiques,
bourrés de savantes considérations sur
l'état actuel de l'Europe, forger les systè-
mes les plus fantastiques, préparer « un projet de partage de la France, qu'il adressait à

un M. de Nicolay[1] », tout cela ne le satisfaisait même plus. Intime avec le secrétaire de la légation française, un nommé Lemaître, qui ne se gêna point d'ailleurs pour le « moucharder » quelques années plus tard et pour le dénoncer sans vergogne, d'Auerweck se laissant aller « à son imagination romanesque et à son goût pour les coups de main », soumettait, certain jour, à son confident un projet, qui consistait « à enlever le ministre Reinhard et à le conduire à Londres ; son laquais devait être enivré, son cocher gagné avec de l'argent, dix matelots anglais apostés au bord de l'Elbe[2]...! » Derrière ces machinations mystérieuses, figurait une « agence suisse et genevoise » qui, au moment opportun, payerait largement tous les frais !

Mais à côté de ces folies, d'Auerweck montrait un savoir-faire et un jugement qui frappaient toutes ses relations, et, on l'a remarqué, guidé par une main ferme, il était capable de rendre maint service.

Dans l'hiver de 1798, on apprit qu'il avait « quitté furtivement Hambourg » pour une

---

[1] Rapport de Lemaître, ancien secrétaire de la légation de France à Hambourg. *Archives nationales*, F⁷ 6445.

[2] *Idem.*

destination inconnue. Lemaître le croyait
retiré « dans le fond de la Silésie [1]. » Mais il
le connaissait mal. En effet, d'Auerweck ne
pouvait qu'être inévitablement attiré par ce
centre d'affaires qu'était alors Rastadt et
essayer d'y faire valoir son industrie, puisque,
disait-on, le gouvernement britannique qui
l'utilisait, craignant d'être mystifié, l'avait
prié « d'aller exercer ailleurs ses talents [2]. »

Il vint s'établir à Bade [3]. La proximité de
Rastadt et le voisinage d'une famille de Gelb,
de récentes relations, lui avaient fait préférer
Bade au rendez-vous même des négociateurs,
où sa qualité d'ex-agent de l'Angleterre suffisait à bon droit pour le rendre suspect. L'un
des envoyés de l'Autriche au congrès était le
comte de Lehrbach. D'Auerweck, mettant en
avant les rapports qu'il prétendait avoir eus,
dans les premiers temps de la Révolution,
avec le ministre Thugut et la confiance que

---

[1] « Le baron d'Auerweck, agent anglo-autrichien, dont le
« citoyen Reinhard a parlé plusieurs fois dans ses dépêches, qui a
« quitté Hambourg depuis près d'un mois et qui a, dit-on, écrit du
« fond de la Silésie, n'est peut-être pas étranger à cette intrigue. »
Lettre de Lemaître à Talleyrand du 12 ventôse an VI (2 mars
1798). *Archives des Affaires étrangères, Hambourg,* vol. 112, fol.
334.

[2] Rapport de Lemaître, cité page 296 note 1.

[3] Mémoire autobiographique d'Auerweck du 25 juillet 1807.
Archives nationales, F⁷ 6445.

celui-ci lui avait jadis témoignée, réussit à
pénétrer dans l'entourage du diplomate autrichien et même à remplir auprès de lui les
fonctions de secrétaire[1]. Son instruction et
l'aisance avec laquelle il s'exprimait en plusieurs langues lui faisaient espérer de ne pas
rester longtemps dans l'inaction. Et c'est ainsi
que, sans tarder, d'Auerweck reprit son métier d'agent, courant les grandes routes, fure-
tant autour des ambassadeurs et tenant à
jour, avec une réelle satisfaction, une correspondance clandestine. Le congrès terminé, son
intention était sans doute, en profitant de la
faveur du comte de Lehrbach, de rentrer en
Autriche et d'y reconquérir les bonnes grâces
de son protecteur de jadis, le ministre Thugut.

Mais le drame sanglant qui clôtura la fin
des conférences allait entraver ses projets et
déjouer ses brillantes combinaisons. On sait
la consternation qui s'empara de l'opinion
publique en Europe, quand on apprit que, le
28 avril 1799, au soir, les ministres français
Bonnier, Roberjot et Debry, qui venaient de
se décider à gagner Strasbourg, emmenant

[1] Mémoire autobiographique d'Auerweck du 25 juillet 1807.
Archives nationales, F⁷ 6445.

leurs familles, leurs domestiques et leurs
archives dans huit voitures, s'étaient vus
soudain attaquer au sortir de Rastadt par
des hussards de Barbaczy, comment, arrachés de leurs voitures, les deux premiers
avaient été traîtreusement massacrés, leur
bagages pillés, comment le troisième seul,
Debry, était parvenu à s'échapper par miracle. Si l'attentat de Rastadt ne fut « ni la
cause ni le prétexte de la guerre de 1799[1] »,
ses conséquences s'en révélèrent cependant
fort graves.

L'une d'elles et non des moindres fut celle-
ci : la police de Bonaparte, supérieurement
réorganisée par Fouché, redoubla sa surveillance à l'égard des émigrés et des agents des
princes, qui pullulaient dans cette région,
comprise entre Bâle, rendez-vous général
d'espions et Mayence. Une arrestation s'opé-
rait-elle, immanquablement le prévenu était
soupçonné d'avoir trempé dans l'assassinat
des plénipotentiaires, et si, par malheur, sa
présence dans le pays était impossible à nier,
il échappait difficilement aux suites fâcheuses
de cette accusation.

---

[1] Albert Sorel. *L'Europe et la Révolution française*, t. V, p. 401.

C'est peu de mois après l'événement que le baron d'Auerweck, fatigué de son existence ballottée et sentant peut-être vaguement certaine menace suspendue sur sa tête, prit le parti de rompre définitivement avec sa vie d'agitation et de se marier. Dans les derniers jours de l'année 1799, il épousait à Bade[1], Mlle Fanny de Gelb, originaire de Strasbourg, dont le père avait servi jadis sous les ordres de Condé ; elle avait un frère, lui aussi officier dans l'armée des princes. Malgré une pension fournie par l'Angleterre, dont jouissait Mme de Gelb la mère, à cause des services rendus par son défunt mari, les ressources sur lesquelles pouvait compter le futur ménage étaient plus que modiques. Ce n'était pas en courant l'Europe que le « petit baron » avait pu réaliser des économies ! Et son mariage était à peine célébré, que les hasards de la fortune contraignaient le jeune couple à quitter le grand-duché de Bade et à errer de ville en ville, en Allemagne et en Autriche.

On les suit à Munich d'abord, à Nuremberg ensuite. D'Auerweck a l'intention de se fixer en Autriche, auprès des siens. Il se flatte

---

[1] Ou plutôt à Sckwarzach, bourg des environs de Bade.

d'obtenir un emploi du ministre Thugut, auquel il viendra se rappeler. Mais il éprouve une amère désillusion : après une première tentative pour remettre à Son Excellence la plupart de ses derniers travaux, où il avait consigné, au prix d'un labeur acharné, ses observations sur la situation politique présente, le résultat de ses entretiens avec des représentants des divers États de l'Europe, ses réflexions, ses prévisions, d'Auerweck se vit éconduit sans façons. On refusa, s'il faut l'en croire, de reprendre des relations avec un personnage qu'on soupçonnait être encore l'émissaire de l'Angleterre[1].

Il fallait ainsi renoncer à s'établir en Autriche et chercher d'autres moyens d'existence, d'autant plus que M⟨me⟩ d'Auerweck venait de mettre au monde à Nuremberg un premier enfant[2]. On s'achemina derechef vers le grand-duché. Après des séjours successifs à Fribourg, à Bâle, à Bade, d'Auerweck se décida à choisir comme résidence un village aux environs de la ville d'Offenbourg, Schütterwald. Là, résolu à mener désormais la vie

.

---

[1] *Archives nationales*, F⟨7⟩ 6445.
[2] Charles, né le 28 décembre 18oo.

d'un honnête petit bourgeois, il louait une maison de paysans, plus que rustique, y installait sa femme et sa belle-mère et se mettait bravement à cultiver son jardin, consacrant ses loisirs à rédiger, pour n'en point perdre l'habitude, la suite de ses « réflexions philosophiques et historiques[1]. »

Il fit assez vite bonne connaissance avec ses voisins et les gens du pays. On le tenait pour un homme paisible, « quoique bavard et vaniteux, annonçant un grand dégoût pour la politique[2]. » De son passé il était impossible de rien savoir, car le prudent baron jugeait inutile de bavarder sur ce sujet. On le prétendait toutefois « raisonneur, voulant tout savoir et se mêlant de tout, d'agriculture, d'économie, de politique. » En dépit de l'apparente tranquillité dans laquelle on le laissait, d'Auerweck suivait avec une certaine anxiété ce qui se passait non loin de chez lui, sur la frontière du Rhin. Il y avait dans cette région de perpétuels mouvements de troupes ; les Français étaient proches et leur passage à Offenbourg lui inspirait de vagues inquiétudes, sans qu'il se rendît compte, à vrai dire, du danger qui le

---

[1] *Archives nationales*, F⁷ 6445.
[2] *Idem.*

menaçait. N'avait-il pas pris la précaution en venant à Schütterwald de détruire tous ses papiers, cette correspondance formidable amassée au cours des années précédentes, ces rapports, ces instructions, tout cela constituant un dossier fort compromettant. Enfin, pour plus de sûreté et après quelques mois de séjour, il se faisait fort, grâce à son mariage, d'acquérir la bourgeoisie du grand-duché ; son titre de sujet badois devait, lui semblait-il, écarter tout motif d'alarme.

Or, quand le 15 mars 1804, se répandit le bruit de l'arrestation du duc d'Enghien, quand on sut la façon dont le prince avait été enlevé en plein pays badois, à Ettenheim, c'est-à-dire à une faible distance d'Offenbourg, cet événement réveilla les craintes d'Auerweck. Il s'absenta même quelques jours de Schütterwald, prétend-on, et gagna la montagne[1].

Précisément, à la même époque, les bureaux du ministère de la police à Paris, recevaient une succession de dénonciations, la plupart anonymes, relatives au baron d'Auerweck et à sa présence dans le voisinage du Rhin. Quel-

[1] Bulletins de police de juillet et août 1807. *Archives nationales,* AF IV, 1500.

ques-unes émanaient de Lemaître, l'ex-secré-
taire de Reinhard à Hambourg. Plusieurs,
inexactes et mensongères dans le détail des
faits avancés, s'accordaient sur ce point : que
l'individu « était un de ces hommes qui ont une
telle puissance de moyens, qu'il est de la sûreté
de tout gouvernement de connaître sans cesse
leur asile et leurs actions[1]. » Puis, suivait un
fatras de commérages et d'imputations, dans
lesquelles il était malaisé de trouver quelque
renseignement exact. « Je n'oublierai jamais,
disait l'un, que lorsque d'Auerweck quitta
Hambourg deux mois avant l'assassinat des
ministres français, pour se rendre à trois
lieues de Rastadt, il dit : *Je pars pour une
opération qui fera du bruit et rendra un grand
service à la coalition.* »

« Voici bientôt un an que le voile le plus
obscur couvre sa retraite et ses actions, mandait un autre, mais je suis certain, cependant,
qu'il agit et travaille avec opiniâtreté contre
la France. Je lui ai entendu dire cette phrase :
*Nous y mettrons du temps, mais nous vous
réduirons à la longue.* » Un troisième ajoutait : « Son immobilité, son silence sont aussi

[1] *Archives nationales,* F⁷ 6445.

des ressorts. Ce ne serait point moi à qui l'on pourrait faire croire qu'il eût tout à coup cessé de correspondre avec *Lord Grenville*, à Londres, le *comte de Romanzof*, un *Nicolaï*, à Saint-Pétersbourg, un *prince Belmonte*, un *chevalier de Saint-André*, *Roger de Damas*, en Italie, *Dumoustier*, je crois, un prince Hohenlo à Berlin et directement avec le comte de Lille. » Enfin d'Auerweck, assurait le même rapport, « faisait voir complaisamment une tache de la forme d'une fleur de lys, en dedans du poignet, en disant : C'est un signe de naissance, c'est une marque de prédestination ; je dois essentiellement me dévouer et contribuer au retour des Bourbons ! [1] »

On se tromperait en croyant que ces racontars, tout vagues et absurdes qu'ils étaient le plus souvent, allaient se perdre dans les cartons du ministère de la police et y demeuraient oubliés. La région où l'on signalait l'apparition du baron d'Auerweck, voisine de Rastadt, était une indication précieuse, importante, qui suffisait à elle seule pour faire du personnage l'objet d'une surveillance incessante. Il faut se rappeler, en effet, la gravité des temps :

---

[1] *Archives nationales*, F⁷ 6445.

Fouché rentré en faveur, élevé pour la seconde fois à la charge de ministre de la police, impatient de prouver à nouveau son zèle, de flatter l'Empereur, de mériter sa confiance, l'opinion encore émue par l'exécution du duc d'Enghien, les exploits de Georges Cadoudal, la découverte de l'agence anglaise de Bordeaux, autant de raisons propres à retenir l'attention du ministre, à exciter sa curiosité. Aussi, lorsque le 11 octobre 1804, Son Excellence se décida à pousser plus loin ses investigations à l'égard d'Auerweck, en donnant des ordres précis aux préfets des départements frontières du grand-duché, eut-il soin de marquer dans sa missive la raison principale des soupçons portés sur le baron, relatifs à l'assassinat des plénipotentiaires de Rastadt[1].

---

[1] Circulaire du ministre de la police du 19 vendémiaire an XIII (11 octobre 1804) aux préfets du Haut-Rhin, du Mont-Tonnerre, de Rhin-et-Moselle et de la Roër. « Il importe, Messieurs, au gou-
« vernement d'être instruit dans tous les temps du lieu où se trouve
« le baron d'Auerweck, Hongrois, de ses mouvements et de sa situa-
« tion. Cet homme a été employé par Dutheil, est entré en France
« sous différents noms. Il est marié en Allemagne à une dame Gelpe ;
« il demeurait avec elle à Offenboug, lorsque nos troupes sont der-
« nièrement entrées dans cette ville. Il parvint à se sauver ainsi que
« son épouse et on ignore où il s'est retiré. Je vous invite à faire
« des recherches pour découvrir sa retraite et l'objet de ses occu-
« pations habituelles. Il y a lieu de croire qu'il continue à résider
« sur la rive droite du Rhin. C'est de ce côté que vous prendrez
« particulièrement des informations, tant au moyen des corres-
« pondances que vous avez occasion d'y entretenir que des commu-
« nications habituelles et même des agents secrets. La femme Gelpe

Un temps assez long s'écoula avant que l'on obtînt les renseignements demandés, et si les premières informations recueillies sur le compte d'Auerweck par le préfet du Haut-Rhin, Desportes, n'apprirent que peu de chose, elles concordaient toutes néanmoins en attestant que le baron coulait une existence très paisible aux environs d'Offenbourg, « qu'il s'y livrait entièrement à ses occupations agricoles, que le genre de vie qu'il menait ne faisait pas soupçonner qu'il eût conservé aucune liaison d'intrigues[1]. »

Six mois plus tard, Desportes, revenant sur ce sujet, se montrait plus affirmatif encore, soutenant « qu'on ne connaissait pas à d'Auer-« weck de correspondance active, qu'il voyait « peu de monde. C'est un homme d'un esprit « caustique et frondeur, ajoutait-il, et qui dans « la conversation s'abandonne souvent sans « réflexion au désir de briller. Ce qui doit « particulièrement rassurer sur son compte, « c'est qu'il est sans crédit, sans fortune, sans

« est très intrigante et d'Auerweck est fertile en conceptions mal-« faisantes et odieuses. Il était à Rastadt, lors de l'assassinat des « plénipotentiaires. Je vous recommande d'employer tous vos soins « à faire observer cet individu. Vous me rendrez compte des ren-« seignements que vous obtiendrez. » *Archives nationales*, F⁷ 6445.

[1] Lettre de Desportes du 27 floréal an XIII (17 mai 1805). *Archives nationales*, F⁷ 6445.

« considération personnelle et que s'il voulait
« encore s'occuper d'intrigues, il choisirait un
« autre théâtre qu'Offenbourg, où il ne reste
« que trois émigrés, dont le moins âgé a
« soixante-seize ans ! ₁ »

Mais, malgré ces dires très positifs, le ministre conservait sa défiance, entretenue par
l'arrivée de nouvelles notes, dans lesquelles
on répétait les mêmes incriminations à l'égard
du « petit baron ». On le représentait comme
« remuant par goût, fanatique extrême dans
toutes ses opinions, brûlant de se faire re-
marquer par quelque coup d'éclat. » Ce qui
aggrava sa situation, c'est que l'on apprit,
dans l'automne de 1805, que redoutant sans
doute la proximité des armées françaises qui
sillonnaient les rives du Rhin, d'Auerweck
avait gagné le large durant quelques jours². A
quels motifs attribuer ce départ subit et pour-

---

¹ *Archives nationales*, F⁷ 6445.

² « Le baron d'Auerweck a quitté Offenbourg depuis à peu près
« trois semaines. La crainte du passage des troupes françaises dans
« sa résidence est ce qui paraît l'avoir déterminé à s'en éloigner.
« On croit qu'il s'est rendu à Anspach ou dans le voisinage. A son
« départ, on n'avait point remarqué qu'il entretint de nombreuses
« correspondances. Il paraissait même ne pas chercher à étaler un
« crédit quelconque auprès de quelque homme puissant. Depuis la
« disgrâce du comte de Lerhbach, dont il était secrétaire, on a
« semblé le mettre entièrement dans l'oubli. » Lettre de Desportes
du 14 vendémiaire an XIV (6 octobre 1805). *Archives nationales.*
F⁷ 6445.

quoi cette appréhension de voir de trop près les soldats de l'Empereur? Pareille conduite semblait assez louche à Fouché, qui exigea une enquête supplémentaire et cette fois, il ne se contenta pas des indications fournies par le préfet du Haut-Rhin, mais il lança sur la piste l'un de ses meilleurs limiers.

Lorsqu'il s'était agi, deux ans auparavant, de préparer l'enlèvement du duc d'Enghien et de faire observer sa demeure d'Ettenheim, l'on avait eu recours aux services du commissaire de police établi à Strasbourg, un nommé Popp. Dans cette ville voisine de Bâle, sur la frontière, sans cesse traversée par les émissaires des princes, il fallait un homme intelligent et actif, exerçant une surveillance constante sur les menées des agents royalistes. Le commissaire Popp sembla convenir pour un tel poste. Sa conduite dans l'affaire du duc d'Enghien mérita l'approbation de Napoléon et Fouché, depuis sa rentrée au ministère, voyait en ce personnage un fonctionnaire expert et adroit, sur lequel on pouvait compter.

Ce fut lui que l'on chargea de l'espionnage d'Auerweck, et pendant toute l'année 1806, Popp s'employa de son mieux à cette mission.

Toutefois, ses premières constatations s'éloignèrent peu de ce qu'avait mandé Desportes : rien ne semblait révéler que le baron se fût départi de son attitude passive[1]. « Je n'ai pas « appris, écrivait Popp le 22 avril 1806, qu'il « soit en correspondance avec les agioteurs « d'Angleterre ou qu'il se plaise à exciter ou « à aigrir les esprits. Je crois qu'il est plus « à plaindre qu'à craindre, comme bien « d'autres[2]... »

Quelques semaines plus tard, Popp parvenait à faire parler un ecclésiastique habitant dans le pays et par lui s'instruisait des faits et gestes du baron. « Il s'occupe d'économie rurale, c'est là sa besogne apparente » consignait-il dans son rapport à Fouché[3], puis, piqué au vif par les ordres réitérés de son chef, qui ne cessait de lui recommander l'attention la plus minutieuse sur les menées d'Auerweck, Popp impatient de prouver son zèle, enflait et grossissait ses propos en y introduisant de subtiles insinuations.

Estimant le séjour de Schütterwald trop

[1] Lettre de Popp du 10 avril 1806. *Idem.*

[2] *Archives nationales*, F⁷ 6445.

[3] Lettre de Popp, datée de Strasbourg, 27 juin 1806. *Archives nationales*, F⁷ 6445.

peu confortable et ayant appris que non loin d'Offenbourg, à la même distance environ de la ville, à Elgersweier, il se trouvait un terrain d'un prix abordable, d'Auerweck s'était décidé à s'y réfugier et à s'y faire construire un petit bâtiment qui lui appartînt en propre. Comment se procura-t-il les fonds nécessaires à cet achat, lui qu'on représentait comme dénué de tout ? En mettant à contribution sans doute la fortune de sa belle-mère Mme de Gelb, qui n'avait cessé d'habiter avec eux et dont le modeste avoir se complétait assez heureusement de la pension que lui servait le gouvernement anglais. Aussi, dans le courant de l'été de 1806, le « petit baron » transporta-t-il ses pénates à Elgersweier, où il établit commodément les siens[1]. A l'enfant né à Munich étaient venus s'en ajouter deux autres, Armand[2] et Louis. Peu après leur installation, Mme d'Auerweck mettait encore au monde une fille qui reçut le nom d'Adélaïde[3].

Le commissaire Popp n'ignorait aucun de ces événements et sa surveillance ne se relâ-

---

[1] Renseignements recueillis à Elgersweier. *Livres de bourgeoisie.*

[2] Armand-Georges Quirin fut baptisé le 4 juin 1805 à Schütterwald. *Registre des baptêmes de Schütterwald.*

[3] Née le 20 février 1807. *Registre des baptêmes d'Elgersweier.*

chait point. Encouragé par le succès avec
lequel il avait opéré la préparation du coup
d'Ettenheim, il ne demandait pas mieux que
de renouveler la tentative. Dans ce but, il
exposait au ministre, à mots couverts d'abord,
les raisons et l'utilité qu'il y aurait d'attirer
d'Auerweck en France. Au besoin, avançait-
il, on obtiendrait facilement du grand-duc de
Bade l'autorisation de l'appréhender chez lui.
Exprimée avec prudence au début, cette opinion se faisait de plus en plus catégorique,
bien qu'aucun fait ne vînt à l'appui d'une
semblable mesure, car tous les dires se ren-
contraient pour démontrer l'absolue tranquillité observée par le « petit baron ». « Il con-
« viendrait de s'assurer de sa personne,
« écrivait Popp ; cette opinion sera toujours
« la même, si des difficultés quelconques se
« renouvelaient avec la maison d'Autriche,
« car d'Auerweck, placé en vedette sur la
« rive opposée et ayant sans doute des rela-
« tions avec la nôtre, serait l'un des pre-
« miers porteurs de renseignements sur notre
« position militaire et politico - topogra-
« phique[1]... »

---

[1] Lettre de Popp datée de Strasbourg, 9 août 1806. *Archives
nationales*, F⁷ 6445.

Vers la même époque, l'un des successeurs du ministre Reinhard à Hambourg, Bourrienne, arrêtait un émigré fraîchement débarqué de Londres, qu'on croyait possesseur de secrets capitaux. C'était le vicomte de Butler, le demi-frère de Cormier, qui après avoir « travaillé », comme on l'a vu, pour le comité royaliste de Londres, était venu échouer à Hambourg, dans la plus grande misère. Comme il s'offrait à livrer certains documents, on décida de l'envoyer à Paris. Incarcéré au Temple, il fut interrogé par Desmarest, qui en tira les informations les plus diverses relatives à ses missions. Tout naturellement, Butler raconta ce qu'il savait de d'Auerweck, comment il l'avait connu, quels rapports le baron entretenait avec Dutheil, avec lord Grenville. Satisfait de ses réponses, on le réexpédia à Hambourg, où Bourrienne continua de l'exploiter plusieurs années encore[1].

Enfin, par un surcroît de malchance, la police était prévenue qu'un sieur de Gelb, ancien officier de l'armée des princes, déce-

---

[1] Cf. *Archives nationales*, F⁷ 6249 et P.-M. Desmarets. *Quinze ans de haute police*, édition Grasilier et Savine, Paris, 1900, pp. LVI-LIX.

lait une conduite assez mystérieuse et se permettait de fréquents voyages sur la frontière.
Or, cet émigré n'était autre que le beau-frère
du baron d'Auerweck [1].

Tous ces racontars habilement exploités,
soigneusement alimentés, ne contribuèrent pas
peu à piquer la curiosité du ministre de la
police, d'autant plus que l'activité des royalistes renaissait en plusieurs endroits. Alors
en effet, la Normandie se voyait le théâtre
d'audacieux coups de main, détrousses de
diligences, pillages de convois, attaques sur
les grands chemins, dont plusieurs commis
par les hôtes du château de Tournebut qui
avaient à leur tête le vicomte d'Aché et le
fameux Le Chevalier. De plus, l'Empereur, à
mille lieues de Paris, aux armées, guerroyait
en Prusse et son absence redoublait l'audace
des conspirateurs, mais lui ne les perdait pas
de vue et des camps lointains, il se tenait au

---

[1] « Son Excellence désire, Monsieur, que vous fassiez surveiller
« avec soin le sieur Gelb pendant son séjour à Bitche. Cette surveil-
« lance doit avoir lieu de manière que l'individu qui en doit être
« l'objet ne puisse la soupçonner. Elle doit avoir pour objet princi-
« pal de s'assurer des véritables motifs de son voyage, de connaître
« s'il existe entre lui et son beau-frère d'Auerweck quelques rap-
« ports actuels et si sa présence en France ne se rattacherait pas à
« quelques nouvelles intrigues de ce dernier. » Le ministre de la
police au préfet de la Moselle (avril 1807). *Archives nationales*,
F⁷ 6445.

courant de tout ce qui se passait en France,
obligeant ainsi Fouché à une vigilance incessante. Un événement qui se produisit l'année
d'après, alors que la guerre recommençait en
Allemagne, allait démontrer une fois de plus
le danger qu'il y avait à retenir trop longtemps
l'attention de Son Excellence le ministre de
la police.

Un soir du mois de juin 1807, sur une des
places de la ville de Cassel, un gendarme en
tournée remarquait un jeune homme d'allures
bizarres, pérorant au milieu d'un attroupe-
ment. Il s'approche et constate que l'individu,
qui paraissait assez surexcité, proférait avec
volubilité des menaces et des injures à
l'adresse de Napoléon, qu'il allait même jusqu'à traiter de « *Spitzbube* » (vaurien). Il n'en
fallut pas davantage pour décider le représentant de l'ordre public à arrêter l'imprudent.
On l'emmène au poste, on l'interroge. Il déclare se nommer Jean-Rodolphe Bourcard,
« ci-devant fabricant de rubans », âgé de vingt-
trois ans et originaire de Bâle en Suisse. On
découvre au cours de son interrogatoire qu'il
arrive le jour même d'Hambourg, qu'il a
en tête certains projets assez louches. Ses

récits le rendent très suspect. Un rapport
est aussitôt rédigé pour être transmis à
Paris[1], — Cassel n'allait pas tarder en effet
à devenir la capitale du nouveau royaume de
Westphalie créé pour Jérôme Bonaparte et
la surveillance des émigrés s'y exerçait comme
sur tout autre point du territoire français — ;
en attendant des ordres, on procède à une
perquisition dans le logis où est descendu le
prévenu. Ce qu'on déniche dans son modeste
bagage est bien peu de chose : quelques
papiers, dont « un plan et une description de
la bataille d'Austerlitz », plus deux ou trois
billets d'apparence mystérieuse. Sur l'un
d'eux, on lit ces mots : *Voir Louis — ne rien
faire sans Louis*[2]. Le tout est minutieuse-
ment recueilli et quelques jours plus tard,
Bourcard est expédié à Paris pour un séjour
forcé.

On le mit au Temple[3], et bien que ses propos et ses manières étranges eussent donné
clairement à entendre que l'on était en présence d'un cerveau détraqué, sujet à des accès
de folie furieuse, Fouché ne put se résoudre

---

[1] *Archives nationales*, F⁷ 6502.
[2] Inventaire des papiers trouvés chez Bourcard. *Idem.*
[3] Registre d'écrou du Temple. *Archives de la préfecture de
police.*

à le relâcher. L'examen de son dossier et les papiers saisis sur lui avait soudain fait entrevoir au ministre un ingénieux rapprochement. Qui pouvait être ce *Louis*, désigné comme une des relations de Bourcard ? assurément un espion royaliste, puisque le Bâlois arrivait d'Hambourg, le rendez-vous de ces gens-là. Et les Archives du ministère renfermaient précisément de multiples notes sur « un agent connu de l'Angleterre et de l'Autriche », le baron Louis d'Auerweck de Steilenfels, dont on savait la présence sur les bords du Rhin. Il ne fallait pas en douter : ce personnage « avait pris dans les différentes missions par lui remplies, le nom de Louis. » N'était-ce pas lui que désignait la note de Bourcard ?

Attiré par cette supposition, jaloux d'en voir se manifester la justesse, Fouché saisit immédiatement l'occasion inespérée qui s'offrait[1]. Et voilà comment, le 17 juillet 1807, partait l'ordre de Paris de procéder sans retard à

---

[1] « Un Suisse, nommé Bourcard, parut en 1807 sur le Rhin, « annonçant des projets atroces contre l'Empereur. On trouva écrit « dans ses papiers, *voir Louis, ne rien faire sans Louis.* C'était le « nom mystérieux sous lequel d'Auerweck avait toujours été désigné, « quand il était agent de l'Angleterre. Il fut arrêté ; comme bientôt « après Bourcard tomba en démence, on ne put vérifier jusqu'à « quel point ces apparences de culpabilité pouvaient être fondées. » *Archives nationales*, F⁷ 6445.

l'arrestation du « petit baron ». Il eût été cependant impolitique et presque impossible de renouveler les procédés violents employés naguère à l'égard du duc d'Enghien. Aussi, le chargé d'affaires français auprès du grand-duc de Bade à Carlsruhe, Massias, en recevant la missive de Fouché, jugea indispensable, pour se conformer aux ordres de son chef, de requérir, avant de rien entreprendre, l'autorisation et l'assistance du grand-duc. « Mais, « écrivait-il à Fouché, bien convaincu par une « expérience de sept années que si je demande « l'arrestation de cet individu par la voie ordi- « naire d'une note officielle, il sera prévenu « et parviendra à s'évader, je crois devoir « partir dans ce jour même pour me rendre « à Bade, où se trouve dans ce moment, avec « S. A. R., M. le baron de Gemmingen, mi- « nistre du cabinet, du bon esprit duquel j'ai « eu à me louer dans plusieurs occasions[1]. » Massias ne se trompait pas ; la démarche auprès du souverain badois réussit sans diffi-culté. Ce dernier, ignorant les détails de l'affaire et surtout que d'Auerweck était son sujet, redoutant d'autre part d'encourir le

---

[1] Lettre de Massias datée de Carlsruhe, 22 juillet 1807. *Idem.*

mécontentement de l'Empereur, fit droit aussitôt à la prière de son représentant, et le même jour, de son palais de *la Favorite*, aux environs de Bade, chargeait M. Molitor, commissaire grand-ducal, d'appréhender le baron d'Auerweck, en se concertant avec Massias et en réclamant l'aide de la police badoise[1]. Car Massias avait fait observer que si l'on s'adressait au bailli d'Offenbourg, « où d'Auerweck devait avoir formé des liaisons », il y avait mille raisons pour craindre que celui-ci ne fût averti, « vu qu'il était vigilant et qu'il se tenait sur ses gardes. »

A Elgersweier, personne ne se doutait du danger imminent. Le « petit baron » revenait précisément d'une de ces excursions sur lesquelles la police avait l'œil. Il rentrait auprès de sa femme, qui allait être mère pour la quatrième fois. Installé depuis peu dans sa nouvelle demeure, d'Auerweck se disposait enfin à jouir d'une existence paisible, qui lui permît de rêver tout à loisir et d'achever ses « Remarques historiques sur Hugues Capet » et sa « Dissertation sur la sécularisation opérée

[1] *Archives du grand-duché de Bade à Carlsruhe* (**Minute**).

en Allemagne, d'après l'influence de la France... »

Aussi, quelle catastrophe quand, dans la soirée du 23 juillet 1807, le commissaire Molitor et ses agents se présentèrent inopinément à Elgersweier [1]! On se représente l'attitude bouleversée, le visage décomposé du « petit baron » venant lui-même répondre aux policiers, le désespoir de sa femme, la maison fouillée de la cave au grenier, les cris des enfants réveillés par ce vacarme, l'indignation de Mᵐᵉ de Gelb, puis, tard dans la nuit, après les protestations inutiles du malheureux père de famille, le départ au milieu des gendarmes et la demeure désolée, la famille en désarroi, restant là, accablée de stupeur.

A Offenbourg, où l'on avait conduit le prévenu qui avait recouvré sa présence d'esprit, il s'empressa d'utiliser les moyens de défense mis à sa portée, et sans tarder, il rédigea un journal justificatif, destiné à confondre ses délateurs. En même temps, — circonstance favorable pour d'Auerweck — le grand-duc, apprenant qu'on avait affaire à un sujet badois, revenait sur l'autorisation par lui concédée et

---

[1] Lettre du ministre badois Gemmingen à Massias du 26 juillet 1807. *Archives nationales*, F⁷ 6445.

donnait l'ordre de garder à sa disposition le baron ainsi que ses papiers[1]. Un premier examen de ces pièces avait permis de constater la légèreté de l'accusation portée contre lui et ce qu'il y avait de peu fondé dans les raisons de l'acte commis sur sa personne.

Le lendemain du jour fatal, Mme de Gelb venait à *La Favorite* se jeter aux pieds de son souverain et implorer sa protection en faveur de son gendre[2]. Elle dépeignait la fausseté des imputations lancées, la détresse qui frappait cette mère, ces quatre enfants. Le grand-duc ne put rester insensible à cette démarche, malgré son désir de ne pas déplaire à M. Fouché. « Je suis aux anges, disait Massias au conseiller Gemmingen, d'avoir accompli si heureusement les ordres du ministre de la police, qui paraissait tant y tenir », et, pour calmer les regrets et les craintes du grand-duc, il ajoutait : « Cette affaire paraît avoir pris une tournure très heu-

---

[1] *Archives du grand-duché de Bade à Carlsruhe.*

[2] « L'agent que j'avais envoyé sur les lieux m'a assuré que la situation d'Auerweck, au moment de son arrestation, ainsi que celle de sa famille était voisine de l'indigence. Sa belle-mère, qui est allée à *La Favorite* se jeter aux pieds du grand-duc, a mis six couverts d'argent en gage à Offenbourg pour pouvoir faire son voyage. » Lettre de Massias à Fouché du 30 juillet 1807. *Archives nationales*, F[7] 6445.

reuse pour le détenu ; j'en ai déjà prévenu
Son Excellence, Monsieur le ministre. Vous
pouvez assurer Son Altesse royale que, dans
tous les cas, je ferai tout ce qui est en mon
pouvoir pour que cette affaire se termine
d'une manière agréable aux deux gouverne-
ments[1]. »

Voilà une issue qui paraissait peu probable,
d'autant plus que l'arrestation une fois accomplie, il aurait fallu de plus fortes considérations pour faire renoncer Fouché à son projet.
L'extradition et la venue d'Auerweck à Paris
lui étaient indispensables et déjà, le 5 août, il
prévenait le préfet du département du Mont-
Tonnerre et l'inspecteur général de la gendar-
merie, Moncey, de se préparer « à recevoir et
à escorter le sieur d'Auerweck[2]. »

C'est à ce moment aussi que le commissaire
Popp, dont les services n'avaient pas été uti-
lisés autant qu'il l'espérait, s'inquiétait du
silence qu'on observait à son égard et adjurait
son ministre de ne pas laisser échapper le
baron. « On ne s'est prêté à cette arrestation
qu'avec répugnance, disait-il, et parce qu'il le

---

[1] *Rapport du conseiller Hofer au grand-duc du 30 juillet 1807.
Archives du grand-duché de Bade, à Carlsruhe.*

[2] *Archives nationales*, F⁷ 6445.

fallait et vous pensez avec quelle sévérité on aura, dans de pareilles dispositions, examiné ses papiers, et je pense que ce sont ceux-là qu'il importait le plus d'avoir[1]. »

Et pourtant, ces papiers sur lesquels Popp comptait si fort pour mettre au jour les intrigues du baron se réduisaient à une correspondance d'affaires purement privées, sans aucun intérêt politique : outre les travaux historiques entrepris par d'Auerweck, la perquisition faite chez lui n'avait permis de découvrir que des billets insignifiants, parmi lesquels : « une liasse composée d'une correspondance d'amour que le sieur d'Auerweck entretenait avec une jeune émigrée retirée à Londres ; il paraît que cette liaison n'était pas approuvée par l'oncle de cette jeune personne, devenue orpheline à l'âge de quinze ans ![2] »

Instruit de ces particularités, le grand-duc hésitait de plus en plus à remettre aux mains de Fouché et de ses sbires son malheureux sujet. Il était persuadé « de sa parfaite innocence. » C'est pourquoi son ambassadeur à Paris, le baron de Dalberg, fut chargé « d'em-

---

[1] Lettre de Popp du 21 août 1807. *Idem.*

[2] Inventaire des papiers trouvés chez d'Auerweck, lors de son arrestation. *Idem.*

ployer les plus pressantes sollicitations auprès de Son Excellence le ministre Fouché, pour faire cesser le désespoir de trois individus si dignes de la plus vive compassion [1]. »

Mais on se heurta à une résistance opiniâtre. Fouché, ayant reçu le mémoire justificatif composé par d'Auerweck deux jours après son arrestation, l'avait jugé insuffisant, « parce qu'il passait légèrement sur plusieurs circonstances principales de ses intrigues et qu'il n'était relatif qu'à des faits antérieurs à l'an 1800 [2] », et en marge du cahier, il avait consigné ses observations en une sorte de questionnaire : « Avec qui a-t-il eu des rapports « lors de son second voyage à Paris ? Où « logeait-il ? A qui écrivait-il à Londres ? « N'était-il pas caché dans une maison rue « Basse-du-Rempart ?

« De quelle espèce de commission fut-il « chargé à Rastadt ? Ne prit-il pas la route de « Brunswick, pour arriver à Rastadt ? Ne dit-il « pas confidentiellement à quelqu'un, avant « son départ d'Hambourg, cette phrase très « remarquable : *Je vais à Rastadt ; vous en-*

---

[1] Lettre du ministre badois Edelsheim à Dalberg du 25 août 1807. *Archives du grand-duché de Bade à Carlsruhe.*

[2] Lettre de Fouché au baron de Dalberg du 29 août 1807. *Archives nationales*, F⁷ 6445.

« *tendrez parler sous peu d'un grand événe-*
« *ment auquel j'aurai beaucoup contribué.* »

Et, passant au fait du brusque départ du
baron, au moment de l'approche des troupes
françaises, Fouché poursuivait : « Pourquoi
« fuir lors de ces premières hostilités? Vous
« n'êtes pas Français. Si vous n'avez point
« agi, si même vous avez cessé d'agir contre
« la France, pourquoi abandonner votre
« femme, parce que nos troupes vont arriver,
« lorsque vous êtes Allemand et fixé en Alle-
« magne, chez un prince ami de cette même
« France ? Mais on a lieu de croire que vous
« agissez toujours. On a lieu de penser que
« vous étiez secrètement à Paris, il y a cinq
« ou six mois. Vous y avez été rencontré
« rue de Richelieu. Encore une fois, on a lieu
« de penser que, fixé ainsi sur nos frontières,
« votre longue expérience d'observateur vous
« met dangereusement à même de continuer
« à observer et que ne vous bornant point à
« correspondre avec nos ennemis, vous ne
« puissiez diriger les pas d'hommes semblables
« à ceux que vous n'avez pas ignoré avoir
« manœuvré à Rastadt[1]. »

Archives nationales, F⁷ 6445.

Tels étaient les griefs articulés par le ministre, suffisants, on s'en rend compte, pour le
convaincre de l'importance de sa capture. Si
volontairement on fermait les yeux sur le
passé du baron avant l'année 1800 — et cependant combien de justes soupçons ce passé ne
pouvait-il pas faire naître ? — l'on retenait
cette imputation relative au drame de Rastadt
et cette coïncidence — bien peu probante —
de l'arrestation de Bourcard avec la présence
d'Auerweck sur les bords du Rhin. Aussi,
dans sa réponse au comte de Dalberg qui le
priait de renoncer à ses exigences, Fouché
désira-t-il marquer sa volonté bien arrêtée.
« Vous jugez, Monsieur, par ce qui précède,
« écrivait-il, le 29 août, que le sieur d'Auer-
« weck ne peut obtenir sa liberté et qu'il
« importe qu'il soit transporté à Paris, pour y
« donner les explications qu'exigent les ren-
« seignements particuliers et récents qui exis-
« tent contre lui. Votre Excellence peut être
« assurée qu'il sera examiné avec toute l'im-
« partialité qu'il désire et que, s'il se justifie,
« il obtiendra la plus prompte justice[1]. »

Il y avait plus d'un mois que l'infortuné

---

[1] *Archives nationales* F⁷ 6445.

baron se morfondait dans la prison d'Offenbourg, où il était gardé à vue jour et nuit
par un factionnaire. La chaleur était intense
et, souffrant d'une maladie interne qu'aggra-
vait sa détention, d'Auerweck maudissait son
sort. Dans un langage imagé, il reprochait à
son souverain de l'avoir laissé incarcérer sans
nulle preuve, sur « de fourbes accusations »,
lui « un citoyen, un homme de valeur, de
« l'honneur duquel personne ne doute, dans
« la justice duquel on se confie et qui n'a pas
« honte de montrer sa religion, qui ne vit pas
« entièrement inutile ; qui a assez de tête pour
« avoir des principes et assez de cœur pour se
« sacrifier à ses principes, lorsque ceux-ci
« l'exigent, chez qui le cœur et la tête sont en
« harmonie, qui n'a pris de part aux événe-
« ments politiques que par ses vœux et son
« obéissance, qui enfin depuis cinq ans *vit en*
« *paysan*, dans une petite maison qu'il a cons-
« truite, y soigne son jardin et y élève ses
« enfants[1]!... »

Touché par la vraisemblance de ces allégations, le grand-duc épuisait les moyens d'éviter
la demande de Fouché. On crut découvrir un

---

[1] Lettre d'Auerweck au commissaire Molitor datée d'Offenbourg,
1er septembre 1807. *Archives du grand-duché de Bade à Carlsruhe.*

expédient, en proposant au ministre de conduire le prisonnier à Strasbourg seulement, où
la justice française pourrait l'interroger à son
aise ; mais là encore tout fut inutile. Fouché
se montrait intraitable [1], et au bout de quinze
jours, de guerre lasse, le grand-duc prétextant
« les liens d'amitié et les rapports particuliers
subsistant avec la cour de France », consen-
tait enfin à l'extradition du baron d'Auerweck,
bien que « Son Altesse se crût en droit d'attendre qu'on lui épargnerait le désagrément
de faire délivrer à une juridiction étrangère un
sujet contre lequel il n'existe encore aucun
soupçon suffisamment fondé et dont les papiers
ne fournissent aucune preuve contre lui [2]. »

Une fois de plus, le spectre de Napoléon
courroucé, prêt à écraser celui qui s'opposait
à sa volonté, avait réussi à triompher de tout
ce que la justice et le bon droit permettaient
d'espérer.

[1] « Le parti que Votre Excellence me propose de faire seulement
« conduire ce prévenu à Strasbourg ne me paraît pas pouvoir
« être adopté sans inconvénients graves. Parmi les explications
« qu'il doit donner, il en est plusieurs qui peuvent mieux et plus
« promptement être vérifiées ici ; par exemple le voyage qu'il
« paraît avoir fait récemment. D'un autre côté, il est indispensable
« de le confronter avec le commissaire de l'Angleterre arrêté à
« Cassel et qui a été transféré ici. » Lettre de Fouché au baron
« de Dalberg, septembre 1807. *Archives nationales*, F⁷ 6445.

[2] Lettre du ministre badois Edelheim à Massias du 13 septembre 1807. *Archives du grand-duché de Bade à Carlsruhe.*

Ce fut le 22 septembre que le commissaire Molitor, après avoir fait extraire d'Auerweck de la prison d'Offenbourg, l'emmena à Strasbourg pour le livrer à la police française. Afin de sauvegarder les formes et de mettre à couvert son attitude, le grand-duc avait chargé son conseiller de bien répéter que « si Son Altesse royale faisait extrader son sujet Auerweck, par condescendance particulière et pour faciliter les informations et confrontations dont il s'agissait, cet acte se faisait avec la pleine confiance qu'il serait traité avec tous les ménagements possibles et qu'il n'éprouverait aucun traitement désagréable ou acerbe, en raison des mesures qui auront rapport à sa personne[1]. »

Mais on savait à quoi s'en tenir sur les intentions de M. Fouché et personne ne s'y trompait, le grand-duc moins qu'un autre. La lettre éplorée que lui adressa le lendemain Mme d'Auerweck et dans laquelle elle faisait appel à sa bonté et à sa pitié, dut certainement faire naître chez lui quelque remords.

Après un séjour de quarante-huit heures à

---

[1] Lettre du commissaire Molitor à Popp du 22 septembre 1807. *Archives nationales*, F^7 6445.

Strasbourg, d'Auerweck se mit en route, le
25 septembre. Dans la chaise de poste qui l'emportait, se trouvaient un sous-officier et un
gendarme chargés de sa surveillance. Les
Vosges franchies, on passait à Nancy, à Châlons et le 28, on arrivait à Épernay ; encore
quelques heures et on atteindrait Paris ! Dans
l'auberge, pendant un court arrêt, le baron
traçait à la hâte le billet suivant destiné à
rassurer les siens :

« Me voilà arrivé, ma bonne et tendre amie, assez
« content de ma santé et même beaucoup moins fatigué
« que je n'avais craint de l'être. Je vous écris ces quatre
« mots pour vous tranquilliser et pour vous recomman-
« der de nouveau votre santé. Demain, à huit heures du
« matin, nous serons à Paris d'où, à ce que j'espère, je
« pourrai vous écrire. Je vous embrasse et vous charge
« de passer mon baiser à Charles, Louis et Armand et à
« votre mère.

« Dieu vous conserve !

« Épernaï, le 28 septembre¹. »

Le matin du 29, la chaise de poste entrait à
Paris. Elle longea les quais et s'arrêta devant
les bureaux du ministère de la police générale, où remise devait être faite du prisonnier.
Où allait-on le conduire? A coup sûr à la tour
du Temple, qui recevait à cette époque les

¹ *Archives nationales,* F⁷ 6445.

détenus politiques. C'est là en effet que d'Auerweck fut emmené et incarcéré. L'ordre d'écrou commandait de le laisser au secret jusqu'à nouvel avis[1]. A son tour, le baron pénétrait dans le donjon sinistre, que si souvent il était venu contempler de loin, curieusement, douze années auparavant. Comme son « gros ami » Cormier, il lui était donné de voir de près ce bâtiment, dont le nom évoquait tant de souvenirs mystérieux...

Six jours lui furent accordés, pendant lesquels il put se préparer à son aise à répondre aux questions qui allaient lui être posées. Le 5 octobre 1807, un commissaire délégué du ministre de la police entrait chez lui pour le faire parler. Chose curieuse, le même fait qui s'était produit pour Cormier, lors de son emprisonnement, se renouvelait pour d'Auerweck : on observait le silence le plus com-

---

[1] « Le ministre de la police générale ordonne au concierge de la « maison du Temple... de recevoir et garder au secret... le nommé « (Aloyse) Auerweck de Steilenfels, prévenu de conspiration contre « la sûreté de l'État.

« Auerweck (Louis de Gonzague), âgé de quarante ans natif de « Vienne en Autriche, domicilié à Elgersweier.....

« (Signalement) Taille : 1,71 m., cheveux et sourcils châtains, « yeux bleus, nez petit, mince du haut et un peu large du bas, « front haut et bombé, bouche moyenne, lèvres épaisses, menton « rond, relevé avec fossettes, visage ovale, plein et coloré. » — 29 septembre 1807. Registre d'écrou du Temple. Archives de la préfecture de police.

plet sur toute la période antérieure à l'année 1800 ! Quelle avait été la conduite
d'Auerweck pendant la Révolution et sous
le Directoire, quels furent ses agissements.
où l'entraînèrent ses allées et venues, quelles
étaient ses relations, tout cela semblait de
peu d'importance à Son Excellence M. Fouché et à Desmarets, chargé plus particulièrement de l'affaire. Ce qu'il fallait avant
tout, c'était connaître le but des fréquentes
absences d'Auerweck dans ces dernières
années et lui faire avouer sa participation
à l'assassinat des plénipotentiaires de Rastadt.

Sans détours, on en vint au fait, mais d'Auerweck était sur ses gardes. Il nia énergique-
ment son prétendu voyage à Paris aux mois
d'avril et de mai.

— « Je n'ai fait aucun voyage en France et
« je ne suis point venu à Paris depuis l'année
« où le Directoire a été installé. Je puis à cet
« égard donner les preuves les plus posi-
« tives... Depuis deux ans j'ai été prévenu
« que la police de France avait l'œil sur moi.
« qu'on m'attribuait beaucoup d'intrigues à
« la plupart desquelles j'ai été très étranger.
« car j'affirme rigoureusement que depuis
« 1799, de juillet à septembre, je n'ai pas pris

« la moindre part aux affaires contre la
« France. Je défie qu'on puisse alléguer de
« moi une seule démarche, une seule ligne
« contre le gouvernement français. La per-
« sonne qui me prévint de la vigilance de la
« police sur moi est feu M. l'abbé Desmares,
« qui restait à Offenbourg : ce fut par un billet
« anonyme qu'il n'a jamais avoué, mais je
« crois bien que l'avis venait de lui. »

Quant à sa fuite soudaine du pays badois en
1805, lors de l'approche des armées françaises, le baron l'expliquait par le désir de
calmer les frayeurs de sa belle-mère Mme de
Gelb. D'ailleurs, l'on n'avait qu'à interroger
les autorités de Rothembourg, d'Ulm, de Nuremberg, qu'à réclamer les doubles de ses
passeports, l'on y trouverait la confirmation
absolue de ses dires.

Restaient ses relations avec Bourcard. Que
pouvait répondre l'accusé ? N'était-ce pas précisément à Ulm qu'il avait rencontré « le
sieur Bourcard père, officier du canton de
Bâle ? » La réplique d'Auerweck était facile :
« Je n'ai passé que vingt-quatre heures à Ulm.
« J'y ai dîné et soupé. Les armées autri-
« chiennes ne s'étaient point encore repliées
« sur cette place, qu'on s'occupait de forti-

« fier. Je n'ai vu à table d'hôte que trois
« officiers, deux Croates et un capitaine
« allemand. Je n'ai eu aucune espèce de
« relations avec qui que ce soit. Le nommé
« Bourcard, officier suisse, m'est entièrement
inconnu[1]. » Toutes ces dénégations étaient-
elles exactes — et il paraissait aisé de les
vérifier par les pièces citées — il subsistait
bien peu de chose des terribles témoignages
qui pesaient sur le « petit baron » et du crime
« de conspiration contre la sûreté de l'État »,
dont on le chargeait. Le léger indice révélé
par l'arrestation de Bourcard, infirmé déjà par
l'examen des papiers saisis à Elgersweier,
s'évanouissait d'autant plus que celui-ci venait
d'être reconnu atteint d'aliénation mentale.
Bref, l'aventure tragique dans laquelle était
tombé d'Auerweck, semblait n'avoir été causée que par le plus fâcheux des malentendus.
C'est ce que lui avait exprimé son interlo-
cuteur en le quittant : « Vous pouvez regar-
« der votre affaire comme terminée, et vous
« voyez que l'on peut se trouver compromis
« par des rapprochements malheureux, *sans*
« *que cela (ne) soit la faute de personne*[2] ! »

---

[1] Interrogatoire d'Auerweck. *Archives nationales*, F⁷ 6445.

[2] *Archives nationales*, F⁷ 6445.

Fort de cette assurance, le baron prenait son mal en patience, malgré les jours qui s'écoulaient. Il savait qu'on ne l'oubliait point à la cour du grand-duc. L'ambassadeur Dalberg lui avait déjà fait parvenir au nom de son souverain quelques gratifications destinées à acquitter les premiers frais de son séjour au Temple, et là-bas, à Elgersweier, Mme d'Auerweck recevait des secours de Carlsruhe. En effet, privés de leur chef de famille, mère, grand'mère et enfants se voyaient plongés soudain dans la plus terrible misère.

· La pauvre femme, malgré son état, n'ambitionnait qu'une chose : obtenir un passeport pour se rendre à Paris. Dans ce but, elle assassinait l'ambassadeur badois de ses lettres, le suppliant aussi de s'employer à la libération de son mari. « Je sais, Votre Excellence, « qu'il est innocent, ne cessait-elle de lui « représenter, et si même Votre Excellence « désirait encore quelques preuves de la non « activité de mon mari, je chercherai tous « les moyens valables de les lui procurer. « Mon mari ne peut que gagner aux recher- « ches... et il ne doute pas que Son Excel- « lence ait elle-même compassion de ma

« position et de celle de mes pauvres petits
« enfants[1]. »

Dalberg finissait par être impatienté.
« Mᵐᵉ d'Auerweck m'écrit fréquemment, man-
« dait-il à Carlsruhe, ce *mouvement conjugal*
« est inutile, parce que rien ne peut être fait
« aussi longtemps que ce prisonnier est
« nécessaire à la procédure. »

Sur ces entrefaites, le baron, pour tuer le
temps, rédigeait un second mémoire justificatif, qui devait sans nul doute fléchir Desmarets.
Il s'y appliquait à faire ressortir les lacunes
de son interrogatoire et l'absence de preuves
dirigées contre lui. Comment se faisait-il que
la fausseté des accusations qui le chargeaient
étant ainsi démontrée, on ne le remît pas aussitôt en liberté? Car il venait d'apprendre
qu'un rapport très détaillé se trouvait en ce
moment entre les mains du ministre de la
police, rapport qui prouvait ses séjours successifs dans le grand-duché de Bade de 1798
à 1800, à Offenbourg de 1802 à 1803, et à
Schutterwald jusqu'en septembre 1806, qui
signalait enfin son passage à Rothembourg et
à Nuremberg en 1805 et qui affirmait que

---

[1] *Archives du grand-duché de Bade à Carlsruhe.*

« partout où ledit d'Auerweck s'était trouvé,
« il s'était conduit avec beaucoup de décence
« et de tranquillité et ne s'était jamais mêlé
« d'affaires politiques ; qu'au contraire il
« s'était constamment occupé de bâtisses,
« d'agriculture, de botanique et d'économie
« rurale, ce qui a été en partie prouvé par
« plusieurs manuscrits trouvés sur lui lors de
« son arrestation[1]. » M. Desmarets et son
maître avaient ainsi sous les yeux la justifica-
tion indubitable des protestations du baron. Il
était vraiment inconcevable qu'on le laissât
sous les verrous et, ce qui est pis, qu'on ne le
questionnât pas à nouveau.

Cependant, dans la première quinzaine du
mois de mars 1808 — il y avait près de sept mois
que d'Auerweck était au Temple — le baron
de Dalberg fut informé que l'intervention de
Fouché seul ne suffisait pas, mais que l'Empereur, qui allait quitter Paris pour la campagne
d'Espagne et auquel on avait soumis la libération du détenu, s'était refusé à la signer.
L'affaire devenait grave. Dalberg ne se dis-
simulait pas les difficultés qu'il y aurait à tirer

[1] « Rapport présenté le 18 novembre 1807 à Son Altesse royale
le grand-duc de Bade concernant le sieur Aloys Auerweck de
Zeiten, par le conseiller suprême Molitor. » *Archives nationales*,
F⁷ 6445.

de prison le malheureux baron, considéré comme « agent anglais » et par là tenu dans une suspicion infiniment plus grande que ne l'aurait été un émissaire d'une autre puissance[1].

La haine de l'Angleterre était alors à son comble et pour Napoléon un espion de ce pays méritait d'être gardé et bien gardé. Tout sujet badois qu'il se prétendît, d'Auerweck ne pouvait nier qu'il n'eût servi la nation abhorrée.

Et les semaines succédaient aux semaines et d'Auerweck se désespérait. Il eut peut-être un instant l'illusion de la délivrance, quand aux débuts du mois de juin, un remue-ménage et un vacarme inattendus se produisirent au Temple. Que se passait-il ? Un changement de régime bouleversait-il encore Paris ? L'Empereur avait-il été vaincu ? Hélas ! rien de tout cela. Mais Napoléon avait ordonné la démoli-

---

[1] « J'ai vu monsieur le conseiller d'État Réal, rapporteur de l'affaire de M. d'Auerweck. Il m'a dit s'en occuper, mais que le soupçonnant d'avoir été mêlé, dans le temps, dans la catastrophe de Rastadt, il s'agissait de l'approfondir. Il m'a promis au reste d'accélérer son travail. » Lettre de Dalberg à Edelsheim du 16 janvier 1808. — « J'ai trouvé en même temps M. Fouché. Je lui ai « parlé derechef pour M. d'Auerweck, après lui en avoir écrit ces « jours-ci. Il m'a dit : quant à votre *Anglais*, il est sur la liste « de tous les prisonniers qu'au commencement de l'année j'ai « remise à S. M. l'Empereur. J'ai proposé de le mettre en liberté. « L'Empereur ne m'a pas rendu mon travail et je ne sais pas s'il « décidera quelque chose avant son départ, mais je lui en repar- « lerai encore. » Lettre de Dalberg à Edelsheim du 12 mars 1808. *Archives du grand-duché de Bade à Carlsruhe.*

tion de la tour du Temple et les dix-sept prisonniers qu'on y gardait allaient être évacués
sur un autre dépôt. On les transporta à Vincennes[1]. C'en était fait de l'espoir entrevu
par d'Auerweck. Aussi, plus désolé que
jamais, à peine établi dans ses nouveaux
pénates, envoyait-il à Desmarets une véhé-
mente protestation : « A qui donc, grand
« Dieu, dois-je attribuer que six mois après
« l'arrivée des papiers qui devaient me justi-
« fier, je me vois traîné d'une carrière dans
« une autre... Si la méchanceté m'a encore
« noirci depuis mon arrestation, donnez-moi
« les moyens de lui prouver qu'elle s'est
« encore menti à elle-même. Il est bien diffi-
« cile qu'il y ait dans le monde une situation
« plus malheureuse que la mienne. Ma vue
« s'affaiblit, ma santé dépérit, mes facultés
« s'éteignent. Mon imagination ne voit que mes
« malheureux enfants ruinés et négligés sous
« tous les rapports, et cette situation est celle
« d'un homme rigoureusement innocent[2] ! »
Pas une fois il ne lui vint à l'idée que la sévé-

---

[1] Voir la liste de ces prisonniers dans Beauchesne, *Louis XVII*,
t. II, p. 465, note 1. D'Auerweck, orthographié Anerweck, y est
qualifié de *cultivateur!*

[2] Lettre datée du donjon de Vincennes, 14 juin 1808. *Archives
nationales*, F⁷ 6445.

rité de sa détention avait pour cause quelque indiscrétion relative à son passé et à sa conduite en 1795, à la part qu'il pouvait avoir prise à « l'affaire du Temple. » Pourquoi rappeler de tels souvenirs, sur lesquels s'étendait un voile épais ? Et d'ailleurs rien n'autorisait ces soupçons.

Les efforts du grand-duc et de son ambassadeur à Paris en faveur du baron ne se relâchaient point et firent durant les années suivantes le sujet d'une correspondance nourrie entre Paris et la cour de Bade[1]. A toutes les demandes de Dalberg, Fouché répondait que personne ne contestait la « parfaite loyauté » du baron d'Auerweck mais que la volonté seule de l'Empereur était en jeu et que celui-ci repoussait toute décision. Pour calmer le désespoir de Mme d'Auerweck, revenant continuellement à la charge, on faisait parvenir des secours réguliers au détenu de Vincennes, on l'assurait que les siens n'étaient

---

[1] « J'ai vu le ministre de la police et je lui ai parlé de « M. d'Auerweck. Il m'a dit : J'ai dans le temps proposé et « demandé à l'Empereur de pouvoir l'élargir. Par des considéra- « tions particulières, l'Empereur n'y a pas consenti. Sans son « autorisation, il ne peut pas sortir de Vincennes. Je vous promets « de revenir dans mon travail avec lui sur cet objet. » *Lettre de Dalberg à Edelsheim du 2 septembre 1809. Archives du grand-duché de Bade à Carlsruhe.*

pas abandonnés. « Ma détention est le résul-
« tat d'une longue série de délations calom-
« nieuses, répétait le baron, filées et cousues
« avec plus ou moins d'adresse, mais dont la
« fausseté est parfaitement démontrée à ceux
« qui se sont fait payer pour les dire [1]. » Il était
précisément instruit qu'aux accusations portées jadis contre lui s'en ajoutait une autre,
celle d'avoir publié en 1799, dans le *Moniteur*,
certaines lettres datées de Naples, injurieuses
pour le Premier Consul. Or, le *Journal politique de l'Europe* avait immédiatement, au nom
d'Auerwerck, opposé le démenti le plus for-
mel à ces documents. Au reste, que ne l'en-
tendait-on en personne ? « Vous savez bien,
Monsieur, ajoutait-il, que depuis deux ans
moins dix à douze jours, l'autorité ne m'a
plus parlé que par le bruit des verrous qu'elle
fait pousser sur moi ! »

C'est ainsi que s'écoulèrent trois années,
au cours desquelles Mme d'Auerweck, qui ne
semble pas, d'ailleurs, avoir mené une vie
exemplaire durant l'absence de son époux [2],

---

[1] Lettre d'Auerweck du 27 octobre 1809. *Archives nationales*, F⁷ 6445.

[2] Le 27 mars 1810, deux filles lui étaient nées : Alexandrine et Rosa, dont le père, disait-on, était le garde-police d'Elgersweier. *Registre des baptêmes d'Elgersweier.*

n'en fatiguait pas moins de ses prières l'ambassadeur badois à Paris[1]. Le bailli de Ferrette, qui avait succédé au comte de Dalberg, dès son arrivée en France, reprit en mains l'affaire de l'infortuné baron, résolu à la poursuivre jusqu'au bout[2]. Pour augmenter le poids de ses réclamations, il réussit à intéresser le ministre du roi de Bavière à la cause d'Auerweck et tous deux firent parvenir, dans l'été de 1810, une note pressante au ministre de la police. Fouché n'était plus là, ayant été disgracié pour la seconde fois. Il était remplacé par Savary, duc de Rovigo, et c'est à ce dernier que s'adressèrent les deux ministres[3].

[1] Lettre de la baronne d'Auerweck à Edelsheim, 26 novembre 1809. (Nous en respectons l'orthographe.) « Le malheur qui nous « poursuis nous acapble aussy par la perte des personnes qui prend « intéroit à notre sort. Nous avons donc perdu M. de Coliny [qui] « prenoit les afaire de mon mari à cœur et qui connoissois tout « sons afaire. Je vous prirai donc, Votre Excellence, vous qui avoit « la bontée de vous intéresser à notre malheur, de vouloir dispo- « ser la personne qui dois remplacer M. de Coliny dans la même « intention et je priroit encore Votre Excellence de vouloir bien « pouvoir arrenger que cette personne aille voir Monsieur d'Auerweck « comme le fesoit le présédent. Pardon, Votre Excellence, de mon « indiscrétion, mais je mest toute ma confiance en votre extrème « bontée et c'est dans cest sentiment que j'ai l'honneur..... » *Archives du grand-duché de Bade à Carlsruhe.*

[2] Lettre du bailli de Ferrette au duc de Rovigo du 18 juin 1810. *Archives nationales*, F⁷ 6445.

[3] « J'ai signé, il y a déjà bientôt trois semaines, une note en « réclamation d'un sujet badois qui gémit depuis trente et tant de « mois dans les donjons de Vincennes, sans qu'aucune réponse y « ait encore été faite. Connaissant l'intérêt de S. A. R. le grand-

« J'ai pressé hier, à ce malheureux bal,
« écrivait Ferrette le 2 juillet, Monsieur le
« duc de Rovigo, peu de moments avant l'ar-
« rivée de l'Empereur, pour la sortie de Vin-
« cennes du sieur Auerweck. Il m'a dit : Son
« cas n'est pas irrémissible, mais soyez sûr
« qu'on ne le tient pas ainsi resserré sans de
« fortes raisons, il faut attendre[1]. »

Enfin, le 16 octobre, Savary plaçait sous les
yeux de Napoléon le rapport si impatiemment
attendu qui concluait à la libération du prisonnier[2]. A la surprise de tous, l'Empereur
n'y répondit que par cette observation : *Bon
à retenir jusqu'à la paix générale.* Il fallait se
résigner devant l'impitoyable arrêt et accepter
l'explication donnée, à savoir : que d'Auerweck était « un fier intrigant, qu'on voyait
paraître partout, tantôt pour l'Autriche, tantôt pour l'Angleterre. »

Puis, comme si l'on eût cherché à excuser
cette détention prolongée, on introduisit
auprès du baron un de ces personnages con-

« duc pour ce malheureux, j'ai été chercher plusieurs fois Monsieur
« le duc de Rovigo et je le presserai vivement dans cette affaire. »
Lettre du bailli de Ferrette au ministre Edelsheim du 29 juin 1810.
Archives du grand-duché de Bade à Carlsruhe.

[1] *Idem.*

[2] *Archives nationales*, F⁷ 6445.

nus sous le nom de *moutons*, qui, en se liant avec le prisonnier, essayerait de le faire parler et transmettrait à la police le résultat de ses conversations. L'homme choisi à cet effet se nommait Rivoire. C'était un ancien officier de marine, arrêté pour crime de conspiration, enfermé, évadé, repris et incarcéré pour la quatrième ou cinquième fois. Le « chevalier de Rivoire », à court de ressources, espérait abréger sa réclusion en mouchardant ses compagnons d'infortune. On le chargea de sonder tout spécialement le baron d'Auerweck sur l'assassinat de Rastadt, et les deux relations qu'il fit parvenir à Desmarets, dans le courant de l'année 1811, rendent un compte assez amusant du succès de ses tentatives, succès adroitement exagéré, cela va sans dire :
« D'Auerweck est très défiant, lorsqu'on lui
« insinue des questions; d'après cela je me
« suis mis sur le pied de le contrarier et de
« n'avoir l'air de céder la victoire qu'à regret.
« Alors, après l'avoir mis sur la voie, si je me
« résigne à l'écouter patiemment, il m'accable
« complaisamment de confidences fausses et
« vraies et de tout le fatras que son orgueil
« et son insatiable bavardage lui inspirent...
« Il s'est vanté d'avoir rendu aux Anglais les

plus grands services, tant sur le continent que dans leur pays même, où il avait dénoncé et déjoué plusieurs complots et fait arrêter et punir plusieurs agents français... Quand la conversation est tombée sur l'affaire de Rastadt, il m'a, dans les commencements, répété les fables fabriquées pour détourner les soupçons de dessus les vrais coupables.

« — Rivoire. — Des enfants seuls croiront à ce roman.

« — D'Auerweck (*en riant*). — C'est vrai; mais il faut toujours le dire et à force de le répéter, on y croira. C'est une affaire qui tient à d'autres intérêts. Je n'ai abandonné l'Autriche que depuis que j'ai vu que c'est un gouvernement perdu par sa faiblesse et son ineptie et auquel il faut faire comme aux enfants gâtés qui ne veulent pas prendre médecine. Excepté moi, il n'y a pas plus de deux personnes qui connaissent les vrais détails de cette affaire.

« S'apercevant alors qu'il avait trop parlé, il commença à chanter la palinodie plus bêtement encore en ajoutant : Au reste, je tenais au ministre d'un prince qui n'y était pour rien et j'étais entièrement neutre dans tout cela. »

Rivoire concluait que « d'Auerweck avait été
« le conducteur ou l'un des conducteurs de
« ce crime pour le compte du gouvernement
« anglais, auquel il s'en était allé aussitôt en
« rendre compte, ayant été à cette époque à
« Londres en passant par la France[1] ! »

Ces nouvelles incriminations, quelque lé-
gères que fussent leurs bases, n'étaient cependant point négligées et venaient aggraver
les charges qui pesaient sur le baron dont
la captivité se prolongeait indéfiniment. En
même temps, elles entretenaient la rigueur
de sa détention. Par l'entremise de l'ambassadeur badois à Paris, d'Auerweck, qui se
disait gravement atteint, avait supplié qu'on
le transportât temporairement dans une maison de santé, où il pût recevoir des soins[2].
Sa maladie n'était-elle qu'un prétexte et

---

[1] *Archives nationales*, F⁷ 6445.

[2] « Monseigneur.
« J'étais entre les mains des médecins pour me faire traiter
« d'une maladie des voies urinaires, lorsque mon arrestation
« m'en a arraché, il y a près de quatre ans. Mon séjour dans les
« prisons, les espérances toujours données et toujours déçues,
« l'impossibilité de me faire soigner avec quelque suite et surtout
« celle de faire usage d'un bain, depuis trente-cinq mois que je
« suis au Donjon, tout cela n'a point servi à rétablir ma santé et
« je souffre trop depuis quelque temps pour ne pas me décider enfin
« à demander à Votre Excellence d'être transféré dans un local
« qui jouit d'une infirmerie. Si mon malheur est bien fait pour
« dégoûter de la vie, hélas ! ma qualité de père de quatre petits
« enfants me fait une loi de ma conservation. Je supplie l'huma-

songeait-il à quelque projet d'évasion ? Peut-
être, car c'est cette éventualité qui fit répondre au ministre de la police par un refus :
« Les motifs de la détention de ce prison-
« nier, alléguait le duc de Rovigo à son
« collègue des Relations extérieures, ne per-
« mettent pas qu'il puisse être transféré
« dans une maison de santé. Mais je viens
« de donner les ordres convenables pour
« que le médecin chargé de soigner les ma-
« lades de la prison de Vincennes visite ce
« détenu aussi souvent que sa santé l'exi-
« gera[1]. »

Le 31 mai 1812, d'Auerweck était prévenu
qu'aucune instruction n'avait encore été donnée relativement à son sort, et prenant son

« nité de votre Excellence de me faire placer dans l'infirmerie
« de Sainte-Pélagie ou de la Force et de m'y faire donner une
« chambre où je puisse être seul. Je sollicite Sa Bonté de ne
« point me retrancher les quarante sols dont la privation me serait
« plus sensible que jamais. Je redemanderai à Votre Excellence
« mon retour au Donjon, si ma captivité doit continuer, aussitôt
« que ma santé me le permettra. L'infortuné qui vous adresse,
« Monseigneur, cette demande du fond d'une prison n'a jamais
« mérité d'y être et encore moins d'y périr d'une manière doulou-
« reuse, faute de pouvoir faire soigner sa santé. Je suis avec res-
« pect, Monsieur le Duc, de Votre Excellence le très humble et
« très obéissant serviteur,

Louis Auerweck de Steillenfels.

« Au donjon de Vincennes, le 3 mai 1811. »
Archives nationales, F⁷ 6445.

[1] Lettre de Desmarets au duc de Bassano du 16 mai 1811.
Archives nationales, F⁷ 6445.

mal en patience, il transmettait sous cette forme plaisante une nouvelle demande à Desmarets : « L'on m'a fait hier l'annonce annuelle de ma maintenue au donjon de Vincennes; daignez ordonner du moins que ce ne soit point dans la cave où je suis depuis trois mois et demi[1]... »

Deux années devaient encore se passer, avant que les tribulations du baron arrivassent à leur terme. Quand en 1814, l'armée des alliés cette fois victorieuse, s'approcha de Paris, on se décida à évacuer sur Saumur les habitants de la prison de Vincennes. Quels vœux d'Auerweck ne dut-il pas former pour la venue prochaine de ses compatriotes et pour que ce second déménagement fût le prélude de sa délivrance !

Il n'était pas à Saumur depuis deux mois, que le bruit public vint l'instruire de l'entrée des alliés à Paris, le 31 mars. On ne l'oublia pas au fond de son cachot, car trois jours plus tard, le grand-duc de Bade faisait réclamer avec instances son sujet, « l'une des nombreuses victimes du règne qui vient de finir[2] », et le lendemain, le ministre répondait

---

[1] Lettre d'Auerweck du 31 mai 1812. *Idem.*

[2] Lettre du bailli de Ferrette du 20 avril 1814. *Idem.*

que l'ordre de mise en liberté du baron était expédié depuis plusieurs jours déjà[1].

Ce que fut l'inoubliable journée du 16 avril pour d'Auerweck et ses compagnons, quelle émotion s'empara d'eux, on le devine par ces lignes du plus extraordinaire aventurier qu'ait connu l'époque impériale, le baron de Kolli. Il y avait quatre années que ce personnage, arrêté pour avoir tenté de faire évader de Valençay le roi Ferdinand VII, était enfermé à Vincennes. Il y entrevit sans doute notre Hongrois et tous deux purent échanger leurs impressions de captifs de par le bon plaisir de l'Empereur, emprisonnés sans jugement, pour une détention illimitée et grâce à de véritables lettres de cachet ressuscitées pour la circonstance.

« J'essaierai vainement de rendre cette « scène à jamais gravée dans mon cœur, « raconte Kolli. Dans l'enivrement et les « larmes du bonheur, chacun se précipite sur « celui qu'il rencontre et le presse dans ses « bras ; quarante individus étrangers l'un à « l'autre, en un seul instant, unis par les liens « de la plus tendre amitié. Au sortir de ces

· *Archives nationales*, F⁷ 6445.

« tombeaux les habitants de la ville s'empres-
« sent autour de nous, et sans effroi à l'aspect
« de notre misère, ils nous entraînent au sein
« de leurs familles et nous font passer en un
« jour du besoin à l'opulence¹. »

Ceux qui virent rentrer d'Auerweck à Elgersweier, vieilli par ces sept années de
malheur, eurent peine à reconnaître en lui
l'homme loquace et alerte d'autrefois. Chacun avait encore présente à la mémoire cette
nuit du mois de juillet 1807, où le malheur
était venu s'abattre sur cette famille.

Et pourtant, malgré la réclusion et le
manque d'air, la santé du baron n'était point
aussi ruinée qu'on eût pu le croire. Quatorze
années encore, il demeura dans son village, se
remettant avec joie à ses occupations d'agri-
culteur, de botaniste, d'agronome... Aux
heures de loisir, il narrait aux siens et à ses
voisins les épisodes de son étrange passé, et,
sa vantardise reprenant le dessus, il rappelait
l'heureux temps, où la fortune l'avait élevé à
la charge « d'ambassadeur de Sa Majesté le roi
de Grande-Bretagne ! »

Il quitta Elgersweier en 1828 pour rentrer

¹ Léonce Grasilier. *Aventuriers politiques sous le consulat et l'empire. Le baron de Kolli.* Paris, 2ᵉ édition, 1902, p. 230.

à Offenbourg, où il avait séjourné jadis [1]. C'est
là qu'il mourut deux ans plus tard, le 8 juin
1830 [2]. Trois de ses enfants lui survécurent.
L'aîné, Charles, remplit une carrière militaire honorable ; comme général de l'armée
bavaroise, il commanda la place de Ger-
mersheim. Adélaïde d'Auerweck parvint à un
âge très avancé, puisqu'elle ne mourut à
Munich qu'en 1881. Enfin, Armand d'Auerweck [3] laissa quatre enfants, dont l'un, Ferdinand, émigra en Amérique, où il vit encore.

De cette existence fertile en incidents, désor-
donnée, surprenante, le souvenir subsiste chez
les descendants du « petit baron » ; mais le
rôle qu'il joua dans l'aventure du Temple, sous
la grande Révolution, se serait effacé à jamais,
si un hasard inattendu n'avait permis de le
rattacher lui aussi à l'un des fils de l'étonnante
intrigue qui attira tant de regards curieux.

---

[1] Renseignements recueillis à Elgersweier.

[2] « Le 8 juin, à cinq heures et demie du soir, est mort Louis,
« baron d'Auerweck de Steilenfels, âgé de soixante-quatre ans,
« muni des sacrements de l'Église. Il a été inhumé le 11 à dix
« heures du matin. Les témoins ont été le visiteur des morts, doc-
« teur Schaible et Joseph Wörther, sacristain. *Signé* : François-
« Louis Martin, pasteur ». (Traduit de l'allemand). *Registre des
« décès de 1830. Archives d'Offenbourg.*

[3] Entré dans l'administration des douanes badoises, Armand
d'Auerweck épousa, le 24 juillet 1847, Catherine Tremot et mourut
le 31 août 1856.

CHAPITRE VIII

APRÈS LA TOURMENTE

En se séparant de la princesse de Tarente, Mme Atkyns se trouvait privée d'une de ses meilleures amies. Tant qu'elle l'avait sentie auprès d'elle, les longues conversations sur le passé, les entretiens revenant toujours sur le même sujet, les billets régulièrement échangés, avaient fourni un dérivatif aux regrets inexprimables qui remplissaient le cœur de l'ancienne amie de la Reine. Ce n'est pas que, à l'exemple de ses coopérateurs jadis si enthousiastes, elle en fût arrivée, elle aussi, à oublier à jamais l'entreprise tentée; le ressort et l'énergie incroyable dont elle avait fait preuve rendaient difficile une pareille ligne de conduite; mais atterrée devant l'injustice et vaincue par la déloyauté dont elle avait été la victime, elle était restée un certain temps avant de se ressaisir.

Reprenant une à une les diverses phases de l'aventure, revivant semaine par semaine ces époques d'espoirs et d'inquiétudes où si souvent l'on s'était cru à la veille de réussir, la malheureuse femme se torturait l'esprit pour découvrir la clef de l'énigme ou plutôt de la fraude et de la mauvaise foi qui les avaient si perfidement joués. Elle possédait, pour l'aider dans ce travail de reconstitution, cette correspondance précieusement conservée, où elle pouvait relire les assurances de Cormier, ses encouragements, ses cris de triomphe, alors qu'il affirmait que l'on touchait au but; le bavardage du « petit baron » cherchant à réconforter sa bienfaitrice, enfin les protestations d'amour de Frotté, ces dernières d'un singulier effet, maintenant qu'étaient venus les temps d'abandon! La lecture des missives de Cormier qui s'efforçait de présenter une explication de l'erreur dans laquelle on les avait fait tomber, redoublait ses tourments. Que comprendre aux agissements inextricables de ces différents partis, qui l'un après l'autre s'étaient emparés de son idée et de

ses plans, à leur profit ? Là était l'obscurité qu'il fallait à tout prix éclairer, car —
Mme Atkyns n'en doutait pas — tout n'était pas
fini et consommé irrémédiablement ; le Dauphin, s'il lui avait été ravi, restait à retrouver,
et c'est à cela qu'elle devait s'employer.

Mais que de difficultés nouvelles se présentaient ! Sans compter l'absence de ses collaborateurs d'autrefois, dispersés aux quatre
coins de l'Europe et qui ne lui donnaient plus
signe de vie, la nécessité de se procurer l'expédient indispensable dont on n'avait pu se
passer jusqu'ici : l'argent, l'argent exigé, s'offrait inévitablement à son esprit. Le nombre
infini des obstacles qui semblaient entraver
ses desseins avait suffi pour que les rares confidents auxquels elle s'était ouverte, l'eussent
déconseillée aussitôt, et l'on n'a pas oublié
le dépit et le mouvement d'impatience mani-
festés par la princesse de Tarente, quand elle
constata que malgré ses efforts son amie per-
sistait dans sa résolution.

A qui allait s'adresser Mme Atkyns, puisque
sa position de femme isolée, sans autre appui
que celui de sa vieille mère, lui interdisait de
ne compter que sur elle-même ? L'ami dévoué
d'autrefois, Peltier, vivait bien encore à

Londres, mais absorbé par sa profession de journaliste et par son labeur littéraire, il était peu probable qu'il consentît à rentrer en lice ; d'ailleurs, l'éloignement relatif dans lequel on l'avait tenu lorsqu'il s'était agi de sauver le Dauphin, empêchait qu'on eût recours à ses services avec quelque succès. Il fallait chercher ailleurs et alors, pourquoi ne pas utiliser l'aide et l'appui d'un membre de la famille royale de France ? Le comte d'Artois, qui avait pris à son tour le titre de *Monsieur* et de comte de Provence, depuis que son frère s'était cru autorisé à devenir roi, habitait l'Angleterre, et la naïve lady, en se disposant à requérir son assistance, ne songeait pas aux raisons capitales qui rendaient vaine cette demande. Persuadée de l'existence du Dauphin, elle se figurait qu'en voyant le comte de Provence, elle le convaincrait et le pousserait à découvrir la vérité !

Avant d'y parvenir, il lui fallait être assurée d'un autre côté.

Quel levier employa-t-elle pour s'introduire auprès de l'un des membres du cabinet britannique et lui parler de son projet ? Il est difficile de le dire. Le respect que l'on ressentait pour un dévouement si absolu, la foule des relations que lui avaient procuré dans le monde des émigrés et dans la société anglaise ses rapports avec la Reine, lui permirent sans doute de se faire écouter. Apprenant sa présence à Londres, l'ancien serviteur de Louis XVI, Cléry, sollicitait vivement de faire sa connaissance ; il repartait pour rejoindre la duchesse d'Angoulême, à laquelle Mme Atkyns avait proposé de faire divers achats, à Londres, et Cléry, en la remerciant, l'assurait que «personne mieux qu'elle ne pourrait le faire avec plus d'attachement et de zèle [1]. »

Forte des promesses du gouvernement anglais qui approuvait son dessein, c'est-à-dire un nouveau voyage sur le continent, lui permettant de diriger en personne de minutieuses investigations, Mme Atkyns se prépara, dans l'été de 1799, à faire une tentative auprès du comte de Provence. Non seulement elle désirait obtenir son assentiment, mais elle se flattait de trouver auprès de lui des secours matériels. N'était-ce pas pour la famille royale, qu'elle avait sacrifié le plus clair de sa fortune? Et la pauvre femme, comptant sur ce raisonnement si simple, n'envisageait pas un

[1] Lettre de Cléry du 9 juillet 1798. *Papiers inédits de* Mme *Atkyns.*

refus. Mais la reconnaissance à laquelle elle s'attendait devait d'autant moins lui être témoignée, que *Monsieur* ne pouvait traiter que de chimérique folie la conviction placée à la base de l'entreprise : cette possibilité de la survivance de son neveu. Lui présenter cette hypothèse, à lui comme à son frère *le Roi*, c'était se fermer à toujours la porte de sa demeure.

On devine sans peine ce que dut être l'accueil fait à la proposition de notre lady. Elle avait choisi comme intermédiaire entre le prince et elle l'une de ses plus fidèles relations, le baron de Suzannet, celui qui jadis lui facilita l'acquisition de bâtiments et d'équipages pour l'enlèvement de la Reine et du Dauphin[1].

Ayant ses entrées auprès du comte de Provence et l'un des émigrés les plus considérés à Londres, il avait consenti à transmettre à *Monsieur* la requête de son amie. Prévoyait-il le résultat de cette démarche ? Assurément non, puisque en faisant part à l'intéressée de son échec il l'engageait à renouveler directement sa demande. Voici ce qu'il lui écrivait le 19 août 1799 : « D'après, ma chère dame, la résolution

_____
[1] Voir pages 141 et 142.

« de M[onsieur], de n'entrer pour rien dans
« votre affaire, qu'après qu'elle sera adoptée
« par d'autres, et lui en avoir si souvent parlé,
« je ne puis plus y revenir, comme d'après
« les circonstances où il se trouve, je ne puis
« lui demander de l'argent. Mais je ne vois
« pas d'inconvénient que vous lui écriviez à
« peu près ce que vous me dites dans votre
« lettre, que vous devez retourner en France
« de l'aveu du gouvernement, que l'on doit
« vous donner la même somme pour y retour-
« ner que l'on vous avait donnée pour y aller,
« mais que pour cela cinquante louis sont
« bien courts, surtout après vous avoir tenue
« si longtemps ici, sous le secret, dans une
« auberge, où vous êtes obligée d'en laisser la
« plus grande partie, et que vous avez lieu de
« craindre de n'en avoir pas assez pour rester
« à Paris le temps nécessaire pour rassembler
« tous les détails que le gouvernement de-
« mande et payer l'homme qui viendra les
« porter jusqu'ici, que vous n'avez agi dans
« tous les temps que pour la famille royale,
« que vous ne regrettez les mille livres ster-
« lings[1], que votre attachement pour elle

---

[1] Ce chiffre avancé par Suzannet était bien inférieur à la réalité.

« vous a coûté, que parce que vous ne les
« avez plus pour les lui sacrifier, et si M[on-
« sieur] pouvait vous donner de son côté cin-
« quante louis, il vous tirerait de l'inquiétude
« que le défaut d'argent peut vous donner,
« dans le cas où la cherté des bâtiments et les
« frais de route excéderaient les moyens que
« l'on vous donne, ce que vous avez tout su-
« jet de craindre. Je dirai à M[onsieur] que je
« sais que vous lui avez écrit et que je me
« chargerai de sa réponse. Il a été purgé au-
« jourd'hui et n'a vu personne. Il verra du
« monde demain chez le duc d'Harcourt, s'il
« se porte mieux. Il ne partira pas avant mer-
« credi. Son adresse est n° 55, Welbeck Street.
« Je crois qu'il faudrait faire porter la lettre
« chez lui, cacheter votre lettre et mettre : *A*
« *Monsieur seul*, ensuite une enveloppe sur
« laquelle vous mettrez son adresse ordi-
« naire : *Son Altesse Royale, Monsieur, frère*
« *du Roi*. Ecrivez-moi un mot par la petite
« poste pour me donner avis de ce que vous
« aurez fait. Adieu [1]. »

Ainsi ce n'était qu'après une longue attente,
dans une auberge, où elle avait dû dissimuler

---

[1] *Papiers inédits de Mme Atkyns.*

sa présence, que Mme Atkyns s'était vue éconduire par le prince. On lui refusait même les
quelques livres qu'elle réclamait humblement.
Elle ne se rebuta pas. Le lendemain de ce
premier échec, elle écrivait à nouveau au
comte de Provence, en sollicitant une audience. Cette fois, ce fut un autre membre de
l'entourage de *Monsieur*, un protecteur également, l'évêque de Saint-Pol-de-Léon, qui lui
répondit : « Aussitôt, ma chère dame, que
« j'entrai hier chez M[onsieur], il me fit part
« de votre lettre qui lui a fait grand plaisir et
« en même temps grand regret de se voir
« dans l'impossibilité absolue de vous satis-
« faire et de se satisfaire lui-même. Depuis
« l'attaque qu'il a eue, il n'a pas pu s'habiller
« ni sortir ; il ne peut mettre qu'un pantalon
« et il n'a vu aucune dame et il n'en peut
« recevoir aucune, quelque désir qu'il eût de
« voir celles qui se trouvent ici, qui étaient
« attachées à la princesse. Il est impossible
« qu'il en voie aucune, sans qu'on le sache et
« s'il en recevait une, il ne pourrait se défen-
« dre d'en recevoir beaucoup d'autres... Vous
« savez comme tout ce que disent et ce que
« font les princes est observé et combien le
« nôtre ne doit rien faire qui puisse donner

« lieu à la critique et même à des soupçons.
« Si son séjour se prolongeait et qu'il vînt à
« voir des femmes, il pourrait n'y avoir pas
« d'impossibilité, mais il verrait toujours de la
« difficulté et de l'inconvénient pour vous
« dont le secret pourrait être compromis.

« Je ne fais que vous rendre les idées et les
« sentiments du prince; je me propose de
« vous voir demain entre midi et trois heures
« et vous renouveler mon respectueux atta-
« chement[1]. »

Les grands de ce monde ne sont jamais à
court d'arguments pour se dérober aux requêtes. *Monsieur*, plus qu'un autre, tenait à
échapper à une entrevue qu'il jugeait inop-
portune; c'est pourquoi, il se borna à exprimer par de bonnes paroles le respect qu'il
ressentait pour la conduite de l'amie de Marie-Antoinette.

A la même époque, l'un des courtisans du
Roi les plus dévoués, M. de Thauvenay, en
ce moment à Londres, témoignait les mêmes
sentiments à la courageuse femme et s'engageait probablement à rapporter à son maître,
qu'il allait rejoindre à Mittau, ce qu'il avait

[1] Lettre de l'évêque de Saint-Pol-de-Léon du 23 août 1799. *Papiers inédits de Mᵐᵉ Atkyns.*

appris du passé de Mme Atkyns, peut-être même les espérances de cette dernière.

Ayant épuisé les moyens mis à sa portée en Angleterre, Mme Atkyns, pour accomplir le voyage projeté, ne devait plus compter que sur elle-même. Alors, inlassable dans son dévouement, elle se disposa à un nouveau sacrifice. Une première fois déjà, elle avait obtenu un emprunt important en hypothéquant son beau domaine de Ketteringham. Comme c'était là son unique ressource, elle en retirerait un second emprunt, mais avec beaucoup plus de difficulté qu'auparavant. Elle réussit à grand'peine à trouver la somme nécessaire, et encore la propriété ne lui appartenait-elle pas ; elle était la possession de son fils Édouard. A force d'énergie, pendant cette année 1799 et les trois qui suivirent, Mme Atkyns parvint à réunir environ 3000 livres, soit plus de 75 000 francs [1].

[1] « De 1799 à 1803 — 3000 livres. Cette somme, qui est le dernier sacrifice qu'a pu faire Mme Atkyns, a été empruntée sur son domaine, parce que sur la demande de fonds que Mme Atkyns fit à lui et à *Monsieur*, pour faire les affaires pour son voyage, les Princes répondirent tant de leurs mains que par leurs agents, qu'ils étaient dans l'impossibilité d'y pourvoir. M. l'évêque de Saint-Pol-de-Léon pria donc Mme Atkyns de faire encore ce sacrifice, qui était le seul qui lui restait à faire sur sa fortune, ce sacrifice étant le second emprunt sur son domaine, ce qui rendit plus difficile le moyen de trouver cette somme. Je n'étais pas alors en possession de mes terres ; elles appartenaient à

Quelques semaines avant la journée du 18 brumaire et le coup d'état de Bonaparte, elle s'embarqua pour le continent. Quel était au juste son projet ? Quel emploi allait-elle faire de ses fonds ? On ne sait. Pour entourer son entreprise du plus profond mystère, elle s'était décidée à aborder en France sous un nom d'emprunt et à voiler sa personnalité sous l'appellation de « Petit matelot. »

« J'ai encore besoin, lui écrivait un inconnu, « le 7 septembre, de souhaiter de nouveau un « bon voyage au charmant petit matelot, au- « quel je ne puis pas assez recommander de « se souvenir qu'il laisse en Angleterre des « amis qui s'intéressent à sa conservation et « qui apprendront avec autant de plaisir que « d'intérêt qu'il est arrivé heureusement à sa « destination et surtout, qu'après avoir rempli « l'objet de sa mission, il s'est mis à l'abri de « tous les inconvénients et de tous les dan- « gers, auxquels son zèle et son dévouement « vraiment admirables vont l'exposer. J'espère « prouver au petit matelot un jour combien il « m'a inspiré et depuis longtemps les senti- « ments les plus vrais et dont l'expression n'a

---

« mon fils, dont j'ai hérité à sa mort. » *Papiers inédits de Mᵐᵉ Atkyns.*

« jamais été retenue que par des considéra-
« tions que le petit matelot approuvera. Je
« ne puis assez répéter au très aimable petit
« matelot quel plaisir j'aurai à lui renouveler
« en France, et là plutôt qu'ailleurs, les assu-
« rances de l'éternel et tendre attachement
« qu'à jamais et pour jamais je lui ai voué...
« Adieu encore, charmant petit matelot[1]. »

Ce que furent les allées et venues, les démarches du « petit matelot » à son arrivée en
France, il est difficile de le savoir. Il tombait
dans un temps de crise ; le Consulat s'établissait. Des hommes qui avaient été mêlés à
l'événement du Temple, la plupart, atteints
par la proscription, disparus, loin de Paris,
devenaient insaisissables, et pourtant, pour
connaître la vérité, pour apprendre ce qui
était advenu du Dauphin, de ses gardiens, il
importait de les retrouver. Mais des allures
trop mystérieuses devaient aussi attirer l'attention des policiers, et Fouché, depuis peu
de temps au ministère, ne manquerait pas de
faire observer cette femme étrangère, sans
cesse en courses dans Paris et au dehors.

Pendant plusieurs mois, Mᵐᵉ Atkyns sut

---

[1] *Papiers inédits de Mᵐᵉ Atkyns.*

échapper à toutes les recherches. Mais le
jour vint, où dépistée de partout, traquée par
les agents de Fouché, elle se vit forcée de se
réfugier en province, sur les bords de la Loire,
auprès d'amis dévoués.

La famille de Verrière habitait, en Anjou,
une campagne à deux lieues de Saumur. C'est
là que bien des nobles, fuyant la tourmente,
étaient venus trouver un asile sûr. La proximité de la forêt de Fontevrault permettait de
leur faire gagner la Vendée et de les sauver
ainsi des fureurs révolutionnaires[1]. Mᵐᵉ de
Verrière avait rencontré jadis à Paris l'amie
de Marie-Antoinette, peut-être même lors des
beaux jours de Versailles. Se souvenant de
cette relation, le « petit matelot » crut l'occasion favorable pour recourir à l'amitié de la
châtelaine de Parnay. L'accueil qu'il en reçut
répondit à son attente. Devenue la protégée
de la famille de Verrière, Mᵐᵉ Atkyns habita
un temps assez long à Parnay, choyée par ses
hôtes, jusqu'à ce que la police eût perdu de
vue ses traces.

Avait-elle recueilli alors quelque indice de
valeur sur l'existence du Dauphin ? Il est permis d'en douter. Eût-elle été mise sur une

[1] Voir le témoignage de M. Charles Lair cité p. 292, note 2.

piste sérieuse, elle en aurait à coup sûr entretenu les de Verrière, comme elle leur raconta
ses tentatives en faveur de la Reine et du
jeune Roi. Les ressources dont pouvait disposer une femme seule, parlant mal le français,
étaient bien faibles, à l'heure où l'étoile de
Napoléon grandissait à vue d'œil. Son règne
s'affermissait puissant, redoutable. Comment
tromper sa surveillance ? Et c'est précisément à Parnay que Mme Atkyns dut apprendre
le drame de Verneuil : Frotté surpris, trahi,
puis fusillé de sang-froid. A l'impression dou-
loureuse causée par cette nouvelle brutale,
que rien ne faisait attendre — que de souvenirs le nom de Frotté n'évoquait-il pas en
elle ! — se joignaient pour l'amie du chevalier de Couterne des regrets intenses de n'a-
voir pas revu son ancien adorateur et de ne
pas l'avoir interrogé...

Fait curieux ! A cette époque commencèrent
à circuler divers bruits vagues, sans consistance d'abord, relatifs à l'emprisonnement
des enfants de Louis XVI au Temple. L'obscurité qui avait entouré les derniers moments
du Dauphin intriguait certains esprits. Un
ouvrage qui parut dans cette année 1800 con-
tribua beaucoup à réveiller la curiosité géné-

rale. Le *Cimetière de la Madeleine*, un pur roman, œuvre d'un auteur peu connu jusqu'alors, Regnault-Warin [1], mettait résolument en doute la mort de Louis XVII et sur sa survivance bâtissait un récit des plus aventureux. Écrit dans le goût de l'époque, rempli d'épisodes surprenants et bourré d'anecdotes plus ou moins factices sur la captivité de la famille royale du Temple, le *Cimetière de la Madeleine* eut un succès prodigieux.

En tombant sous les yeux de Mᵐᵉ Atkyns, la donnée principale du livre, malgré son invraisemblance, dut frapper à coup sûr étrangement son imagination et redoubler son désir d'en savoir davantage. Mais les mois se passaient, sans qu'elle eût fait un pas dans ce sens. L'incognito derrière lequel elle se dérobait et la prudence à observer du fond de sa retraite lui interdisaient toute démarche, qui pût la compromettre.

Faute de documents il est difficile de savoir ce qu'elle devint durant ce temps-là. Dans l'été de 1801, elle avait eu l'idée de relancer le Roi en exil, et utilisant la connaissance qu'elle avait faite, quelques années auparavant, de

---

[1] La première édition parut à Paris, chez Lepetit, en 4 vol. in-12°.

M. de Thauvenay, elle prit sur elle d'exposer sa situation à Louis XVIII. Les craintes et les considérations qui ne l'avaient pas effleurée, lorsqu'elle s'était adressée à Monsieur, ne se présentèrent pas plus à son esprit dans cette nouvelle circonstance. La pauvre femme ne se doutait pas qu'elle allait se heurter encore aux prétextes, aux fins de non-recevoir qu'elle avait rencontrés jadis en Angleterre.

C'est de Varsovie que M. de Thauvenay, le 2 octobre, lui accusa réception de sa requête ; pour écarter les indiscrétions, sa réponse était envoyée au nom d'un « Monsieur James Brown. »

« Votre lettre eût été énigmatique pour
« moi, lui disait-il, si je ne l'avais pas mise
« sous les yeux de mon maître qui, par une
« suite d'incidents, a reçu lui-même, il y a
« très peu de jours seulement, celle que vous
« lui avez écrite le 12 juillet. En me char-
« geant d'avoir l'honneur de vous répondre,
« Monsieur, il m'ordonne de vous trans-
« mettre l'expression de sa sensibilité à votre
« intérêt constant, à votre zèle infatigable
« pour ses intérêts et de ses regrets pour son
« éloignement, sa position et l'impossibilité

« de connaître, pour les apprécier, les détails
« de la spéculation que votre cœur a formée
« ne lui permettant pas d'y prendre une part
« active [1]. »

Ce langage, identique pour le fonds à celui
du comte de Provence, se trouva confirmé six
semaines plus tard par un second message
daté aussi de Varsovie : « Je voudrais pou-
« voir vous rendre, écrivait M. de Thauve-
« nay, la tendre et profonde sensibilité avec
« laquelle mon cher et respectable patron
« a lu les nouveaux témoignages si tou-
« chants de votre intérêt et de votre amitié,
« comme ses sensibles regrets de se voir dans
« la pénible impuissance de recevoir les con-
« solations que votre âme sensible et géné-
« reuse lui présente.

« Non, Monsieur, je vous le jure, aucune
« autre maison ne lui a proposé un intérêt
« quelconque dans la spéculation que vous
« voulez bien lui offrir. Je dois ajouter même
« qu'il n'est personne dont il eût plus volon-
« tiers partagé les chances que les vôtres,
« mais sa position est telle que, pour le mo-
« ment du moins, il ne peut opposer aux con-

[1] *Papiers inédits de Mᵐᵉ Atkyns.*

« trariétés de l'infortune qu'un courage pas-
« sif. Ce n'est point à vous, Monsieur, que
« j'ai besoin de rappeler que le cœur le plus
« sensible, le plus reconnaissant, le plus
« généreux a des droits éternels sur un cœur
« comme le vôtre. Jamais, j'en suis sûr, ni
« les temps ni les lieux n'altéreront le noble
« et touchant sentiment que vous lui avez
« voué. Cette confiance m'est bien douce et
« c'est avec l'expression la plus vraie que j'ai
« l'honneur de vous renouveler, Monsieur,
« mon tendre (pardonnez-moi ce mot), et
« respectueux hommage [1]. »

On ne voit pas clairement au premier abord
ce qu'entendait le courtisan de Louis XVIII
par cette « spéculation », à laquelle refusait
de s'associer le Roi. Cependant, en y réfléchissant, on peut admettre avec assez de probabilité que la proposition de Mme Atkyns,
décorée de ce titre, concernait l'affaire du
Temple, car il paraissait impossible que la
vaillante Anglaise se fût flattée d'entrevoir le
retour prochain du souverain exilé.

Quoi qu'il en soit, ces deux missives rendaient dès lors inutile un plus long séjour en

---

[1] Lettre de M. de Thauvenay datée de Varsovie, 22 novembre
1801. *Papiers inédits de Mme Atkyns.*

France. Le départ de Parnay et l'embarquement pour l'Angleterre ne se firent pas sans périls pour lady Atkyns, si l'on en croit un billet de son amie de Verrière, qui lui parvint au moment où elle regagnait Ketteringham. Il paraît même qu'elle n'échappa aux recherches de la police impériale qu'en abandonnant en route son domestique. « J'ai tremblé des périls que tu as courus, mandait Mme de Verrière, il semble que je les prévoyais par l'inquiétude que je ressentais ; je remercie Dieu bien sincèrement de ce que tu t'en es tirée... Je te parlais dans ma dernière lettre de la douleur que j'avais de l'enlèvement de ton pauvre domestique qu'on emmenait à Tours. Je l'ai fait partir par la diligence bien heureusement[1]... »

Après une absence de plus de trois années, Mme Atkyns se retrouvait à Ketteringham. Hélas ! elle y rentrait, sans avoir pu chasser de son esprit le doute obsédant qui lui avait fait quitter son pays et sans avoir résolu l'énigme angoissante. Que lui restait-il, sinon sa foi et sa conviction toujours vivante que le sacrifice accompli pour le fils de la Reine

---

[1] *Papiers inédits de Mme Atkyns.*

n'avait pas été inutile et qu'elle demeurerait
pour en voir le dénouement glorieux.

Deux faits tragiques vinrent bouleverser,
dans l'année 1804, la société française réfugiée
en Angleterre. Aussi foudroyante et inattendue que se propagea en France la nouvelle
de l'arrestation du duc d'Enghien et de son
exécution dans les fossés de Vincennes,
aussi terrifiante fut l'impression que causa
la catastrophe à Londres. Si la colère de
Bonaparte s'était exercée contre un des nombreux complices de Georges, dont les projets
s'élaboraient sur sol anglais, on eût compris
ses efforts pour déjouer leurs plans dangereux, dirigés tout spécialement contre lui.
Mais l'acte inqualifiable, commis sur la personne d'un prince absolument innocent, tenu
en dehors de toute machination politique,
répandit dans le Royaume-Uni autant de stupeur qu'en avaient produite, onze années
auparavant, la mort de Louis XVI et celle de
Marie-Antoinette.

Précisément, le prince de Condé, grand-
père du duc d'Enghien, séjournait en Angleterre, en même temps que *Monsieur*, frère du
Roi, et c'est là que les atteignit l'annonce

imprévue de l'événement. Autour d'eux, on s'indignait, on pleurait, on se perdait en conjectures sur les mobiles de cet assassinat. Le baron de Suzannet tint à faire part à Mᵐᵉ Atkyns de ce qui se passait dans l'entourage des princes ; il savait pouvoir compter sur la sympathie et l'intérêt de son amie. « Il semble, « Madame, lui écrivait-il, le 14 avril, que le « meurtre de M. le duc d'Enghien fait horreur non seulement aux vrais Français, ce « qui est assez naturel, mais même à toutes « les classes en Angleterre, tant la perfidie « réunie à la cruauté est faite pour révolter « les hommes chez qui tout sentiment d'honneur et de probité n'est pas éteint. Je ne « vous parlerai point de la mort courageuse « et héroïque de cet infortuné prince, mais « de l'état des malheureux parents qui lui « survivent.

« Depuis le jour où *Monsieur*, la mort dans « le cœur, fut la porter dans celui de son « aïeul et de son père, excepté deux voyages « que son inquiétude lui a fait faire à Londres, « M. le prince de Condé n'est pas sorti de son « appartement, ni descendu pour dîner : « abîmé dans la douleur, il ne voit personne « et l'on craint beaucoup que sa perte ne

« suive de près celle de M. le duc d'Enghien.
« Il l'aimait comme son petit-fils, comme son
« élève et autant peut-être encore, comme
« quelqu'un en qui la Providence avait pro-
« digué tous les moyens et tous les talents
« d'ajouter encore de la gloire à son illustre
« nom. La douleur de M. le duc de Bourbon,
« plus concentrée, n'est ni moins vive ni
« moins profonde. Des suffocations pressantes
« ont fait plus d'une fois craindre qu'il ne fût
« étouffé, et toute cette maison est dans
« une consternation bien plus aisée à sentir
« qu'à décrire. Les domestiques de ces deux
« princes qui les servent depuis longtemps,
« sont sortis de France avec eux. Presque
« tous avaient vu naître le duc d'Enghien,
« tous l'avaient toujours suivi. Ils regardaient
« l'aïeul et le père comme des intermédiaires
« qui les conduisaient à son service, pour y
« finir leur vie. Le tableau de leur état est
« vraiment attendrissant, et jamais je ne
« puis sortir de la maison d'Orehard, où je
« passe chaque jour, pour savoir des nou-
« velles de Wanstend, sans avoir les yeux
« remplis de larmes, comme le malheureux
« qui me répond... Si je ne connaissais pas
« autant la bonté et la sensibilité de votre

« cœur, ainsi que l'élévation de votre âme, je
« vous demanderais d'excuser le désordre et
« le décousu de cette lettre ; absorbé par
« un sentiment douloureux, que l'indignation
« et le désir de vengeance aigrit encore, je
« suis dans le moment incapable de conce-
« voir et d'exprimer une idée suivie[1]... »

En même temps, l'arrestation mouvementée
de Cadoudal à Paris, la découverte de son
complot, le procès sensationnel de ses douze
compagnons, auxquels on avait joint une
bande d'autres chouans — en tout qua-
rante-sept accusés, — l'exécution enfin du
fameux « brigand », au matin du 25 juin,
autant d'événements dont la nouvelle portée
à Londres y redoubla la curiosité et l'inquiétude, car la conspiration de Georges avait été
ourdie de longue date sur terre britannique ;
aussi passionnait-elle chacun.

Comment Mme Atkyns l'apprit-elle de son
tranquille manoir ? Par une lettre du comte de
Frotté, père du général. A l'exemple du duc
de Bourbon et du vieux prince de Condé,
pleurant le meurtre de leur fils et de leur
petit-fils, M. de Frotté demeurait inconsolable

---

[1] *Papiers inédits de Mme Atkyns.*

depuis le drame de Verneuil. Pendant cinq années, il avait suivi avec joie ou avec angoisse les succès du chevalier de Couterne qui dirigeait l'insurrection normande. A plusieurs reprises, il était venu lui apporter des fonds et des encouragements. Les balles des *bleus* avaient soudain tout brisé... Aussi le malheureux père recueillait-il avec avidité tout ce qui pouvait lui rappeler le souvenir de l'enfant disparu, et l'affection de Mme Atkyns pour l'ex-officier de Colonel-Général l'avait rapproché de cette femme, dont le nom était partout prononcé avec admiration. Pour comble de malheur, quelques mois après l'exécution de Verneuil, Charles de Frotté, le demi-frère de Louis, se voyait arrêté et emprisonné par la police de Napoléon. On le garda au Temple près de deux ans, sans motif apparent, puis on l'envoya au fort de Joux, au fond du Jura. M. de Frotté était ainsi atteint pour la seconde fois dans ses affections paternelles.

« J'appris hier, écrivait-il à Mme Atkyns,
« que mon malheureux fils a été transféré du
« Temple dans un château de Franche-Comté.
« Quelle cruelle persécution ! Que sa durée est
« terrible pour celui qui en est la victime et
« pour ceux qui lui tiennent par les liens du

« sang ainsi que pour ses amis ! » Il joignait à ces lignes la liste de ses « infortunés amis », fusillés avec Cadoudal[1]. Celui qui avait adressé cette note à M. de Frotté l'avait fait suivre de ce billet : « Monsieur le comte, j'ai l'honneur « de transmettre ici, selon vos désirs, la fatale « liste des martyrs immolés, le 25 juin dernier, « par le plus cruel animal de ce siècle et à « qui on ne pourrait présenter le semblable, « même en fouillant tous les repaires de « l'Afrique ! Je désirerais bien, Monsieur, pou-

---

[1] ... « Je voudrais que l'enfant dont vous me parlez fût transféré « dans le même lieu. Je voudrais agir dans le sens que vous savez « et qui est à ma disposition. Une force supérieure à ma volonté « m'en empêche. Non, je ne trahirai pas le vertueux personnage « qui m'a honoré de sa confiance. Je ferai ce qui dépendra de ma « personne, de mon zèle, de mon dévouement. C'est mon bien, je « peux en disposer, mais non d'un dépôt qui est confié à mon « honneur. Je me trouve même coupable d'en avoir eu la pensée. « Je joins, comme vous le désirez, la triste liste de mes infortunés « amis :

Le général Georges Cadoudal.	Burban.
Louis du Corps.	Lelan.
Cadududal (*sic*)	Merelle.
Le Mercier.	Picot, domestique de Georges.
Roger.	Villeneuve ou Joyeuse. aide
Coster.	de camp, adjudant général de
De Ville.	Georges.

« Quand revenez-vous de la campagne ? J'espère que vous m'en « instruirez. J'ai la plus grande confiance dans votre esprit, votre « courage et votre infatigable persévérance pour servir la cause « de l'humanité. Vous êtes, Madame. au-dessus de tous les éloges: « je vous paye de tout mon cœur le tribut de respect et de véné- « ration qui vous sont du (*sic*). »

26 juillet [1804]

Papiers inédits de Mme Atkyns.

« voir vous offrir quelque chose de plus
« agréable... au moins une liste de la grande
« ménagerie impériale[1] ! »

Ainsi l'amie de la Reine, quoique retirée à
la campagne, loin de Londres et du continent,
demeurait liée de cœur et de pensée à tout
ce monde jadis entrevu et fréquenté. De tant
d'amitiés brusquement évanouies il ne lui
restait que son amour pour son fils unique, en
ce moment jeune officier dans le « premier
régiment de Royal-Dragons. » De santé délicate, Édouard Atkyns avait dû quitter momentanément le service, dans cette année 1804, et
pour lui procurer quelque distraction, sa
mère avait invité à Ketteringham le fils du
baron de Suzannet, en ce moment sans refuge
assuré. Mais l'affaire ne réussit pas à s'arranger. « Si quelque chose, lui répondait M. de
« Suzannet en la remerciant, pouvait ajouter
« à mon respect et à mon invariable attache-
« ment pour vous, ce serait, n'en doutez pas,
« la manière aussi franche qu'empressée avec
« laquelle vous offrez un asile sûr et discret
« à mon fils.[2] » Or, deux mois plus tard,

---

[1] *Archives du château de Couterne.*

[2] *Lettre du baron de Suzannet du 4 septembre 1804. Papiers
inédits de M*ᵐᵉ *Atkyns.*

un coup terrible vint apporter la désolation
à Ketteringham. Malgré tous les soins, le jeune
capitaine succombait, le 16 novembre, à la
maladie qui le minait depuis sept ans [1]. Une
nouvelle épreuve s'ajoutait à tant d'autres.
Mᵐᵉ Atkyns résistait inébranlable, vaillante :
sa pensée plus lucide, plus éveillée que
jamais guettait l'horizon, en quête de l'éclair
attendu qui devait illuminer un ciel encore
mystérieusement obscur...

Deux années auparavant, un fait assez
bizarre s'était produit en France. Le 17 février 1802, le tribunal correctionnel de Vitry-
le-François était appelé à juger sous l'inculpation d'escroquerie, d'usurpation de nom et
de vagabondage, un jeune homme du nom de
Jean-Marie Hervagault. Ce personnage, arrêté
et emprisonné une première fois en 1799 [2], prétendait être le Dauphin Louis XVII miracu-
leusement échappé du Temple. Fils d'un tailleur de Saint-Lô, Hervagault, dans ses péré-
grinations, était parvenu à convaincre de son
identité royale un certain nombre de per-

---

[1] *Gentlemen's Magazine pour* 1804.
[2] Le 13 floréal an VII (2 mai 1799) à Châlons-sur-Marne et le
23 thermidor an VII (10 août 1799), à Vire.

sonnes. La curiosité publique était piquée. Bien des gens accouraient visiter « l'infortuné détenu » dans sa prison. Aussi, pour couper court à ce mouvement de sympathie, le tribunal de Vitry condamna-t-il l'aventurier à quatre années de réclusion. L'instruction du procès avait révélé que parmi les soi-disant dupes du faux Dauphin — et cependant aucune n'avait porté plainte — il se trouvait des personnes très honorables, un ex-garde de corps, M. de Bournonville, une dame Saignes, un notaire de Vitry et enfin plusieurs ecclésiastiques, dont l'un n'était rien moins qu'un ancien évêque, M Lafont de Savines[1]. Le jugement de Vitry, dont on avait appelé, fut confirmé quelques semaines plus tard par la cour de Rouen et Hervagault se vit transféré dans la prison de Bicêtre à Paris.

Mais l'impression de pitié et l'intérêt qu'il avait provoqués, ses assertions, les détails qu'il donnait sur son enlèvement du Temple, toutes

[1] L. de la Sicotière. *Les faux Louis XVII*. Revue des questions historiques du 1er juillet 1882, pp. 195-198 et surtout deux intéressantes études de M. Gustave Laurent, *Un faux Dauphin, Jean-Marie Hervagault*, dans la *Révolution française* du 14 août 1899, et *Un faux Dauphin dans le département de la Marne, Jean-Marie Hervagault, d'après des documents inédits* (1781-1812). Châlons-sur-Marne, 1899. (Extrait de *l'Annuaire de la Marne*). Dans l'un de ces articles le nom d'une des partisanes d'Hervagaut est orthographié *Saigues*, dans l'autre, *Saignes*.

ces circonstances s'oublièrent d'autant moins qu'apparaissait peu de temps après l'ouvrage de Beauchamp : *Le faux Dauphin actuellement en France*.

On juge de la surprise que firent naître dans le cœur de Mᵐᵉ Atkyns les premiers bruits relatifs à l'odyssée d'Hervagault. Était-ce la lueur inespérée ? La malheureuse femme, qui ne doutait pas de la survivance du Dauphin, devait être inévitablement mise en éveil par les dires du personnage et par ses allégations.

Elle s'empressa de se procurer et de dévorer l'histoire du détenu de Bicêtre. Au fur et à mesure de cette lecture cependant, d'évidentes contradictions vinrent frapper son esprit. Comment allier, par exemple, cette affirmation d'Hervagault qui citait au nombre de ses libérateurs le général Louis de Frotté avec les assurances et les lettres du chevalier de Couterne, qui niait positivement toute intervention dans l'issue de l'aventure ? Il y avait là matière à réflexion. Incertaine, désorientée, Mᵐᵉ Atkyns ne crut pouvoir faire mieux que de s'en ouvrir au père de son ancien ami, au comte Henri de Frotté et de lui exposer ses craintes, ses espérances, ses anxiétés. « Je viens de recevoir votre lettre,

« lui répondit le comte, le 16 août 1804, et je
« m'empresse de vous dire un mot. Depuis
« huit jours je suis enfermé à feuilleter et lire
« plein une malle de papiers. Voilà tout ce que
« l'honneur me permet et la confiance qui m'a
« été donnée, confiance du plus cher, du plus
« aimé et du plus regretté des hommes.
« Actuellement, je vous dirai comme tout me
« l'a prouvé, que tout ce qui est contenu dans
« le livre que vous m'avez confié est une fable.
« On a nommé le brave Louis et Duchate...
« en 1802, parce qu'ils étaient morts tous les
« deux. Je suis presque certain qu'en 1795
« (au mois fixé) Louis combattait en Norman-
« die et que dans le cours de cette année, il
« n'a pas quitté un instant ses compagnons
« d'armes. D'ailleurs, nous causerons de tout
« cela à votre retour, de manière à ne vous
« laisser aucun doute... Si vous arrivez dans
« la fin de ce mois, écrivez-moi tout de suite ;
« j'irai chez vous causer et vous porter ce
« que j'ai pu recueillir de connaissances assez
« suffisantes, pour me persuader que l'individu
« n'est qu'un mannequin ou poupée, que l'on
« met en avant[1]. »

[1] *Papiers inédits de Mme Atkyns.*

Ce langage clair et net, le comte de Frotté
le confirmait encore, le 11 octobre suivant.
Sans doute, le cœur sensible de lady Atkyns
n'avait pu prendre immédiatement son parti
de la réfutation complète des dires d'Hervagault. « Je partage vos craintes sur le compte
« de l'individu, lui écrivait son correspon-
« dant, il est homme et malheureux, cela ne
« suffit pas. Croyez, mon amie, que je ne
« suis point entêté dans mes opinions et pour
« vous en convaincre, éclairez-moi davantage,
« vous verrez alors que mon âme et toutes
« mes facultés lui sont dévouées, comme à
« l'être qui mérite tout mon amour. Vous ne
« m'avez pas donné assez de temps pour pe-
« ser, réfléchir et rapprocher les événements
« contenus dans le livre que vous m'avez
« confié vingt-quatre heures. A votre retour,
« je vous prierai de me le remettre pour le
« relire et le combiner[1]. »

Quelques conversations avec le comte de
Frotté, la comparaison du récit du faux
Dauphin avec les papiers qu'avait laissés le
chevalier de Couterne démontrèrent bien
vite à Mme Atkyns l'inanité de la version

----

[1] *Papiers inédits de Mme Atkyns.*

d'Hervagault. Il fallait abandonner cet espoir.

Est-ce à dire qu'elle eût renoncé à sa secrète conviction? Nullement, mais, obligée de
se rendre à l'évidence, l'amie de la Reine, en
quittant cette piste un instant suivie, ne perdait rien, pour cela, de sa conviction. Patiente
jusqu'au bout, elle attendait l'heure désignée.

C'est ainsi que la vie reprit son cours à
Ketteringham. De temps à autre un bref
voyage à Londres : quelques rapides visites
aux amis d'autrefois, au baron de Suzannet,
à Peltier, à l'évêque de Saint-Pol-de-Léon,
l'achat des gazettes relatant les faits et gestes
de Bonaparte, puis l'on s'en revenait à la
campagne, où l'on méditait les nouvelles rapportées.

Au mois d'octobre 1809, quand toute l'Angleterre fêta le jubilé de son roi, Georges III,
l'on vit la belle lady de Ketteringham se mêler aux réjouissances publiques données par
les habitants du comté et prendre sa part de
l'enthousiasme général. Rien n'avait refroidi
son entrain, sa jeunesse ; plus alerte que
jamais, Mme Atkyns, qui avait passé la cin-
quantaine, dirigeait les divertissements[1].

[1] Renseignements recueillis à Ketteringham.

Survinrent 1814, la campagne de France, la
déroute de la grande armée, l'entrée des alliés
à Paris, le retour triomphal de Louis XVIII.
Après tant d'années, aussi enthousiaste, aussi
heureuse que tous les émigrés, Mᵐᵉ Atkyns
saluait avec ravissement l'avènement du Roi.
Gardant ses illusions entières, elle ne doutait
pas qu'il lui serait facile de révéler, cette
fois, ses sacrifices, ce qu'elle avait entrepris,
ce qu'elle savait... Les premiers jours d'avril,
elle adressait une requête au comte de la
Châtre, toute joyeuse à la pensée que c'en
était fait désormais du troublant mystère,
qu'elle recevrait enfin sa récompense.

« J'ai remis, Madame, vos deux lettres à
« M. le comte de la Châtre, ambassadeur de
« France, lui écrivit le duc de Bourbon,
« qu'elle avait chargé d'être son intermé-
« diaire. Je les lui ai recommandées et il m'a
« promis qu'elles arriveront promptement et
« sûrement. Votre dévouement à la plus juste
« des causes est trop connu pour ne pas ajou-
« ter du prix à tout ce que vous me mandez
« de flatteur sur les événements actuels ¹... »

Encouragée par ces promesses, Mᵐᵉ Atkyns

---

¹ *Papiers inédits de Mᵐᵉ Atkyns.*

se disposa à reprendre la route de France, en apportant avec elle les preuves de ce qu'elle avançait, le détail des sommes par elle fournies et le compte rendu de ses tentatives. Mais, retenue à Londres plus longtemps qu'elle ne le croyait, elle se trouva sans doute brusquement surprise par le débarquement de Napoléon au golfe Juan. Il fallut patienter encore et ce ne fut que dans l'été de 1816, que s'accomplit enfin ce retour à Paris, si ardemment désiré.

Peu de jours suffirent à la trop confiante lady pour s'apercevoir qu'elle aurait de terribles obstacles à vaincre, avant de se faire écouter et que toutes les belles paroles dont on l'avait bercée en Angleterre devenaient lettre morte, dès qu'il s'agissait d'obtenir quelque chose de positif. Les difficultés qui s'étaient présentées à elle, lors de son dernier séjour à Paris, se renouvelaient, malgré la résurrection de « la bienfaisante monarchie. » A son tour, elle prononçait ce mot d'ingratitude, qui allait être son refrain, à mesure que s'enfuiraient les semaines. Ils étaient si nombreux ceux qui se jugeaient désignés d'emblée aux regards de Louis XVIII, ceux qui, revenant de l'exil avec vingt années

de colère rentrée, d'humiliations subies, de
sentiments de vengeance difficilement contenus, s'attendaient à être remis en possession
de leurs biens, par un seul signe du souverain,
ou à capter les récompenses royales. Quelle
déception quand il fallut constater la vérité,
condescendre aux démarches incessantes, aux
suppliques, aux stations interminables dans
les ministères !

Le 27 septembre 1816, Mᵐᵉ Akyns, qui
s'était heurtée déjà aux premières résis-
tances, annonçait son embarras à son amie de
Verrière. Elle avait été bien reçue à la Cour,
on l'avait accueillie avec une certaine sympathie, mais tout se bornait à cela. « L'es-
« pèce d'ingratitude que des amis que j'aime
« tant me montrent tous les jours ne me
« réjouit pas. Ils me donnent de belles pa-
« roles, mais sont arrêtés là depuis votre
« départ. J'ai écrit une longue lettre à l'homme
« d'affaires, en le priant de parler à son com-
« mettant de me rembourser un peu pour le
« moment; je n'ai rien obtenu encore, ce qui
« me contrarie beaucoup. Nous verrons d'ici
« au commencement de la semaine prochaine.
« Alors, si je ne reçois rien, il faut que je
« parte pour voir ma pauvre mère et tâcher

« de mettre l'ordre à mes affaires [1]... »

C'est qu'en effet l'état de sa fortune, depuis longtemps précaire, causait à la pauvre femme les plus vives alarmes. A force d'expédients, elle avait réussi à attendre le retour des Bourbons et à écarter les créanciers qui la guettaient. Mais c'était là son dernier effort. Le Roi lui refusait-il son appui, tardait-il à la rembourser, c'était la ruine. Torturée par cette perspective, aussi infatigable qu'autrefois, quand il s'agissait de travailler pour ces mêmes Bourbons, Mme Atkyns s'agitait, se démenait, réduite par son inexpérience des affaires à s'en remettre aux mains de gens du métier plus ou moins sûrs. Malgré la parole donnée par le comte de la Châtre que sa réclamation était en bonne voie, que le Roi l'avait regardée d'un œil favorable, que le comte de Pradel, directeur de la Maison du Roi, en était nanti, on renvoyait la solliciteuse de rendez-vous en rendez-vous.

De guerre lasse, le 10 octobre 1816, de l'hôtel de Mailly, rue de l'Université, où elle avait trouvé un gîte, elle prenait à partie le comte, en son style naïf et sans se soucier des

---

[1] L'adresse de cette lettre porte : *A Madame de Verrière, rue de la Conciliation, Saumur. Papiers inédits de Mme Atkyns.*

fautes de son langage : « Je vous prie, Monsieur
« le comte, de me faire la grâce de prendre
« les ordres du Roi le plutôt possible sur cet
« objet. Je (*sic*) besoin aller en Angleterre pour
« trois semaines, pour voir ma mère qui est
« indisposée. Je (*sic*) ne puis absolument que
« après je reçois la décision et connaître la
« volonté du Roi à mon égard. Je sais que Sa
« Majesté est trop bon pour faire la peine à la
« personne qui [a] donné des preuves de son
« dévouement sans bornes ou exemple pour
« la cause royale et toute la famille royale.
« Quoique j'aie une terre superbe en Angle-
« terre, je suis dans le plus grand gêne, suite
« de mon dévouement. Je vous dis tout ceci,
« Monsieur le comte, pour vous engager,
« comme bon Français, de me faire l'honneur
« de me demander les ordres du Roi à mon
« égard. *Il n`e[st] pas des risques* que je n'ai
« pas connu, *depuis vingt-quatre années*. Je
« vous prie, sur ce, d'excuser le travail que je
« vous donne. J'ai l'honneur d'être, Monsieur
« le comte, votre très obéissante servante,

Charlotte Atkyns[1]. »

Cette mise en demeure catégorique eut-elle

_____
[1] *Archives nationales*, O³ 663.

plus de succès que les précédentes ? Hélas !
non, car un mois plus tard, l'amie de la Reine
espérait toujours l'audience promise. En guise
de distraction, elle parcourait ce Paris, nouveau pour elle, assistait aux séances de la
Chambre des députés, écoutait le discours du
Roi. Le jour des morts, elle se décida à faire
le pèlerinage solennel, troublant, de la Conciergerie. Qui, plus qu'elle, avait droit à cette
visite ? Mais, à la tristesse poignante qui
l'étreignait, lorsqu'elle se revit dans le cachot
de la Reine, où vingt-trois ans auparavant elle
avait pénétré, tremblante, anéantie par l'émotion, se mêlaient ses regrets de constater que,
là même, on n'avait pas respecté l'intimité
du sanctuaire ; sous prétexte du jour à augmenter, l'on s'était permis une restauration
maladroite, qui ôtait à la pièce l'aspect d'autrefois. Un lourd et massif tombeau occupait la
place du lit de la Reine.

« Je me suis mise à genoux devant ce tom-
« beau, écrivait-elle à son amie de Verrière.
« J'aurais préféré qu'on eût laissé la chambre
« ou plutôt le cachot tel qu'il était et mis le
« tombeau où la Reine se mettait à genoux
« pour prier. Quoique tout cela soit bien, il
« est trop bien. L'air d'arrangement et même

« une élégance simple qu'on a donnée à l'en-
« droit, ôte l'idée des malheurs de ce temps...
« J'aurais laissé son lit, la table, la chaise...
« Il y a un portrait de la Reine, assise sur son
« lit, les yeux levés vers le ciel, avec la rési-
« gnation d'un ange martyr. Ce portrait res-
« semble à la Reine, particulièrement les yeux
« et cet air de douceur angélique qu'elle avait.
« Il y a un autre tombeau à côté, avec un cru-
« cifix, comme sur l'autre, où il y a écrit : *Que*
« *mon fils n'oublie jamais les derniers mots de*
« *son père, que je lui répète expressément ;*
« *qu'il ne cherche jamais à venger notre mort.*
« On entre par la chapelle, et derrière l'autel,
« pour entrer où était la Reine. On a fait une
« ouverture dans le mur et une espèce d'ar-
« cade, la petite fenêtre aussi. On a mis des
« vitres peintes en couleur et fleur de lys. J'ai
« répété sur le tombeau ce que j'ai juré à la
« Reine : de ne jamais abandonner la cause de
« ses enfants. Il est vrai, il n'est que Madame
« qui reste, mais elle sera un jour Reine de
« France, et si elle avait besoin d'une amie
« fidèle, elle trouvera cette amie toujours dans
« mon cœur[1]... »

[1] Lettre de Mᵐᵉ Atkyns à Mᵐᵉ de Verrière du 7 novembre 1816. *Archives de M. le comte Lair.*

Étrange aveu que ces dernières lignes !
L'Anglaise ne semble-t-elle pas renier sa foi ?
Comment peut-elle s'exprimer ainsi ? L'explication est pourtant assez simple : à force de
fréquenter la Cour, depuis plusieurs mois,
d'aller et de venir au milieu des courtisans,
d'assiéger de ses requêtes le directeur de la
Maison du Roi, Mme Atkyns a fini par comprendre que tant qu'elle émettra ses incon-
venantes prétentions relatives à l'enfant du
Temple, elle se heurtera à des portes impi-
toyablement closes. Elle a pourtant des
preuves latentes de ce qu'elle avance ; elle va
jusqu'à joindre à ses suppliques une partie
des précieuses lettres de ses amis, reçues au
cours de l'entreprise. On les acceptera, mais
on se gardera de les lui rendre. Alors, que
faire ? sinon d'abandonner momentanément
l'espoir qu'elle n'a cessé de garder et d'entretenir. Partagée entre ces deux alternatives,
pressée d'un côté par la misère qui la poursuit, par la nécessité d'obtenir à tout prix
quelque secours du Roi, obsédée de l'autre
par son inaltérable conviction, la malheureuse
lady en vient à douter un instant de tout son
passé. Ce quasi désaveu ne sera d'ailleurs que
passager ; le calme renaissant, elle ressaisira

peu à peu son idée d'autrefois, ou du moins, le mystère du Temple s'obscurcissant de plus en plus, à mesure que disparaissent les rares témoins de l'aventure, il lui sera impossible de chasser de sa pensée le doute persistant qui règne en elle sur le sort du Dauphin.

La générosité du Roi dans cette année 1816 ne put cependant pas la contenter beaucoup. Quelques jours avant la fête de Noël, qu'elle s'apprêtait à passer en Angleterre, elle écrivait : « J'ai reçu à la fin un peu d'argent, *mais si peu que vraiment il est honteux !*[1] » Au reste, elle quittait Paris avec le projet d'y revenir et d'y reprendre ses démarches. Le printemps suivant, on la vit rentrer en France. Plus confiante que jamais, elle se refusait à croire à l'ingratitude, manifeste néanmoins, de la maison royale ; elle renouvelait avec courage ses prières, et de 1817 à 1821, ses missives ne cessèrent de parvenir au ministère de la Maison du Roi. Contenaient-elles des allusions indiscrètes à l'affaire du Temple, qui gênaient et le Roi et M. Decazes? Peut-être. Le fait est, qu'à une exception près, toutes les lettres de Mᵐᵉ At-

[1] Lettre à Mᵐᵉ de Verrière du 10 décembre 1816. *Archives de M. le comte Luir.*

kyns ont disparu des cartons où elles avaient leur place[1].

Il fallait, à coup sûr, éviter le colportage de ces rumeurs déjà trop nombreuses qui circulaient sur la survivance du prisonnier du Temple, et des assertions semblables à celles de l'inquiétante quémandeuse demandaient à être soigneusement étouffées.

Et l'on y réussit facilement. De mois en mois, Mme Atkyns renvoyait son départ de Paris, comptant sur une occasion providentielle qui lui apporterait ce qu'elle attendait [2]. Elle ne pouvait se résoudre à s'éloigner. « Elle « est encore à Paris, le 11 janvier 1818 ; de-« puis deux mois elle devait partir toutes les « semaines. Elle prétend qu'elle partira sans « faute mardi matin. Dieu sait si elle tiendra « parole !... Elle est toujours occupée du sujet

---

[1] Le fonds de la *Maison du Roi*, série O³, aux Archives nationales, contient des répertoires alphabétiques des demandes diverses adressées au Roi, dans lesquels sont mentionnées à plusieurs reprises des lettres de Mme Atkyns. Ainsi, pour les années 1817-1818 (O³694) trois lettres, pour les années 1821-1822 (O³ 695) quatre lettres, pour l'année 1825 (O³ 696) une lettre. Or, nous avons constaté que les cartons auxquels renvoient ces répertoires ne contiennent aucune des lettres en question.

[2] « J'espère dans peu que le Roi aura la bonté de me donner une partie de la somme que j'ai dépensée dans la cause sacrée. Je ne puis encore aller à la Cour... Sitôt que je [me] porterai bien, j'irai faire ma cour... » Lettre de Mme Atkyns à Mme de Verrière, mars 1817. *Archives de M. le comte Lair.*

« en question et passe sa vie avec les personnes
« qui se mêlent de cette affaire. Je vous assure
« que je n'y comprends rien de cette affaire,
« mais ce qui est certain, bien des personnes
« y ajoutent foi et le croient[1]. »

« L'affaire » en question était certes de
nature à intéresser notre lady et à prolonger
son séjour à Paris. Depuis plusieurs mois, la
prison de Bicêtre à Rouen renfermait un personnage sur lequel circulaient les racontars
les plus sensationnels. Sabotier de son état,
débarqué d'Amérique, on ne sait trop comment, Mathurin Bruneau, rééditant la comédie
d'Hervagault, se faisait passer pour le Dauphin. Arrêté et incarcéré, le 21 janvier 1816,
par ordre de Son Excellence le ministre de
la police générale Decazes, Bruneau menait à
vrai dire, depuis près de deux ans, la plus
singulière des existences pour un prisonnier.

En principe, il était détenu au secret. Or,
les visites ne désemplissaient pas de la maison de Bicêtre. On venait de Paris examiner
le faux Dauphin, s'entretenir avec lui. Un
certain Branzon, ex-régisseur de l'octroi de
Rouen, condamné à cinq ans de travaux forcés,

---

[1] *Archives de M. le comte Lair.*

devint le compagnon inséparable de Bruneau. Aidé d'une femme Jacques et d'une dame Dumont, Branzon forme autour de l'aventurier une véritable petite cour, où l'on compose des proclamations, où l'on entretient une correspondance régulière avec des amis du dehors, où l'on joue aux cartes jusqu'à trois heures du matin, où l'on rédige enfin, à grands coups d'extraits du *Cimetière de la Madeleine,* les *Mémoires du Prince.* Un inconnu exécute le portrait du prisonnier, « en lieutenant-général ou colonel-général de dragons » ; certain baron mystérieux, accouru à Rouen pour contempler son souverain, prête serment de fidélité sur les Saintes Écritures, dans la chambre même du geôlier ! Le 29 avril 1817, les murs de Maromme, de Darnétal et de Bondeville près Rouen, se couvrent de placards, conviant la France à proclamer son roi légitime[1]. Et tout cela se prépare et s'exécute sous les yeux du concierge de Bicêtre, Libois, le plus souvent en sa présence, quelquefois dans ses appartements bénévolement prêtés !

[1] Sur la détention de Mathurin Bruneau à Rouen, voir le spirituel article de M. Henri Allais, *Un faux dauphin et la police du roi Louis XVIII. La Revue* (Anciénne Revue des Revues) 1er juin 1901, pp. 491 à 508 et Le Normant des Varannes, *Histoire de Louis XVII,* pp. 116 et suiv.

Bref, l'on ne peut douter que, comme on l'a si bien dit, « dans cette prison où circulent du matin au soir, les comtes, les abbés, un tas de femmes, il s'est joué, de 1816 à 1818 une farce, dont Son Excellence Decazes est l'auteur. » Mais, le but de cette mystification, demandera-t-on? Celui de dérouter l'esprit de la duchesse d'Angoulême d'abord, l'opinion publique ensuite, qui pouvait se laisser émouvoir trop facilement. Bruneau, en effet, n'était pas seul. Six mois avant lui, un autre prétendant, Nauendorff, horloger à Spandau, avait écrit à la duchesse d'Angoulême, sollicitant une entrevue. Il fallait à tout prix arrêter ce mouvement dangereux. Aussi, quand le 9 février 1818, les débats s'ouvrirent à Rouen, rien n'avait été négligé pour donner à toute l'affaire l'apparence du plus parfait et du plus gai des vaudevilles. Le 19 février, Mathurin était condamné à cinq ans de prison. Dans la salle du tribunal correctionnel, curieux et badauds, beaucoup accourant de Paris, s'entassaient, attirés par le bruit fait si complaisamment autour du prévenu.

Mᵐᵉ Atkyns, mise au courant elle aussi de l'aventure, s'y laissa-t-elle prendre? Il semble avéré que cette fois, revenant à un espoir un instant délaissé, elle prêta quelque attention aux dires du soi-disant Dauphin, sans cependant se laisser fasciner plus qu'il ne le fallait. Tenue en défiance par l'imposture d'Hervagault et, en même temps, impuissante à éloigner de son esprit l'énigme qui n'avait cessé de la poursuivre, la malheureuse lady saisissait avec empressement toutes les occasions qui lui étaient présentées de découvrir un peu de lumière.

Et voilà pourquoi, en 1821, un rapport de police la signalait comme entreprenant de fréquents voyages à la maison d'arrêt de Gaillon, où Mathurin Bruneau avait été transféré après sa condamnation. On assurait même qu'elle avait offert diverses sommes d'argent pour favoriser l'évasion du prisonnier [1].

[1]   Paris, 4 mai 1821.

« M. le directeur général de la police m'a informé qu'une dame Hakins ou Aquins, dont le domicile est indiqué rue de Bourbon, n° 86, a fait des voyages à Gaillon, lieu de détention de *Mathurin Brunot* et que là, soit directement, soit par intermédiaire, elle a offert de l'argent et même une somme considérable, afin d'opérer l'évasion du condamné.

Comme il est nécessaire de s'assurer de l'existence des manœuvres employées par les personnes qui s'occupent de cet aventurier, j'invite Monsieur l'Inspecteur général à faire observer de près les relations et les démarches de la dame Hakins et de me rendre compte du résultat de cette surveillance, le plus promptement possible. Le ministre d'État, Préfet de police,

          Comte Anglès. »

Reçu rapport le 10 mai 1821 (ce rapport ne se trouve pas dans le

Mais l'erreur dut vite se dissiper. De pressants soucis accablaient Mᵐᵉ Atkyns et la rappelaient à la brusque réalité. Moins que jamais, le succès n'avait répondu à ses efforts et la gratitude royale se faisait désirer. Le changement de souverain et l'avènement de Monsieur lui procurèrent-ils quelque espoir ? Bien peu, car cette même année 1824, traquée par ses créanciers, ayant épuisé tous les stratagèmes, il lui fallut en venir à la mesure prévue depuis longtemps, mais redoutée : la vente de son vieux Ketteringham. Elle en transmit la propriété, le 6 août 1824, à sa belle-sœur Marie Atkyns, moyennant une rente viagère[1].

Cependant, les protestations d'intérêt exprimées par les fonctionnaires de la Maison du Roi entretenaient la confiance de l'infatigable lady. Chaque année on la voyait débarquer en France. Elle habitait chez des amis, le comte et la comtesse de Lobau, puis, quand en 1826, Mᵐᵉ Walpole s'en alla enfin, courbée et blanchie par les ans — elle avait quatre-vingt-six ans — sa fille, qui ne se sentait plus qu'à demi anglaise, préféra s'établir définitivement

dossier). *Archives de la préfecture de police. Dossier Bruneau,* cote 126.

[1] Inventaire après décès. *Papiers inédits de Mᵐᵉ Atkyns.*

à Paris. Elle vint se fixer dans une maison hospitalière, chez le baron Daru. Au numéro 65 de la rue de Lille, Mme Atkyns louait un petit appartement, au premier étage [1]. Elle y réunit les rares souvenirs sauvés de Ketteringham : un pauvre mobilier d'acajou, recouvert de drap bleu, un canapé revêtu de soie bleu clair, aux murs, le portrait du Dauphin, rappel constant du mystère harcelant..., celui de son père, de son oncle, du duc de Berry [2]...

C'est de là que l'amie de la Reine assista à la révolution de Juillet, après avoir vu tour à tour passer la royauté de Louis XVI, la grande tourmente, l'Empire, la Restauration, le règne de Charles X. Que de chemin parcouru depuis le temps où, insouciante et heureuse, dans toute la joie de ses succès, elle partageait la vie étourdissante de Versailles !

Or, quelques semaines avant la chute de Charles X, décidée à secouer une dernière fois l'indifférence du Roi ou plutôt de ses ministres, Mme Atkyns rédigeait une nouvelle pétition à l'adresse du directeur de la Maison du Roi. Elle ne craignit pas d'y exposer ses se-

[1] La maison existe encore. Elle porte le n° 79 actuel et appartient au comte de Murard.

[2] Inventaire après décès. *Papiers inédits de Mme Atkyns.*

crets sentiments : « Je me doutais peu qu'une
« absence de fonds me serait opposée pour
« retarder l'exécution des ordres du Roi. Je
« ne m'étendrai pas sur ce qu'un pareil aveu
« peut me présenter d'extraordinaire, surtout
« lorsqu'il est question d'un remboursement
« aussi sacré, sanctionné par la volonté royale.
« J'aurais seulement l'honneur de vous obser-
« ver, Monsieur le marquis, que j'ai su trou-
« ver des sommes considérables au détriment
« de ma propre fortune, lorsqu'il s'est agi de
« la France, de son roi, de son auguste fa-
« mille.

« Dans le cas d'un manque de fonds suffi-
« sants pour acquitter la dette du trône, j'ai
« l'honneur de proposer à Votre Excellence
« de bien vouloir ordonnancer le payement qui
« doit m'être fait et je trouverai moyen d'en
« faire escompter le montant. En votre qualité
« du (sic) ministre du Roi, Votre Excellence
« trouvera sans retard chez les banquiers de
« la Cour les fonds nécessaires à mon rem-
« boursement, moyennant un escompte. Eh!
« Monseigneur, daignez les demander pour
« opérer ma liquidation et je me chargerai
« volontiers de l'escompte qui sera réclamé et
« que Votre Excellence prélèvera sur la somme

« que je dois recevoir... Enfin, Monseigneur,
« j'ose prier Votre Excellence de vouloir bien
« m'indiquer immédiatement le jour et l'heure
« que (*sic*) je pourrai me présenter au minis-
« tère pour terminer cette affaire. J'oserai
« vous rappeler que le moindre délai opérant
« une ruine entière, il m'est impossible d'y
« souscrire[1]. »

On se convaincra de l'insistance de Mme Atkyns et du peu d'empressement du Roi à
acquiescer à sa demande, quand on saura
que les prêts successifs consentis par l'étrangère, depuis l'époque où l'on rêvait de délivrer Louis XVI jusqu'aux dernières années du
Consulat, durant lesquelles Butler était encore parvenu à tirer des subsides pour ses
entreprises suspectes, dépassaient la somme
de deux millions trois cent mille francs[2]. C'est
avec raison que l'Anglaise pouvait parler de
sacrifices accomplis et de l'anéantissement

[1] *Papiers inédits de Mme Atkyns.*

[2] « Cinquante-huit pièces; toutes ces pièces sont relatives à une
« réclamation que la défunte paraîtrait avoir eu à exercer contre
« l'ancienne famille royale de Bourbon, pour de nombreuses
« avances et dépenses qu'elle avait faites dans l'intérêt de cette
« famille pendant la Révolution française, dans les années 1792 à
« 1803, lesquelles réclamations s'élevaient, d'après un état de
« comptes dressé par la défunte au 1er mars 1830 à la somme de
« deux millions, 317 584 francs. »
Extrait de l'inventaire après décès. *Papiers inédits de Mme Atkyns.*

d'une fortune, dont l'amour seul avait dicté l'emploi.

Que durèrent ses illusions ? Les conserva-t-elle plus vivaces, à mesure que s'enfuyaient les années ? Il est permis d'en douter. Résignée mais non abattue, Mᵐᵉ Atkyns, en feuilletant les lettres de ses confidents de jadis, songeait aux caprices de la vie, à l'énigme toujours présente, et si les tracas de l'existence journalière l'avaient un instant détournée du but persistant vers lequel la ramenaient ses pensées, le billet qui lui fut apporté par un inconnu, certain jour, suffit pour réveiller en elle les impressions endormies.

L'homme qui avait tracé ces lignes régulières, de fine écriture, n'était autre qu'un troisième prétendant — en ne prenant que les sérieux — à la succession du Dauphin ! Le baron de Richemont — son vrai nom était Hébert — avait lancé en 1831 ses *Mémoires du duc de Normandie, fils de Louis XVI, écrits et publiés par lui-même* et il ne tarda pas naturellement à convaincre de son identité nombre de personnes. La plupart des détails qu'il produisait pour expliquer sa sortie du Temple, il les tenait probablement de la femme Simon, à laquelle il était allé rendre visite aux

Incurables de la rue de Sèvres. Est-ce par la veuve du cordonnier, qui paraissait connaître maints incidents de l'affaire du Temple, ou tout simplement par le bruit public, que Richemont entendit parler de Mme Atkyns et de ses tentatives ? On ne sait. Toujours est-il que l'aventurier crut opportun de faire une démarche auprès de l'amie de la Reine.

« Respectable dame, lui écrivait-il, je suis sensible à
« votre bon souvenir... L'idée que j'ai retrouvé en vous
« l'amie si dévouée à ma malheureuse famille me con-
« sole et me fait supporter avec plus de résignation les
« maux que la Providence m'envoie. Je n'oublierai
« jamais vos nobles procédés ; présents à ma mémoire,
« ils me font chérir une existence qui est votre ouvrage...
« J'ignore ce qu'on me réserve pour l'avenir ; mais quel
« que soit mon sort, vous pouvez et devez compter sur
« toute ma gratitude. Que le Seigneur vous accompagne
« et favorise vos entreprises ! Il le fera, car quelle que
« soit la contrée où vous porterez vos pas, vous y don-
« nerez, comme par le passé, l'exemple de toutes les
« vertus.

« Nous nous verrons, je l'espère, dans un monde meil-
« leur. Alors et en compagnie des augustes et infortu-
« nés auteurs de mes tristes jours, vous jouirez du bien
« que vous aurez fait et en recevrez la digne récompense
« des mains du souverain dispensateur de toutes choses.

« La présente n'ayant d'autre fin, je prie Dieu, noble
« dame, qu'il vous ait en sa sainte et digne garde.

Louis Charles[1]. »

---

[1] *Papiers inédits de Mme Atkyns.*

C'est avec assez d'habileté et d'à-propos
que Richemont s'efforçait de toucher la note
sensible et de se mettre au diapason exigé
par sa pseudo-personnalité. Sa missive causat-
t-elle l'effet qu'il en attendait ? Il est peu probable, mais au dossier évocateur de l'affaire
du Temple, elle s'ajouta, dernière pièce à
l'appui de l'aventure...

Dans la nuit du 2 février 1836[1], la mort
vint enlever l'amie de Marie-Antoinette. A
son lit d'agonie, une personne veillait ; c'était
une servante dévouée, Victoire Ilh, dont la
conduite, selon l'expression même de sa
maîtresse, « avait été au-dessus de tous
éloges[2]. »

---

[1] Préfecture du département de la Seine.

Villé de Paris.

Acte de décès du 3 février 1836, à neuf heures du matin. Le jour
d'hier, à trois heures du matin, est décédée en son domicile, rue
de Lille 65, dame veuve Charlotte Atkyns, rentière, âgée de
soixante-dix-huit ans, née en Angleterre. Constaté par nous Achille-
Nicolas-René Tourin, notaire, adjoint au maire du dixième arrondissement de Paris, faisant les fonctions d'officier de l'état civil.
Sur la déclaration de François Berger, domestique, demeurant rue
et nᵒ susdits, âgé de quarante ans et de Jean-François Pector,
pensionnaire de l'État, demeurant rue de Grenelle, nᵒ 12, âgé de
cinquante-quatre ans, lesquels ont signé avec nous après lecture
à eux faite de l'acte. *Signé* : Berger, Pector et Tourin. » *Archives
de la préfecture de la Seine.*

[2] Voir le testament de Mᵐᵉ Atkyns, que nous donnons à l'appen-
dice.

Ils furent vite comptés les quelques amis accourus pour rendre les derniers honneurs à l'étrangère et qui, dans la brume de ce matin d'hiver, regardèrent s'éloigner le char funèbre, emportant sa dépouille sur terre anglaise, vers Ketteringham, où elle avait exprimé le désir d'être ensevelie.

Sur cette figure le temps passa, inexorable, en en effaçant les traits si promptement que vingt années plus tard, rien ne subsistait du souvenir de l'Anglaise et de sa vie toute remplie d'abnégation, d'amour et du plus désintéressé des dévouements.

ÉPILOGUE

Deux ou trois générations à peine nous séparent de cette époque, où l'on a vu passer, repasser et s'agiter les divers figurants de l'entreprise dont les prisonniers du Temple furent l'enjeu. Épisode accessoire de l'histoire si variée de l'émigration et de la cause royaliste sous la Révolution, le rôle joué par Mme Atkyns, avec l'aide de ses confidents, méritait d'être esquissé. Mais, l'intérêt qui s'attache aux récits du temps passé grandit et se décuple, d'autant que l'on peut suivre, au travers des années, la trace de ceux qui furent mêlés aux événements. Aussi convient-il de rechercher ce que devinrent les acteurs principaux entrevus au cours de cette étude.

Des deux fils de Cormier, l'aîné, Achille, disparaît complètement de notre scène et tous nos efforts pour connaître ce qu'il advint de lui ont été infructueux.

Plus heureux sommes-nous avec son frère.
Officier dans l'armée de Vendée[1], Patrice de
Cormier, dès la Restauration, tenta de reprendre du service actif. Il avait en 1814 trente-
six ans. Lié avec le prince de La Trémoïlle,
l'ancien ami de Frotté, qui présidait alors la
commission chargée de s'enquérir des titres
des officiers royalistes pour leur attribuer
des récompenses, Cormier postula un emploi
dans la compagnie des chevau-légers. Son
loyalisme ne faisait aucun doute, car disait
une note jointe à sa demande, « lors de l'en-
« trée des alliés à Paris, il gagna à force d'ar-
« gent un tambour de la garde nationale, et
« lui fit battre la caisse devant un drapeau
« blanc, en parcourant toutes les rues de Paris[2]! » Les Cent-Jours interrompirent inopinément ses projets ; obligé de gagner l'Angleterre, Patrice de Cormier se disposa enfin,
en juillet 1815, à reprendre le chemin de la
France. L'empressement avec lequel le prince
de La Trémoïlle le désignait à la bienveil-
lance de Louis XVIII, montrait quel prix il
attachait à son amitié : « Il m'a constamment

---

[1] Voir p. 289.

[2] Crétineau-Joly. *Histoire de la Vendée militaire*, nouvelle édition,
t. V, p. 280.

« accompagné, comme mon aide de camp,
« disait le prince, dans ma mission, mon arres-
« tation et mon évasion et il n'a cessé de me
« donner chaque jour des preuves de son zèle
« éclairé, de son dévouement sans bornes pour
« le Roi et de sa capacité. Si jamais quelques
« services rendus pouvaient me donner un titre
« pour recommander quelqu'un aux bontés du
« Roi, cet estimable officier serait le premier
« que j'oserais lui recommander[1]. »

Ces instances produisirent leur effet. Le
24 février 1816, Cormier était nommé chef de
bataillon au 1er régiment d'infanterie de la
garde royale. Trois ans plus tard, il passait
lieutenant-colonel[2], et c'est en cette qualité
qu'il prit part à l'expédition d'Espagne de
1823, sous les ordres du duc d'Angoulême.
Devant Figuières, l'officier, chargé de transmettre un ordre aux troupes royales espa-
gnoles, tomba dans une embuscade de 30 soldats constitutionnels et reçut presque à bout
portant leur décharge. Par un miracle, il en
réchappa, avec une blessure à la hanche, et
réussit à remplir sa mission[3].

---

[1] Crétineau-Joly. *Ouvrage cité*, t. IV, p. 642.
[2] *Archives du ministère de la Guerre.*
[3] *Idem.*

Promu au grade de colonel, le 1ᵉʳ novembre
1823, Cormier se trouvait en garnison à Rochefort, lors de la Révolution de Juillet. Refusant de s'allier au régime nouveau, il
adressait, le 5 août 1830, sa démission au ministre de la Guerre : « Ne me croyant pas délié
« du serment de fidélité que j'ai prêté à Sa
« Majesté Charles X et à son successeur légi-
« time, je demande à être remplacé dans le
« commandement du 41ᵉ de ligne et à rentrer
« sur-le-champ dans mes foyers[1]. » C'est le
dernier document que nous ayons retrouvé à
son sujet. Il dut mourir dans les environs de
Paris, sans laisser de descendance[2].

Son oncle de Butler, après être demeuré un
certain temps encore à Hambourg, devenu
sans doute suspect à beaucoup d'émigrés, à
cause de ses relations trop intimes avec Bourrienne, le ministre de l'Empereur, s'en était
retourné en Angleterre. On l'y perd complètement de vue. Tout ce que nous avons pu
apprendre, c'est qu'il mourut obscurément à
Gothenbourg, en Suède, en 1815[3].

De tous les personnages engagés dans l'éva-

---

[1] *Archives du ministère de la Guerre.*
[2] D'après une tradition de famille.
[3] *Archives du ministère de la Guerre.*

sion du Dauphin, Jean-Pantaléon de Butler
fut certainement l'un de ceux qui connurent
le plus de choses, et il est regrettable que ce
témoin ne nous ait transmis aucune confidence.

Privé de ses deux fils, le comte Henri de
Frotté restait absolument seul en Angleterre.
Il regagna la France à l'avènement des Bourbons, y obtint le grade de maréchal de camp
et mourut à Paris, le 28 février 1823[1]. Royaliste enthousiaste, actif, remuant, le comte
de Frotté, depuis la mort du chevalier de
Couterne, n'avait cessé de s'occuper des émigrés et de faciliter leurs moyens d'existence
en Angleterre; il était regardé comme leur
bienfaiteur.

Plus excentrique fut la carrière de Jean-
Gabriel Peltier. Pamphlétaire énergique, il
rédigeait à Londres depuis 1802 un journal,
l'*Ambigu*, où il continuait à déverser toute sa
bile sur la personne du Premier Consul. Ses
attaques et ses violences allèrent si loin,
qu'en 1803, sur la demande réitérée de Bonaparte irrité, Peltier se vit traduit devant un
tribunal anglais. Mais, défendu par le célèbre

---

[1] L. de la Sicotière. *Louis de Frotté*, t. I, p. 557.

James Mackintosh, il ne fut condamné, le
21 février 1803, qu'à une faible amende et
l'issue de son procès se changeant en triomphe,
lui attira une célébrité européenne. A côté de
ses gazettes, Peltier était intéressé dans une
multitude d'entreprises de librairie, qui le
faisaient vivre tant bien que mal.

Quelques années plus tard, un hasard l'im-
provisait chargé d'affaires de l'empereur
d'Haïti, Christophe! C'était une ressource
inespérée pour le fantasque personnage, qui
menait la grande vie à Londres, dépensant sans
compter. On devine l'hilarité qu'excita cette
étrange nomination. Les plaisants disaient
qu'il avait passé du blanc au noir! Ce qui augmentait le comique de l'affaire, c'est que le
souverain haïtien payait son ambassadeur non
en argent mais en nature, et lui envoyait pour
ses honoraires force ballots de sucre et de café.
Serré de près par ses créanciers, Peltier re-
vendait ces marchandises, en tirait un prix rai-
sonnable, si bien que, suivant le mot de Chateaubriand, « le correspondant de M. le comte
de Limonade buvait en vin de Champagne les
appointements qu'on lui payait en sucre[1]. »

---

[1] Chateaubriand. *Mémoires d'Outre-Tombe*, édition Biré, t. II
pp. 111 et 113.

Au retour des Bourbons, Peltier s'apprêta à recevoir comme les autres sa part de récompenses et passa en France, mais il ne rencontra que des désillusions. Il s'en consolait d'ailleurs par cette boutade :

Mon roi me traite comme un nègre,
Mais mon nègre à son tour me traite comme un roi.

Malheureusement, le « nègre » eut assez, lui aussi, des épigrammes de son ministre et l'abandonna. Ce fut la ruine de notre journaliste. Dénué de tout, il s'en revint à Paris implorer la pitié du Roi, mais sans succès, et le 29 mars 1825, il mourait misérablement dans un grenier de la rue Montmartre. Il avait soixante-cinq ans.

APPENDICE

APPENDICE

———

Nous publions ici un certain nombre de lettres et de documents provenant en majeure partie des *Papiers iné-dits de M*^{me}* Atkyns* qui n'ont pas été insérés dans le corps même de l'ouvrage et qu'il eût été regrettable de laisser ignorés. Les lettres de la princesse de Tarente, en particulier, par la chaleur des sentiments qu'elles expriment, nous ont paru mériter d'être reproduites dans leur entier.

Lettre de Jean-Gabriel Peltier à Mme* Atkyns.*

Londres, 1er janvier 1793.

J'ai l'honneur de vous adresser, Madame, la lettre que j'ai reçue par le courrier d'hier de mon ami[1]. La fermentation où l'on est dans Paris me fait craindre qu'il ait été obligé d'en sortir. La nuit du 27 au 28 décembre a dû être très orageuse.

J'ai enfin joint hier M. Burke à la Chambre des Communes. Il m'a promis un rendez-vous au premier jour. Je lui ai présenté M. Goguelat avec qui il a été fort aise de

[1] Le baron d'Auerweck.

faire connaissance. Il avait dîné la veille avec M. de Choi-
seul, M. Pitt, lord Grenville et lord Loughborough chez
mylord Hawkesbury. Nous n'avons pu dire qu'un seul
mot. Je ne puis dater ma lettre du 1er janvier sans vous
offrir à la française mes vœux pour cette nouvelle année.
Je sais bien quel serait celui dont l'accomplissement vous
serait le plus cher !

Je désire plus qu'un autre que vous le réunissiez au
bonheur domestique dont vous méritez si bien de jouir —
trop heureux moi-même si je puis y contribuer et par mon
zèle et par mes respects[1].

Lettre de Louis de Frotté à Mme Atkyns.

[Londres], 19 décembre 1794.

Les amants et les ministres qui ne profitent pas de l'occasion la regrettent souvent longtemps sans la retrouver,
et quelquefois même ne se représente-t-elle plus. C'est ce
que je crains bien qui nous arrive..., car votre gouvernement laisse écouler des jours bien précieux sans en
profiter et par sa lenteur, manquera peut-être tous les
avantages qui pourraient contribuer à la fin de nos
malheurs. Croiriez-vous bien, ma belle amie, que l'on
pense à reculer toute expédition[2] de quelques semaines,
que l'on croit avoir des raisons pour ce retard (outre
celle des préparatifs qui ne sont pas complets), et que,
pendant ce temps, les Français de l'intérieur impatients,

---

[1] La lettre ne porte pas de signature, mais l'écriture est, à n'en
pas douter, celle de Peltier.

[2] En marge, Mme Atkyns a mis cette annotation : *I was told the
expedition was retard tell the...* (deux mots indéchiffrables, on peut
supposer *the young king) was in a place of safety.*

les autres intrigants, les autres très bien pensants ne veulent faire éclater la mèche et prendre la place que P[uisaye] laisse vide par son absence. Aussi est-il reparti bien vite d'après les nouvelles qui lui sont arrivées par un bâtiment expédié par Tallien ou ses adhérents qui, d'après les mouvements *bien combinés* ou peut-être trop précoces de quelques chefs des royalistes, les ont fait mettre en prison, en attendant le retour de celui-ci. Un des emprisonnés et des plus turbulents est un émigré qui a passé aux chouans, cet été, avec de faux assignats, etc..., à l'époque où j'ay pu y aller de la même manière. C'est un homme comme il faut, assez bon officier, entreprenant mais un peu fou et n'ayant pas l'ombre d'une combinaison pour conduire une grande affaire. Il paraît qu'il voulait jouer un premier rôle, sans en avoir les moyens ni les talents. D'après ma manière de voir, je n'avais pas besoin de cette leçon. Mais elle m'affermit encore plus dans le plan de conduite que je me suis tracé. Puissent toutes ces lenteurs, tous ces mouvements dissolvants, toutes ces intrigues enfin ne pas faire manquer notre affaire !

J'ai cependant un motif de tranquillité sur tout cela, quand je pense qu'il faut que nos partisans soient bien nombreux et bien puissants parmi ceux qui jouent le rôle de nos ennemis pour que toutes ces agitations de l'intérieur ne produisent pas plus d'effet dans l'Assemblée. En vérité, si l'on ne tire pas parti de tous ces avantages, il faut mettre aux petites maisons ceux à qui en sera la faute. Pour mon compte, sans connaître Puisaye, s'il réussit malgré tout ce que l'on en peut dire, supposant qu'il se conduise comme il doit, je voudrais lui donner une voix pour être connétable, parce que c'est à lui que le Roi aura les plus grandes obligations. Après cela, si l'on me demande la femme que mon Roi doit le plus aimer, je lui dirai de devenir mon rival, et que tout roi qu'il sera, il ne pourra payer le cœur qui est à lui et qui a tant souffert pour lui.

J'ai vu M. W[indham] et en lui faisant sentir que je voulais partir, en le pressant un peu vivement, après m'avoir répondu plusieurs fois par des biais, se sentant poussé à bout, il me dit un peu vivement : « Mais, je puis vous faire partir tout de suite, mais qu'irez-vous faire ? Je n'ai rien à vous donner de positif. J'ai d'autres personnes pour porter mes paquets, mais je n'ai que vous pour remplir la mission à laquelle je vous destine ; patientez un peu, et si vous voulez suivre mon avis, vous vous en trouverez bien. Soyez sûr que j'ai toujours les yeux sur vous. »

Me voilà toujours au régime de l'incertitude ; au moins, si vous aviez voulu rester, ma bien-aimable amie, j'eusse trouvé le temps moins long, et ne pouvant encore aller servir mon Roi, je m'en fusse consolé autant que possible auprès de Madame..., mais il n'y a pas eu moyen de vous retenir et je respecte jusqu'au mauvais tour que vous me jouez, tant j'ai de confiance dans les motifs qui vous font agir, mais écrivez du moins à votre ami pour adoucir le regret qu'il a d'être éloigné de vous et aimez-le la dixième partie du sentiment qui l'attache à vous et il sera content. Adieu à tout jamais.

Le tout dévoué.

Je n'ai pas vu B. [1] depuis votre départ. Il est comme le rat dans son fromage.

---

[1] Il s'agit probablement de Butler, le beau-frère d'Yves de Cormier.

Lettres du baron d'Auerweck à Mme Atkyns.

Ce jeudi[1].

Il n'y a que ma position, Madame, qui puisse expliquer et excuser mon impatience et mon importunité. Condamné depuis dimanche à manquer toujours le moment de vous trouver chez vous, je prends la liberté de vous laisser cette lettre.

J'attends avec empressement votre réponse qui sera à plus d'un égard et plus littéralement qu'on ne le pourrait penser pour moi un arrêt de vie ou de mort. Car, si je pars, je trouve sur le continent toutes les ressources nécessaires pour entrer décemment dans ma famille, pour y aplanir les tracasseries qui m'en avaient détaché, pour trouver peut-être dans ma patrie la récompense de ce que j'ai fait, pour me former à pouvoir être utile ; et si cela me manque, j'ai une promesse formelle de moyens considérables pour me former un établissement indépendant et avantageux.

Si je ne pars point, je suis perdu dans toute la force du terme. Je suis ici tellement au bout de mes ressources que je commence à me regarder comme au bout de la vie. Ce n'est qu'à force de démarches que j'ai évité depuis quelque temps un sort semblable à celui de Peltier, que je n'ai mérité par aucun désordre, que (je vous le dis franchement) je n'aurais pas en moi la force de supporter et que je ne peux espérer de reculer pendant beaucoup plus longtemps. Le crédit qu'on m'a fait sur Hambourg me manquera certainement, si l'on s'aperçoit que je n'ai

[1] Cette lettre qui n'est pas datée doit être du printemps de 1795.

pas même les moyens d'en profiter; mes chagrins sont cuisants et innombrables et ces jours que j'emploie à les cacher et ces nuits que je passe à m'y livrer ont déjà donné à ma santé une secousse dont elle se relèvera difficilement. Hélas ! tout m'est refusé par le destin, tout jusqu'à une bonne maladie qui me dispenserait de m'occuper de l'avenir et qui me rendrait insensible pour le temps qu'elle me laisserait vivre.

Je vous demande pardon, Madame, de cette boutade que m'arrache le malheur ; les gens du monde ne savent point avec quel battement de cœur on reçoit les espérances dans de certaines situations et avec quel serrement de cœur on les voit s'éloigner. Il serait par trop cruel pour moi de n'être venu en Angleterre que pour m'y perdre pour toujours et j'ai eu déjà dans ce pays-ci tant et de si longues souffrances que rien ne me consolerait d'y être venu, si je n'y avais pas fait votre connaissance. C'est encore en vous seule que je puisse (*sic*) espérer actuellement ; permettez-moi de vous demander si vous avez réussi à ce que votre bonté vous a fait envisager comme probable, et dans le cas contraire, si tout autre moyen de me secourir vous paraît impossible. Je vous ai parlé d'un effet à trois ou quatre mois que je trouverais probablement à placer entre des mains honnêtes, sûres et discrètes. Ne croyez pas, je vous en conjure, que même le désespoir de ma situation puisse m'engager à vous demander ce qui serait tant soit peu capable de blesser les convenances ; mais, de bonne foi, je doute qu'on puisse voir quelque chose au delà de la bienfaisance, dans une démarche par laquelle vous facilitez à un étranger les moyens de retourner dans sa patrie et par laquelle vous lui sauvez pour ainsi dire la vie, en lui prêtant votre nom ou ce qui revient au même en le cautionnant. Si mon étoile voulait que vous fussiez chez vous demain au soir, nous pourrions peut-être convenir de quelque chose, quoique je sois l'homme le plus maladroit du monde pour traiter verbalement une affaire dans laquelle je suis solliciteur d'un bienfait pour moi. Pardon, Madame, encore une fois, car l'on ne saurait trop souvent le demander, lorsqu'on entretient les autres de ses malheurs et de ses chagrins.

LOUIS D'AUERWECK.

Ham, près de Hambourg, 11 septembre 1795.

Je serais bien coupable, Madame, de ne vous avoir pas encore écrit depuis mon séjour dans ce pays-ci, si j'avais eu à vous mander quelque chose qui aurait pu tant soit peu vous intéresser ; mais, de bonne foi, nos cantons sont si stériles en nouvelles que des deux gazettes qu'on y fait, l'une a été obligée de cesser, et l'autre ne se soutient qu'en copiant des papiers anglais qu'elle estropie et des vieux papiers de Paris qu'elle dénature.

Si j'étais comme ces gens qui se consolent de tous les événements qu'ils ont prévus, je n'aurais pas été infiniment affecté des désastres dont, depuis quelque temps, vos papiers nous ont transmis les nouvelles.

Vous savez, Madame, combien j'ai toujours eu de mauvaise opinion de la dernière expédition qui a eu une issue si malheureuse[1]. Il y a eu plusieurs personnes à Londres qui se seront rappelé à ce sujet ce que j'ai constamment soutenu sur la rage qu'on avait de composer des corps dans les prisons et peut-être s'est-on même souvenu que j'avais écrit en propres termes que *c'était là vouloir aller avec l'ennemi contre l'ennemi.*

---

[1] Le désastre de Quiberon, le 25 juin 1795.

Je voudrais bien avoir eu tort sur tout cela, je voudrais bien même m'être trompé dans l'opinion que vous me connaissiez sur Puisaye, mais ce malheureux ne l'a que trop justifiée, et la mort de l'intéressant Sombreuil tachera toute la vie que la peur a conservée à ce chef intrigant.

Tous ces malheurs doivent avoir beaucoup coûté à votre sensibilité, *mais je crois que vous connaissez dans ce moment-ci des certains détails faits pour rehausser vos espérances.* Dieu veuille qu'elles se réalisent enfin, mais n'oubliez jamais, Madame, qu'en révolution l'événement le plus probable n'autorise jamais qu'un pari simple. . .

. . . .

Cormier qui a la goutte dans ce moment n'a reçu que deux lettres de vous, l'une que j'ai apportée et l'autre que vous aviez adressée, poste restante et qui m'a valu un petit mot de vous, par lequel vous m'en donniez avis.

Je suis toujours très indécis sur mon avenir; en attendant, je passe mon temps, lorsque je suis à la ville, avec Cormier et le reste à la campagne avec Rivarol, où sautant de Montesquieu et Machiavel à Virgile et de Virgile à Newton, nous escamotons nos journées assez agréablement. Le ciel est ici bien plus beau qu'en Angleterre et le soleil m'a rendu la santé que j'avais laissée en France. Il me manque toujours quelque chose pour exécuter ce qui me serait si nécessaire, un voyage dans ma patrie; pour les engagements que j'ai laissés en Angleterre, je les ai remplis à peu de chose près, que j'espère aussi de terminer dans quelque temps.

Lettre de Reinhard, représentant du Directoire près les villes hanséatiques, au ministre des Relations extérieures, Delacroix [1].

Très secrète.
**Extraire pour le Direc-
toire et la police ; cacher le
nom de Colleville. Fait le
14 prairial.**

Citoyen Guiraudet.
Envoyer sur-le-champ au
ministre de la police, si
fait n'a été.

Altona, ce 1er prairial l'an IV de la
République française, une et indivi-
sible (20 mai 1796).

Citoyen ministre,

Je m'empresse de répondre à votre dépêche chiffrée
du 20 floréal, qui se rencontre singulièrement avec celle
que je vous ai écrite le 21 d'ici. Il paraît même que j'ai
tiré mes renseignements d'une source correspondante à
celle qui vous a fourni les vôtres et je ne serais point
étonné que le même baron d'Auerweck que je vous ai
dénoncé eût été à son tour le dénonciateur de Le Cormier. D'après l'idée qu'on m'a donnée de son caractère
et même de ses principes, cela serait très possible. Quoi
qu'il en soit, je n'ai pas perdu de temps pour m'aboucher
avec *Colleville*. Celui-cy, qui m'avait déjà annoncé l'arrivée de l'évêque d'Arras, m'a informé, avant de connaître
encore ce que j'avais alors à lui dire, que ce personnage
avait écrit hier que son arrivée était suspendue, et que
peut-être elle n'aurait pas lieu à cause de la prolongation

[1] *Archives du Ministère des Affaires étrangères*, Hambourg,
vol. 109, fol. 382.

du séjour du Roi de Véronne à l'armée de Condé, lequel
Roi, m'a-t-il assuré, ne quittera point cette armée comme
on l'avait dit. J'ai commencé par annoncer à Colleville
que j'avais reçu à son sujet une réponse favorable de
votre part. Il m'en a témoigné sa reconnaissance et m'a
parlé sur-le-champ de son idée favorite d'obtenir la per-
mission de nous servir ailleurs qu'à Hambourg, désir
qu'on peut expliquer aisément, soit par la certitude qu'il
a de jouer ailleurs un rôle plus actif, soit par la crainte
qu'il pourrait avoir que les relations qu'il a avec nous
ne fussent enfin découvertes.

Je n'ai pas cru devoir faire à cet homme la confidence
de tout ce que je savais. Je lui ai dit qu'avant de quitter
Hambourg, il fallait tirer au clair ce qui se passait dans
cette ville. Je lui en ai dit ensuite assez pour le mettre
au fait et pour stimuler son zèle. Il m'a répondu qu'il
n'avait aucune connaissance du rassemblement dont je
parlais, qu'il était sûr que, s'il en était question, Le Cormier, qu'il voyait tous les jours, l'en aurait instruit, que
ce dernier avait eu depuis plusieurs jours, le projet de
se rendre à la campagne de M. de Bloom, ci-devant
envoyé de Danemark à Paris, où cependant il paraissait
qu'il ne se rendrait point, qu'il connaissait assez les émigrés à Hambourg pour être persuadé qu'à l'exception de
Le Cormier il n'y avait point parmi eux de tête entreprenante, du moins dans le parti de l'ancien régime, que si
un pareil projet avait existé, il lui paraissait plus que probable que le déplacement du Roi de Vérone lui en aurait
fait substituer un autre, qu'au reste, il verrait, il examine-
rait et que je pourrais être sûr qu'il me donnerait des
renseignements positifs. Il m'a ajouté que le prince de
Carancy, qu'il connaissait particulièrement, était attendu
à Hambourg dans la quinzaine, venant de Lausanne, que
s'il y avait quelque chose à en apprendre, il se faisait fort

de le découvrir. Je lui ai demandé ce que mylord Mackartney était venu faire ici. Il ne le savait point. J'espère que je le saurai avant le départ du courrier, s'il est parti ou non.

Enfin, citoyen ministre, l'ignorance absolue où Colleville m'a paru être du congrès dont vous me parlez m'a donné à moi-même quelque doute sur sa réalité. Cependant, je ne m'en tiendrai point là. Mes mesures sont déjà prises pour faire contrôler mon homme et pour chercher à faire suivre d'un autre côté les intrigants que vous me désignez. Je n'ignore pas qu'avec des hommes de la trempe de Colleville on risque toujours sinon d'être espionné à son tour, ce qu'on évite facilement avec un peu de prudence, du moins de recevoir de nouvelles informations avec des intentions doubles. C'est ainsi que j'ai envisagé ce qu'il m'a dit du véritable plan des émigrés qui était d'opérer dans le cœur de la République et de rétablir la monarchie par les organes de la loi même du parti dont il se croyait sûr dans le Corps législatif (il m'a nommé Madier), des détails du système qu'ils allaient suivre et dans lequel entrait même le procès à faire au 2 septembre. Quant au 2 septembre, ai-je répondu, tout Français l'a en horreur et les assassins doivent être punis. Le gouvernement saura certainement empêcher qu'un acte de justice ne devienne un instrument de contre-révolution.

Le Cormier a un beau-frère nommé Buter (*sic*) qui va et vient de Paris à Boulogne, Calais, Dunkerque pour porter les dépêches et les fonds venant d'Angleterre. Du Theil, fixé à Londres, continue à servir d'entremetteur pour la correspondance des princes. A Hambourg, c'est un nommé Thouvenet. Le grand moteur des nouvelles manœuvres royalistes et du plan qu'elles suivent dans l'intérieur de la République est, selon Colleville, le duc de la Vauguyon. Maduron, ce frère de la Garre, que je vous ai dénoncé dans le temps, a dit qu'il avait été arrêté à Paris une ou deux fois et conduit à la police, mais qu'il s'était tiré d'affaire par son passeport suisse. Il est certain que les émigrés en parlant d'un voyage en France n'y supposent pas plus de difficultés ou de dangers que s'il s'agissait d'aller de Hambourg à Altona. Un abbé de Saint-Far, résidant à Hambourg, a chez lui un dépôt d'armes qu'on dit assez considérable. Je vous ai déjà informé qu'il avait contracté pour quelques millions de fusils. Je suppose alors que c'était pour l'Angleterre. Ma dépêche prochaine, citoyen ministre, sera plus positive sur cette affaire que vous recommandez à ma vigilance. Si le congrès doit avoir réellement lieu, je me crois muni d'assez de moyens pour résoudre le problème que vous me proposez. Salut et respect,

REINHARD.

Lettre de la princesse de Tarente à Mᵐᵉ Atkyns.

Saint-Pétersbourg, le 14/25 août [1797].

C'est aujourd'hui, suivant le style ordinaire, la fête du roi de France et celle d'une de ses meilleures comme de ses plus inutiles sujettes, ma bien-aimée Charlotte. Ce mois-cy est un mois d'époques malheureuses. C'était dans ce mois sa fête aussi, c'est dans ce mois la sortie des Tuileries, l'entrée au Temple ; enfin il est rempli d'époques qui ne sortent pas de la tête des fidèles, mais qui s'y retracent d'une manière plus prononcée, quand on se retrouve au jour où tel événement est arrivé. J'ai reçu hier votre lettre ; elle m'a fait plaisir, ma Charlotte. Je l'ai lue que j'étais bien endormie ; il était trois heures du matin, je revenais d'un bal où je m'étais ennuyée mais où il avait fallu aller. Vous me parlez toujours d'un journal, ma chère, je n'ai pas le courage de vous faire la misérable histoire de ma vie. Je suis une machine montée qui va sans cesse, sans plaisir comme sans intérêt ; je vis de souvenirs et mes lettres seraient bien lamentables, si elles étaient le portrait fidèle de moi, mais il y a tant de distance entre vous et moi, mon amie, les lettres passent par tant de mains qu'il faut se deviner plutôt que se dire tout. Vous connaissez mon cœur ; il sera toujours le même et malgré l'apparence ses sentiments n'ont point changé, je vous jure, mais il est des restrictions qui sont nécessaires, quand on ne peut plus se parler ; ce sont des sacrifices, mais qu'est-ce qui n'en a pas à faire, combien n'en ai-je pas fait depuis deux mois ? J'ai tout quitté pour venir dans un pays où je ne connaissais personne. Je me trouve sans amis, dans un monde nouveau ; je suis sans doute examinée, jugée avec sévérité. Toutes les bontés de LL MM II sont de grands engagemens vis-à-vis de toute la société ; je le sens, et timide naturellement, j'ai encore plus de disgrâces. Cependant, je n'ai que des grâces à rendre, je suis accueillie et traitée avec distinction par nombre de personnes ici ; on se plaît à me témoigner de l'estime pour ma conduite. Hélas ! ma conduite, quand le hasard vous avait approchée d'Elle, pouvait-on ne pas l'adorer. Quel mérite y avait-il à être fidèle à qui commandait impérieusement la fidélité, si on voulait seulement se livrer aux mouvemens de son cœur ?

Je suis fâchée, ma chère Charlotte, de toutes les perplexités que vous a fait éprouver cette tempête sur terre ; vraiment, ce sont les instants où je me suis trouvée le mieux sur la mer, mais je vous prie de croire que

je ne suis pas si poltronne et que je n'ai eu peur que
très peu ou point du tout. Le temps n'a été gros que
deux fois, à notre entrée dans le Cattegat avant la
Sonde; il me paraît que c'est un tribut payé au choc que
produisent les eaux des deux mers, et le vendredi ou
plutôt le jeudi 27, en arrivant à Cronstadt le temps fut
très mauvais et je vous avoue que cette soirée et la nuit
je n'ai pas été tranquille; c'était sans poltronnerie : l'agitation du capitaine, la pluie violente, le sombre de la
nuit, ajoutez à cela une multitude de petits rochers qui
sortent des eaux, dont on ne voyait pas vestige, on ne
peut les distinguer dans l'obscurité, faisaient, je crois, de
notre position quelque chose d'assez mauvais. Enfin,
grâce au ciel, je m'en suis tirée, et très bien; quand le
capitaine est venu dire que nous étions à l'ancre, j'ai
ressenti une joie incroyable et tout de suite mes larmes
ont coulé, en me disant : je suis ici, qu'y viens-je chercher ? Où sont des amis pour moi ?

Le ciel qui avait conduit mes pas ne m'a pas abandon-
née; s'il ne m'a pas fait trouver des amis, il m'a donné
des protecteurs et il a donné à ma situation tous les
adoucissemens qu'elle pouvait recevoir. A la cour, le
temps que j'y ai habité, à commencer par les maîtres,
tous se sont plu à me témoigner estime et intérêt, et à la
ville, plusieurs personnes s'offrent à me rendre la vie
douce et tranquille. Il y a de petites sociétés dans lesquelles je me plairai, je suis sûre, quand je serai
plus à mon aise. J'y suis accueillie d'une manière très
obligeante et même flatteuse ; cette société me paraît
douce et tranquille; chacun est empressé de se rendre
aimable et agréable ; le nombre d'amis est petit; la
liberté, sans laquelle il n'y a point de société, règne là
d'une manière parfaite. Que ma Charlotte n'aille pas se
figurer que j'aime déjà à la folie les personnes dont je

parle. Il ne m'était plus possible d'aimer de nouveau, de former d'autres liens que ceux qui nous unissent. C'est Elle qui a fait notre liaison ; elle sera la dernière pour moi et une des plus chères à mon cœur, je vous le jure, Charlotte. Adieu, ma chère, je pense à vous mille fois par jour, je suis heureuse maintenant, puisque je suis si occupée de vous ; et de vous le prouver n'en est pas le moindre charme. Si vous voyez S. A. R. le prince de Galles, mettez à ses pieds mon hommage respectueux et dites-lui que mes vœux le suivront toujours.

Hier, j'ai acheté une voiture qui est bien toute neuve ; elle ne me coûte que la valeur de 115 louis ; elle m'a menée hier à mon bal à 13 milles d'ici à peu près, sur un pavé dont on ne peut se faire l'idée si on ne l'a pas connu. Ma chère, en une minute, j'ai dépensé l'argent qui m'a fait vivre pendant la dernière année que j'ai passée en Angleterre. Je ne vais qu'à quatre chevaux et encore est-ce par une suite de ma modération, car une dame parvenue aux honneurs dont je suis revêtue ne doit pas aller avec moins que six. On me menace d'être obligée de me faire faire l'uniforme de Sainte-Catherine qui doit me coûter douze cents roubles, c'est-à-dire cent et cinquante louis. Mettez à côté de cela, ma chère Charlotte, le tableau de ma situation, il y a deux mois, ma robe de toile sous mes coudes (*sic*), allant seule dans les rues, frappant à la porte de Charlotte, maintenant dans une voiture à moi, traînée par quatre chevaux, et deux laquais derrière ma voiture, habillée, coiffée avec des plumes, enfin une dame du monde, Charlotte, cela ne vous paraît-il pas un rêve ? Je vous assure que ce ne l'est pas plus pour vous que pour moi ; je vous assure, ma chère, que cette idée de venir avec moi était impossible à réaliser, ce monde-cy n'est pas celui où nous étions. Ce sacrifice était nécessaire et de ne le pas faire eût été impraticable et pour vous et pour moi. Mon cœur a dû le faire, à ce que je croyais, et je m'en applaudis à chaque instant. Adieu, j'espère que vous aurez remarqué la date d'une de mes lettres; j'y suis plus attachée depuis la lettre que j'ai reçue de vous hier. Mettez mes lettres sous l'adresse de M. Withworth, votre ministre ici, et faites-les moins grandes pour ne pas mettre un impôt si exorbitant sur votre gouvernement.

P. S. — Mille bien tendres souvenirs à Mᵐᵉ votre mère et à M. votre fils. Quelle rage de mariage vous prend tout d'un coup et où sont tous vos maris? Vous me les avez bien cachés pendant un an. Je n'en ai jamais vu un et ils sont deux, ma chère. Je vous assure que j'ai ri, mais ri. Leurs noms? Et à quand l'une ou l'autre noce?

Saint-Pétersbourg, le 15 octobre [1797].

Je suis seule aujourd'hui, ma Charlotte; il y a un an, à pareil jour, j'étais avec vous, j'avais le bonheur de parler, mais je ne pouvais sentir plus profondément l'affreux anniversaire que nous présente ce jour de honte. Nous étions à cette heure sur le chemin de Richmond; oui, ma Charlotte, je pense douloureusement à Elle, à celle que j'ai aimée plus que tout au monde, à qui j'aurais tout sacrifié. Je n'ai plus que ce soulagement, ma pensée me reste et elle est tout à Elle; il est maintenant onze heures. Où était-Elle alors? Je me remets tout devant les yeux; j'ai relu le fatal récit de ses dernières tortures, mon cœur est oppressé, ma tête n'est pas bien à moi, je ne sais ce que je veux dire, je vous assure, ma Charlotte, j'ai du plaisir à vous le dire, nommément aujourd'hui que je suis si malheureuse, mon amitié me console, mais voyez-vous, il n'y a nulle suite à tout ce que je te dis. Ah! je ne suis pas bien. J'aimerais mieux dire ce que je suis, mais à qui?

Je n'ai personne du tout pour m'entendre. Qu'est-ce qui entend et comprend ce que nous sentons, quand il est question d'Elle? Personne. Il faut mieux se taire, ainsi je me suis tue et n'ai pas parlé de l'anniversaire, pas même à M. de C.; si je n'étais pas sur un sujet si sérieux, je vous dirais qu'il m'ennuie à la mort. Il est l'être le plus exigeant du monde et je n'ai eu que du chagrin de l'avoir emmené avec moi. Il n'a rien fait de bon ici et il va vous retrouver. Ne lui dites même pas que je vous ai parlé de lui sur ce ton, il serait choqué; en voilà assez de dit sur lui.

Depuis huit jours je pense tristement à demain. La société avec laquelle je vis jouait une petite comédie pour le roi de Pologne. Je crus que le 16 était justement le jour choisi. Cette idée me vint dans le monde : je soupais ce soir-là, c'était jeudi, chez le prince Kowakin. Je n'aime pas à rien dire de mes sentiments, de mes souvenirs, je laisse cela pour mon cœur. Il faut qu'il souffre en silence. Je fus bien déterminée de ne pas aller, Charlotte; n'imagine pas, j'espère, que j'ai balancé, mais je fus tourmentée longtemps de l'idée; comment ferai-je pour rien dire de ma raison et ne pas aller? Une dame qui est si bonne, si bonne pour moi vit sur mon pauvre visage que mon cœur éprouvait quelques sentiments pénibles. Qu'avez-vous, chou, me dit-elle? Vous êtes triste. — Je dis : c'est rien, oh! rien. — Je vous vois, je vous comprends. — Enfin, elle voulut que je lui dise et je lui dis.

Cette petite fête eut lieu hier. Elle fut jolie mais elle redoubla ma mélancolie, à un point que je ne pouvais la vaincre. Toutes ces choses-là me font un effet singulier et tout différent de celui que cela fait à tout le monde. Cependant, je l'avoue (la comédie fut jouée bien et par des personnes avec lesquelles je vis habituellement), elle m'intéressa et beaucoup, mais elle ne me laissa rien dans le cœur que de la tristesse. Je revins me coucher et penser à elle et à vous, et ce matin, j'eus une immense lettre de vous à laquelle je répondrai demain. Je l'ai lue; elle a pensé me faire manquer une messe longue, longue qui a duré deux heures. Ce soir, j'avais le projet de passer la soirée ici, avec moi. J'ai refusé le souper d'une jeune et aimable personne dont M. de C. vous parlera, pour revenir ici. Une autre dame, la même dont j'ai parlé d'abord, me fit dire par son mari qu'elle était malade et qu'elle serait seule, que je devrais y venir. Après avoir rempli un engagement que j'avais pris pour le thé, j'y allai très triste, en vérité, et plus silencieuse qu'à l'ordinaire. (Comment on me traite comme on le fait dans ce pays-cy, c'est ce que je ne puis m'expliquer qu'en me disant qu'on y est très bon) mais bien décidée de quitter la partie avant dix heures. On me dit que non, moi j'insiste. A dix heures, je mets mes gants, on me dit : Vous ne vous en irez pas, et enfin la maîtresse de la maison, pensant à ce que j'ai eu la confiance de lui dire il y a deux jours, me dit : Quel est le jour aujourd'hui? Me voyant devinée, je dis en m'enfuyant, mon pauvre cœur bien malade : Ne parlez pas du jour. Je suis revenue seule ici pleurer ma reine et demander à Dieu de me rendre digne de la rejoindre et bientôt, s'il me permet de la revoir où elle est sûrement, car il faut beaucoup expier, je le sens, je le sais, mais j'expie beaucoup. Je vous jure, Charlotte, je n'ai jamais osé vous articuler ce dont vous me parlez aujourd'hui, avec un *encore* qui est souligné. Croyez-vous que je l'ai souhaité, dites-le, croyez-vous ? Ah ! non, Charlotte ne l'a jamais cru. Si je vous disais, Charlotte, tout ce que j'ai à vous dire, c'est que je vous aime de tout mon cœur, que je suis triste et remplie de souvenirs. Demain, je suis seule tout le jour, je ne veux ni de mon beau-frère ni d'autres. Ma porte sera hermétiquement fermée et je retournerai à vous avec les sentiments dont mon cœur est rempli.

Saint-Pétersbourg, le 16 octobre [1797].

Cette date, ma chère Charlotte, vous dit assez ce que je pense et ce qui occupe mon triste cœur. J'ai commencé ma journée par aller à l'église entendre une messe pour Elle ; j'ai encore entendu ses chers et sacrés noms. A cette messe ont assisté deux nommés de la Trappe et j'ai été extrêmement fâchée de n'avoir pas prié l'abbé de dire la messe. Que de bizarreries dans l'histoire de notre révolution ! j'attends ce portrait avec un respectueux intérêt et je vous remercie d'avance de tout le plaisir qu'il me procurera. Ah ! ma chère Charlotte, quelle triste journée ! J'ai le cœur si serré, je suis sans cesse importunée d'un poids et si je ne songe pas cler (*sic*), j'y suis ramenée par ce sentiment intérieur qui est si vif et si prononcé. Je n'ai pas le courage de parler d'autres choses que d'Elle. C'est aujourd'hui le jour de la poste ; ainsi je remets à un autre jour à répondre à tout ce que contient votre dernière lettre, car il faut que je parle d'Elle à d'autres amies qui l'aimaient aussi. J'ai la robe, elle est charmante. C'est tout ce que j'en puis dire. Adieu, je vous suis attachée en Elle et en vous, je vous embrasse de tout mon cœur.

Saint-Pétersbourg, le 16 octobre [1797].

Après vous avoir quittée hier au soir, je me suis couchée et pour tranquilliser ma pauvre tête, j'ai lu une demi-heure du joli roman de *Paul et Virginie*. Ma bougie a fini ; ainsi devait finir, il y a quatre ans, quelques heures plus tard, un des ornements du monde. Je me suis laissée aller à toute la tristesse de mes pensées ; je me suis représenté tout ce qu'Elle souffrait alors, longtemps agitée. Le sommeil cependant m'a surpris, et j'ai dormi jusqu'à l'heure fatale qui lui donna connaissance du petit nombre (d'heures) qu'il lui restait à passer dans ce monde dont Elle fut l'idole. Toutes mes idées tendues vers Elle, je suis restée éveillée pendant plusieurs heures dans une agitation incroyable ; j'ai encore dormi et à huit heures, j'ai été réveillée pour aller entendre une messe où Ses noms chéris devaient encore frapper mon oreille. Je me suis mise en chemin, accompagnée d'un gentilhomme français que j'aime et estime, parce qu'il regrette ses maîtres comme moi. Son bon cœur a soulagé le mien ; le temps que j'ai passé avec lui a mis un peu de baume dans mon sang et je suis moins malheureuse depuis mon retour de la messe. J'ai constamment parcouru avec lui toutes les paperasses que j'ai écrites, surtout ce que je me souviens de Lui avoir entendu dire dans les jours de son long martyre et avant. Il remettra tout cela en ordre et donnera à ces fragments l'intérêt qu'ils peuvent avoir si facilement. J'ai été surprise dans cette occupation par un homme du pays, que j'ai connu en France, quand LL MM II y vinrent voir les objets de mon culte comme de mes regrets. Cet homme, le meilleur que j'ai rencontré, m'a donné mille marques d'intérêt bien précieuses pour moi, quand elles viennent d'une telle âme. Il savait quel était l'anniversaire et il m'en a parlé avec respect ; c'est la seule personne qui a eu accès auprès de moi. Mais, ma Charlotte, il faut quitter toute impression étrangère et se renfermer aujourd'hui dans cette seule idée qu'Elle n'existe plus et que Sa fin a été hâtée par la scélératesse et la vengeance des êtres humains, jadis Ses sujets, jadis Ses adorateurs, des êtres avec un cœur, non, ils n'en avaient pas, puisqu'ils ont trempé... puisqu'ils ont mis fin à une existence... que son rang, son caractère, sa figure... Toute cette journée, l'an passé, je fus auprès de votre lit, nous pleurâmes ensemble la reine d'Amour; aujourd'hui, seule avec mon cœur, je vous écris, la distance sépare nos corps, mais nos âmes, leurs pensées, leurs sentiments sont les mêmes, et je suis sûre que Charlotte et Louise sont très réunies aujourd'hui.

après mon dîner.

J'ai dîné seule, j'ai mangé un peu, Charlotte. L'an passé, je mangeais auprès de votre lit et je me souviens que quand on nous apporta à dîner vous me racontiez une anecdote du petit Prince qui me fit fondre en larmes. Cette année, je n'ai pas pleuré en dînant, mais le fond de mon cœur était plus triste encore. La solitude, l'isolement et le peu de confiance que j'ai redouble ma tristesse. Voilà un retour sur moi-même que je ne veux pas me permettre. Une voix m'a ordonné et j'ai suivi par impulsion, c'était la voix de la bienfaisance...

avant de me coucher.

Je veux encore vous parler un moment du triste jour d'aujourd'hui, il est enveloppé des ombres de la nuit. Le forfait a été commis ; je l'enferme dans le fond de mon cœur. Le souvenir en est là ; je n'en parlerai plus, Charlotte. Tout entière à Elle aujourd'hui, je n'ai rien su de personne et comme si je n'étais pas en Russie, je n'ai vécu que pour mes anciens amis. M. de Crussol est venu pendant que je soupais, et c'est à onze heures et demie et par lui, sans que j'y mise le moindre intérêt que j'ai su où on avait soupé.

le 17 matin.

Bien des choses ont pu me distraire depuis que je suis ici, ma Charlotte, et vous le voyez, puisque je vous ai écrit le 10 août sans vous en parler ; je ne le me pardonnerais pas, si j'eusse eu réellement tort, si ces événements n'étaient pas aussi présents à mon pauvre cœur qu'ils le sont et le seront toujours ; je m'en accuserais à vous avec toute la bonne foi dont je suis capable, en risquant de perdre ce que je ne voudrais pas usurper, mais cette faute, si c'en est une, n'est pas celle de mon cœur, non, je réponds pour lui, il est bon et sûr. Puisque vous le souhaitez, je voudrais vous avoir écrit le jour de Saint-Louis, mais je jurerais que non, je ne vous ai pas écrit si ce n'était pas un jour de poste et voilà la première fois que je vous ai écrit plusieurs jours de suite. Cette triste circonstance est bien assez grave pour faire faire quelque chose qu'on ne fait pas tous les jours. Ne me grondez pas si vous pouvez, vous avez vraiment trop de passion pour gronder. Aujourd'hui, c'est une montre, une autre fois c'est moi. Vous avez, ma chère, une bonne manière pour guérir des fantaisies ; vous m'avez tout à fait guérie de la mienne pour ma petite montre et je ne pense plus au plaisir qu'elle me faisait, mais à celui qu'elle vous donne, parce qu'elle vient de moi. Convenez que c'est une jolie manière de parler d'un sacrifice, car je ne puis vous dissimuler que je vous en ai fait un. Pour la vôtre, Charlotte, je crois que l'horloger l'a vendue, voilà plus de six semaines que je la demande inutilement. Quand vous employez plusieurs pages ayez la bonté de les numéroter...

Saint-Pétersbourg, 6 novembre [1797.]

M. Keith est arrivé, ma chère Charlotte, et le jour même de son arrivée, le matin, c'était vendredi, il m'a remis vos lettres et ce soir, il m'a envoyé la boîte que je trouve charmante, surtout le dessus. Je vous assure qu'il m'a fait un plaisir incroyable, mais quel sacrifice m'avez-vous fait et où avez-vous eu tous ces cheveux ? Ils ne sont pas des derniers temps, il y en a si peu de blancs, qu'à peine, si je les reconnais pour ces chers cheveux. A Londres, vous m'en avez montré un tout petit morceau. D'où avez-vous eu ceux-là ? Je vous remercie à genoux du sacrifice ; je n'aurais jamais eu, je vous l'avoue, le courage de le faire et de cela je suis plus reconnaissante. Je tremble de casser l'une ou l'autre des glaces. La boîte est si haute ; je dois l'avoir vue comme cela, mais je ne m'en souviens pas ; le plus loin que je me souviens d'elle, c'est de l'avoir vue, il y a vingt et un ans passés à une course ; je me souviens plus de sa robe que de son charmant visage. Cette copie est très bien faite et j'ai eu le plaisir de la voir deux fois. On me l'a remise à la lumière et le lendemain je l'ai vue tout différemment. Le jour l'a tout embellie ; je vous remercie mille et mille fois. C'est le plus charmant cadeau que l'on pouvait me faire. Le camée est très joli. J'imagine que cela veut être votre portrait et que c'est celui de la fille de Thor ; elle est un peu longue, la petite personne, mais apparemment ces qualités de cœur réparent les défauts de sa figure. — Ma chère, vous êtes folle avec vos modes ; figurez-vous donc qu'excepté les jours que je vais à la cour, je suis tout comme à Londres, presque toujours avec une robe de toile, noir et blanc. Toutes celles que vous connaissez me parent presque tous les jours ; je n'ai jamais aimé la parure, plutôt je l'ai détestée et l'obligation de m'habiller quatre fois par semaine me rend d'une paresse incroyable pour les autres jours que je me repose de tout soin avec une joie sans égale. Mes amis se moquent de moi habituellement à cause de mon peu d'élégance, voilà où j'en suis. Quant à la chaleur que vous supposez qu'on a besoin de trouver par son vêtement en Russie, vous vous trompez encore. Les maisons, depuis qu'on a passé la porte qui ouvre sur la rue, sont si chaudes, qu'une robe la plus légère est la meilleure qu'on puisse avoir. Ainsi, la mousseline convient tout autant que l'étoffe qui serait la plus chaude. Il faut se vêtir de robes ou de manteaux fourrés ou ouatés pour sortir des maisons et pour aller de l'une à l'autre. Voilà les précautions indispensables dans ce pays, mais dans les maisons, on serait suffoquée avec un vêtement ouaté. J'avais la même idée que vous ; j'ai fait faire une robe à Londres ; je l'ai mise une fois ou deux et encore, ai-je pensé expirer de chaud ; ainsi elle restera longtemps dans une garde-robe.

Oui, j'aime les caricatures, pourquoi pas ? Je n'y vois aucun inconvénient. Et cela m'est égal qu'elles soient de Bonaparte ou de tout autre de ces messieurs-là. Je voudrais, à vous dire le vrai, qu'on leur fît plus de mal que de les ridiculiser, mais maintenant, à la manière dont lord Nelson du Nil a arrangé Bonaparte, on peut bien rire à ses dépens. Il ne porte pas l'austérité des principes si loin que vous, ma chère Charlotte.

Je ferai changer l'inscription du portrait de la Reine ; son nom est mal, il fallait dire M. A. de Lorraine, archiduchesse d'Autriche, et cela sera plus correct. Ce portrait est charmant, mais cependant, ce n'est pas celle que nous avons connue et je l'aimais autant plus tard que lorsque ce portrait fut fait. Cette adorable femme a toujours été belle et bien bonne. Ma chère, j'oublie de vous dire, et c'est indigne, que ce portrait, s'il n'était pas auprès de moi le jour du deuil, il m'est arrivé le 2 novembre jour de sa naissance. J'ai pensé à Elle tout le jour et M. Keith arriva, il me fit une distraction, car tout ce qui me rappelle l'Angleterre m'est si sensible que je suis toute hors de moi. Je lui parlai de cette boîte ; il me dit qu'il l'avait donnée au capitaine et qu'il l'avait prié de la mettre dans sa poche et qu'il devait le voir dans l'après-dîner. Jugez de mon inquiétude et de mon impatience. Je fis attendre un laquais chez moi tout le jour et, sur les huit heures, on m'apporta cette précieuse boîte dont je vous remercie de tout mon cœur. Je voudrais vous envoyer quelque chose qui valût ce présent, mais je ne connais rien au monde. Pour le reste et même la glace noire pour mon amie, je ne l'ai pas encore. Ma chère Charlotte ne se corrigera jamais de ses petits coups de patte ; elle sait que je ne devine pas, ainsi il faut bien que cette glace soit pour quelqu'un qui dessine et puisque je me donne la peine de faire ses commissions, il faut bien que ce soit quelqu'un que j'aime. Adieu, ma bien chère, pardon de cette toute petite réflexion, mais accoutumée à la liberté, vous ne tolérez guère, il me paraît. Il vaut mieux, cependant, la rendre que de la faire voler et c'est ce que je fais, comme vous voyez ; je vous embrasse mille fois.

Lettre du comte Henri de Frotté à Mme Atkyns.

Mardi 1er janvier 1805.

Personne ne vous rend plus de justice que moi, Madame, et personne ne vous révère plus que moi. Les Français en montrant du dévouement dans la Révolution n'ont fait que leur devoir. Ils devaient le sacrifice de leur vie au rétablissement de la monarchie et de l'ordre dans leur patrie. Vous, Madame, née en Angleterre, votre cœur sensible vous a fait entreprendre pour cette juste cause plus qu'on ne devait espérer d'une femme et d'une femme étrangère à nos engagements, à ceux qui nous lient à nos souverains et à notre pays. En exposant votre vie, comme vous l'avez fait plusieurs fois, vous avez acquis des droits à la respectueuse reconnaissance de tous les Français, à qui il reste de l'honneur.

Mes peines toujours présentes à ma pensée peuvent me rendre plus malheureux dans de certaines circonstances mais jamais injustes ; les apparences peuvent être contre moi. A votre retour, je vous ouvrirai mon cœur et vous me jugerez. Tout ce que je puis dire ici, j'ai tout perdu ; il me reste un fils qui est sous le fer de l'ennemi. Cet ennemi a des intelligences partout qui lui rapportent ce qui est et ce qui n'est pas ; je dois être plus circonspect qu'un autre, mais cependant, aucune considération ne m'empêchera pas de remplir mes engagements. Si je trouve dans mon chemin des hommes injustes, tant pis pour le maître qu'ils servent et pour les sujets fidèles qui auront des relations avec eux, particulièrement dans des temps aussi critiques. Ce que j'ai l'honneur de vous écrire sera encore pour vous une énigme ; je vous l'expliquerai à votre retour, mais je crois qu'on peut présumer que votre discernement vous aura mis sur la voie pour arriver au sens de cette énigme. Non, Madame, ce n'est point parce que les livres ne m'ont pas été remis au temps que vous avez fixé que je ne les sollicite plus. Je me rappelle très bien que vous eûtes la bonté de me dire que vous ne prêteriez les 200 frs. que je vous demandais, si cela vous était possible. Le mouvement qui me fit agir dans cette circonstance est naturel dans un père malheureux, abandonné et regretté de ceux qui auraient dû le protéger. Je vous ajoutais que j'avais hérité de mon père, ce qui me mettait à même d'acquitter cette dette, mais cet héritage est si peu de chose que je n'ose pas mettre mes amis dans l'embarras, dans le cas où Dieu terminerait ma carrière. Voilà le motif qui me détermine à vous prier de ne plus vous occuper de cette affaire.

Agréez mes sensibles regrets de vous avoir importunée dans des moments aussi pénibles pour vous. J'ai partagé vos trop justes regrets et toute ma vie je partagerai tout ce qui portera sur vos affections. C'est la suite de mon respectueux et éternel attachement pour l'amie de mon infortuné fils.

Mon amie vous assure de son respect et de la part qu'il a prise à la cruelle perte que vous avez faite.

Testament de Mᵐᵉ Atkyns.

6 janvier 1835.

Moi, Charlotte Atkyns, je donne à Victoire Ilh, ma femme de chambre, actuellement à mon service, tous les effets mobiliers, linge, hardes, l'argenterie que je possède et généralement tous les objets qui se trouveront dans mon appartement, dans ma maison ou dans mon logement à l'époque de mon décès, en quoi qu'ils puissent consister y compris ma voiture. Je donne en outre à ladite Victoire Ilh la somme de 120 l. st. qui m'est due aujourd'hui par Nathaliel William Peach. de la rue de Saville, à Londres, n° 13, et de Ketteringham dans le comté de Norfolk ou par ses héritiers, laquelle somme sera payée à ladite Victoire Ilh immédiatement et sur sa demande, après mon décès. Je donne encore à Victoire Ilh la somme de mille livres sterlings, qui devra lui être payée dans les trois mois qui suivront mon décès.

J'affecte par ces présentes les biens de Norfolk qui se trouvent en ce moment en la possession dudit Nathaliel W. Peach à l'acquit de toutes mes dettes, ayant vendu lesdits biens en viager à ma belle-sœur défunte Marie Atkyns, moyennant 18.000 livres st. et en outre moyennant une annuité de 500 l. st., payable chaque année par trimestre, et comme par conséquent le fief m'appartient, j'affecte à l'acquittement de mes dettes légitimes et de mes frais funéraires ladite propriété que j'en charge expressément.

Je désire que mon corps soit transporté à Ketteringham et enterré dans le caveau de ma famille, que l'on inscrive mon nom et mon âge sur une pierre de marbre uni, auprès du monument de feu mon fils bien-aimé. J'ai mentionné le nom de quelques amis dans un autre testament, en les priant d'accepter quelques souvenirs de ma considération et de mon estime. Je donne la boîte que j'ai laissée chez Messrs. Barnaud et Cie, banquiers à Cornhill, Londres, à M. Nathaliel W. Peach ; elle renferme quelques objets d'argenterie ; je l'ai laissée, je crois, le 10 novembre 1832. Je donne le fief de toutes mes propriétés dans le comté de Norfolk à Nathaliel W. Peach pour l'affectation de toutes les charges et dettes présentes et futures. Je donne 100 l. st. à mon domestique Jean-Baptiste Erard, originaire de Suisse, qui m'a servi pendant cinq ans avec fidélité et dont la conduite a toujours été régulière. Quant à celle de Victoire Ilh, depuis qu'elle est entrée à mon service, elle est au-dessus de tous éloges ; cette fille n'était pas née pour servir les autres, elle appartenait à une famille très respectable de Munich. Je nomme Nathaliel W. Peach mon exécuteur testamentaire. Je demande que l'on fasse venir immédiatement après mon décès le

conseil de l'ambassade anglaise, M. Okey, ou celui qui
sera conseil de l'ambassade à cette époque ; je désire qu'il
prenne la peine d'agir pour M. Nathaliel W. Peach, ici à
Paris.

Au nom de Dieu, je signe ce présent testament.

INDEX ALPHABÉTIQUE

DES NOMS DE PERSONNES

———

TABLE DES CHAPITRES

ÉVREUX, IMPRIMERIE DE CHARLES HÉRISSEY

HENRY HOUSSAYE, de l'Académie française.

1814. 41ᵉ édition, revue. 1 vol. in-16 .... **3 50**
   Le même. 1 vol. in-8ᵉ **7 50**
1815. La première Restauration. — Le retour de l'île d'Elbe. — Les Cent-
   Jours. 41ᵉ édition, revue. 1 vol. in-16 .... **3 50**
   Le même. 1 vol. in-8ᵉ **7 50**
1815 (2ᵉ partie) : Waterloo. 40ᵉ édition. 1 vol. in-16 .... **3 50**
   Le même. 1 vol. in-8ᵉ **7 50**
1815 (3ᵉ et dernière partie) : La seconde abdication. — La Terreur blanche.
   24ᵉ édition. 1 vol. in-16 .... **3 50**
   Le même. 1 vol. in-8 .... **7 50**

G. LENOTRE
(couronné par l'Académie française. Prix Berger).

La Guillotine pendant la Révolution, d'après des documents inédits tirés des
  archives de l'État. 2ᵉ édition. 1 beau vol. in-8ᵉ écu, avec deux grav. **5 »**
Le vrai Chevalier de Maison-Rouge, A.-D.-J. Gonzze de Rougeville, 1761-
  1814, d'après des documents inédits. 2ᵉ édit. 1 vol. in-8ᵉ écu, avec grav. **5 »**
Un Conspirateur royaliste pendant la Terreur. Le Baron de
  Batz (1792-1795), d'après des documents inédits. 3ᵉ édition. 1 volume
  in-8ᵉ écu, orné de deux portraits en héliogravure..... **5 »**
Paris révolutionnaire (*Ouvrage couronné par l'Académie française*).
  Nouvelle dition illustrée. 1 volume in-8ᵉ écu................. **5 »**
Paris révolutionnaire. **Vieilles maisons. Vieux papiers.** Première série.
  10ᵉ édition. 1 volume in-8ᵉ écu avec gravures............. **5 »**
Paris révolutionnaire. **Vieilles maisons. Vieux papiers.** Deuxième série.
  7ᵉ édition. 1 volume in-8ᵉ écu, avec gravures............. **5 »**
La Captivité et la Mort de Marie-Antoinette. — *Les Feuillants.*
  Le Temple. — *La Conciergerie,* d'après les relations de témoins oculaires
  et des documents inédits. Nouvelle édition. 1 volume grand in-8ᵉ, orné d'un
  portrait en héliogravure, de dessins et de plans.............. **5 »**
Un agent des princes pendant la Révolution. **Le marquis de la Rouërie**
  et la Conjuration bretonne (1790-1793), d'après des documents inédits.
  (*Ouvrage couronné par l'Académie française. Prix Thérouanne*). 3ᵉ édition.
  1 volume in-8ᵉ écu, orné de trois gravures................ **5 »**
La Chouannerie normande au temps de l'Empire. **Tournebut (1804-1809),**
  d'après des documents inédits, avec une préface de Victorien Sardou. 3ᵉ édit.
  1 volume in-8ᵉ écu................................. **5 »**

RENÉ BLACHEZ

Bonchamps et l'Insurrection vendéenne (1760-1793), d'après les
  documents originaux. 1 volume in-8ᵉ écu.................. **5 »**

ANDRÉ BONNEFONS

Un allié de Napoléon. Frédéric-Auguste, premier roi de Saxe et grand-duc
  de Varsovie (1763-1827), d'après les archives du Ministère des Affaires
  étrangères et du royaume de Saxe. 1 volume in-8ᵉ................. **7 50**

EDMOND BIRÉ

Journal d'un Bourgeois de Paris pendant la Terreur (*Ouvrage
  couronné par l'Académie française*). Second prix Gobert. 5 vol. in-16. **17 50**
La Légende des Girondins. 1 vol. in-16................ **3 50**
Étude critique sur Victor Hugo en 4 volumes :
   I. **Victor Hugo avant 1830.** 1 vol. in-16........ **3 50**
   II. **Victor Hugo après 1830.** 2 vol. in-16....... **7 »**
   III. **Victor Hugo après 1852.** L'exil, les dernières années et la
    mort du poète. 1 vol. in-16.................... **3 50**

Paris. — Imp. E. CAPIOMONT et Cⁱᵉ, rue de Seine, 57